MODERNO,

MODERNIDADE

E MODERNIZAÇÃO:

a educação nos projetos de Brasil - séculos XIX e XX

Natália Gil
Matheus da Cruz e Zica
Luciano Mendes de Faria Filho
(Organizadores)

MODERNO, MODERNIDADE E MODERNIZAÇÃO:

a educação nos projetos de Brasil - séculos XIX e XX

(volume 1)

MAZZA
edições

MODERNO, MODERNIDADE E MODERNIZAÇÃO: A EDUCAÇÃO NOS PROJETOS DE BRASIL – SÉCULOS XIX E XX (VOL.1)

COLEÇÃO PENSAR A EDUCAÇÃO PENSAR O BRASIL

Capa
Túlio Oliveira

Revisão
Eduardo Assis, Lourdes Nascimento e Ricardo Neto

Projeto Gráfico e diagramação
Anderson Luizes – Casadecaba Design e Ilustração

M689 Moderno, modernidade e modernização: a educação nos projetos de Brasil – séculos XIX e XX / Natália Gil, Matheus da Cruz e Zica, Luciano Mendes Faria Filho (Orgs.). – Belo Horizonte : Mazza Edições, 2012. v.1

240p. ; 16x23cm

ISBN: 978-85-7160-583-1

1. Educação – História - Séc. XIX e XX. 2. Modernidade 3. Educação e Estado. 4. Intelectuais – História. 5. Estatística – História. I. Gil, Natália. II. Zica, Matheus da Cruz e III. Faria Filho, Luciano Mendes.

CDD: 370.9
CDU: 37.0(091)

MAZZA EDIÇÕES LTDA.
Rua Bragança, 101 – Pompeia
30280-410 BELO HORIZONTE – MG
Telefax: + 55 (31) 3481-0591
email: edmazza@uai.com.br
site: www.mazzaedicoes.com.br

SUMÁRIO

APRESENTAÇÃO

Este livro se endereça não só ao público interessado em História da Educação, mas também a todos aqueles que consideram impossível pensar a constituição do espaço público no Brasil sem antes realizar uma reflexão refinada sobre as diversas práticas e discursos que perpassaram a temática da Educação Pública nas diferentes conjunturas históricas de nossa trajetória nacional.

Tal publicação é uma primeira expressão dos resultados de pesquisas desenvolvidas no âmbito do Projeto "Moderno, modernidade, modernização: a educação nos projetos de Brasil – séc. XIX e XX", financiado pelo CNPq e pela FAPEMIG ao longo dos últimos três anos. Conforme o título sugere, nessas pesquisas procuramos "fazer avançar a elaboração de uma teoria sobre o lugar da intelectualidade brasileira na construção da esfera pública e produzir entendimentos sobre as noções de moderno, modernidade e modernização, presentes nesses projetos", como se afirmava no projeto de pesquisa. Acompanhando tais noções em recorte de longa duração, empreendemos ainda um esforço de "produzir conhecimento sobre as articulações e desdobramentos da relação intelectuais e educação".

Os diversos artigos que se seguem evidenciam que o moderno, a modernidade e a modernização aparecem em diferentes contextos e em diversificadas práticas e discursos ligados à educação, dos modos os mais diversos ao longo dos séculos XIX e XX no Brasil. Nesse sentido, fazem coro ao primeiro texto desta coletânea, sagaz na tentativa de traçar uma espécie de genealogia de algumas das principais características que estariam associadas àqueles termos, definidas por Marcus Vinicius Carvalho como "polissemias e pregnâncias".

As articulações entre polissêmicos conceitos como os de moderno, modernidade e modernização e a também polissêmica noção de educação foram fartamente estabelecidas, ao longo dos séculos XIX e XX, por instituições e sujeitos diversos. Talvez principalmente por aqueles que por meio da escrita vieram a público produzindo propostas de compreensão e de ação sobre variados aspectos relacionados à nação brasileira.

Experimentar os dilemas da modernidade, dos processos de modernização, ou da valorização do atual não é tarefa que se opera simplesmente. Como nos lembra Marcus Vinicius Carvalho, no artigo já mencionado, um dos principais desafios do tempo moderno é o de lidar com a contradição de ter de "se estabilizar com base em cisões produzidas por ele mesmo". Livres das amarras dos modelos prescritivos dos antigos, os modernos passaram a tomar o próprio sujeito e o próprio presente, multifacetado e contraditório, como os parâmetros ideais de beleza e perfeição. A boa obra e o bom artista são aqueles que melhor conseguem expressar seu tempo, com todas as suas incongruências e incompletudes.

Um padrão que constantemente se autorreformula, em contínua modificação, fugaz, aparece como uma das principais marcas dessa modernidade que Baudelaire resume em uma pequena palavra, em 1863: "moda". Essa fugacidade, essas cisões, essas multifaces e essas contradições que constituem os modos de se experimentar a modernidade e os processos de modernização convidam os sujeitos a produzirem sínteses que tragam algum sentido, alguma perenidade ilusória para suas vidas individuais e para as coletividades às quais pertencem, notadamente os Estados nacionais, no caso dos séculos XIX e XX. Neste projeto, chamamos esses sujeitos de intelectuais, atentos aos riscos que isso traz. Procuramos não utilizar essa noção como algo apriorístico, mas como uma categoria a ser reelaborada e repensada em cada situação concreta analisada.

A maioria dos textos aqui reunidos traz em suas páginas alguma análise sobre intelectuais em ambientes e embates específicos, integrados a configurações históricas diversas. Nos diversos modos de elaborarem e intervirem nessas complexas experiências de moderno, modernidade e modernização, nos diferentes Brasis vividos por cada um desses sujeitos analisados nas pesquisas, podem-se captar alguns movimentos e permanências quando tomados em conjunto. Suas formulações específicas, uma vez reunidas, dão ideia dos dilemas brasileiros postos para cada período, bem como de suas permanências e transformações. Isso se articula a uma importante aposta do referido projeto do qual se origina este livro, quando afirmava que "o cotejo de itinerários distintos e plurais nos permitiria traçar uma cartografia, mapear o engajamento de [diversos] intelectuais em torno de algumas questões".

Um primeiro movimento percebido é o de que o privilégio da *estatística*, como linguagem legitimada e legitimadora, atravessa tanto o século XIX como o XX. Evidentemente, não sem avanços e retrocessos, tanto em aspectos técnicos quanto retóricos. Outro movimento digno de nota é o da força da mobilização do *discurso prescritivo no interior do campo educacional*, baseado numa crença na possibilidade de aceleração do tempo histórico que é própria da modernidade. Isso também está presente nos dois séculos analisados, em facetas diversas conforme nos mostram as pesquisas. Por outro lado, a *literatura* também aparece como um desses modos de elaboração e intervenção no moderno e na modernidade nacional, mobilizados por alguns intelectuais ao longo dos séculos XIX e XX. Contradizendo a crença na "arte pela arte", que toma muita força nos meios intelectualizados na segunda metade do século XIX e início do XX, alguns dos sujeitos analisados mobilizaram a arte literária de maneira coerente com projetos de nação que sustentavam em outros registros discursivos mais pragmáticos. Para finalizar, mencionaríamos o reforço que a *articulação entre educação e desenvolvimento econômico*, sugerida nos discursos de intelectuais e políticos ao longo de todo o século XIX e início do XX, adquiriu na passagem da primeira para a segunda metade do século XX no Brasil.

Analisada em mais de um artigo, a figura de Lourenço Filho salta como uma figura emblemática de todos esses movimentos mencionados acima. A *estatística* aparece em seus discursos constantemente com função legitimadora de seus projetos. Ele mobiliza a *literatura* infantil como parte da divulgação de seu projeto. Também é *prescritivo em suas proposições de mudanças no campo educacional*, justificadas sempre pela prerrogativa de acelerarem a modernização do Brasil. Por fim, protagoniza ainda o recrudescimento da *articulação entre educação e desenvolvimento econômico* a que as décadas de 50 e 60 do século XX assistem no Brasil e na América Latina, como personagem importante nas articulações feitas nesse período entre o governo brasileiro e a CEPAL.

Abre o volume o instigante artigo de Marcus Vinicius Corrêa Carvalho, "Moderno, modernidade, modernização: polissemias e pregnâncias", que traz pertinente ponderação acerca das variadas apropriações e aplicações dos conceitos indicados no título, de modo a permitir uma interpretação crítica de sua utilização.

Em seguida temos a discussão da modernidade implicada em estatísticas e na ambição comparativa, recursos amplamente postos em circulação nos discursos do início do século XX. Nesse sentido, Natália Gil propõe, em "Excelência escolar, decisões políticas e as estatísticas de educação", observar construções discursivas que, pela comparação de dados estatísticos de diferentes estados do Brasil, fizeram circular uma certa representação da excelência escolar. Por sua vez, em "O Brasil para estrangeiro ler: livros sobre o Brasil na Biblioteca Nacional de Maestros de Buenos Aires, 1900-1935", Luciano Mendes de Faria Filho e Bruna Marinho Valle Roriz, ao analisarem livros argentinos sobre o Brasil, sugerem pensar essas publicações como espaços de produção de representações de hispano-americanos sobre brasileiros e vice-versa.

A partir da literatura e da imprensa, tomadas como fonte e/ou como objeto de investigação, surgem artigos que nos permitem ver Brasis encenados e ensinados nos discursos presentes nesses impressos. Em "De honra da família à honra da pátria: modernidade e masculinidade oitocentistas na escrita de Bernardo Guimarães", Matheus da Cruz e Zica traz à discussão as configurações da masculinidade no século XIX ao focalizar os deslocamentos, entre 1869 e 1872, da noção de honra nos escritos literários e jornalísticos de Bernardo Guimarães. Em seguida, o artigo de Raquel Menezes Pacheco, "Imprensa e modernidade: algumas considerações em torno dos anúncios de jornal", concentra o olhar na imprensa jornalística do século XIX, procurando ressaltar a potencialidade do estudo dos anúncios ali publicados para a compreensão de questões sociais e políticas do período. Raquel de Abreu, por sua vez, focaliza a literatura destinada à criança brasileira desvelando um conjunto muito rico de elementos na análise das representações sobre o Brasil de dois importantes intelectuais, em "Os Pedrinhos de Monteiro Lobato e Lourenço Filho: a criança e o Brasil em projetos de modernidade para a nação".

A discussão moderna sobre o ensino também está delineada em artigos que assumem a dimensão pedagógica como foco da compreensão dos debates acerca da escola primária e da formação de professores. Nesse caso, temos o artigo de Solange Aparecida de Oliveira Hoeller, "Ideário pedagógico moderno nos discursos dos intelectuais Henrique Fontes e Oswaldo Cabral: escola primária catarinense (1920-1930)", que propõe a análise dos escritos desses intelectuais a fim de apreender as estratégias e o repertório conceitual por eles mobilizados no debate educacional. Versando sobre a formação de professores está o artigo de Deolinda Armani Turci, "Os conteúdos da matéria de pedagogia nas escolas normais mineiras do final do século XIX: ideias do moderno e da modernidade", que descreve questões implicadas na incorporação e nas transformações da disciplina Pedagogia no curso de formação de professores em Minas Gerais.

Por fim, fechamos o volume com um conjunto de artigos que concentram a atenção nos processos de modernização e desenvolvimento em curso no Brasil da segunda metade do século XX. Assim, temos "Educação e modernização no pensamento de Sílvio Coelho dos Santos em Santa Catarina na década de 1960", de Marilândes Mól Ribeiro de Melo, que busca situar a preocupação com a escola pública na trajetória e no pensamento daquele intelectual. Segue-se o artigo de Maria das Dores Daros, "Desenvolvimentismo e políticas educativas no Brasil nos anos 1950-1960: transnacionalização e modernização", que toma a imprensa periódica pedagógica como fonte para a análise detida das diferentes retóricas que se apresentam na discussão da relação entre educação e o processo de desenvolvimento. Em diálogo evidente com este último, trazemos o artigo de Maria do Carmo Xavier, "A educação no debate do desenvolvimento: as décadas de 1950 e 1960", cuja rica exposição dos elementos em jogo nos permite ver a complexidade e abrangência da questão colocada.

Esperamos que a leitura das próximas páginas seja proveitosa, instigante e inspiradora para o desenvolvimento de novas investigações sobre as intrincadas e complexas relações estabelecidas entre concepções de moderno, modernidade e modernização e o campo educacional, na maioria das vezes mediadas por intelectuais produzidos em tramas tão diversas quanto específicas de cada contexto da história brasileira.

Natália Gil
Matheus da Cruz e Zica
Luciano Mendes de Faria Filho
Porto Alegre/João Pessoa/Belo Horizonte, inverno de 2012.

MODERNO, MODERNIDADE, MODERNIZAÇÃO: POLISSEMIAS E PREGNÂNCIAS

MARCUS VINICIUS CORRÊA CARVALHO

O objetivo deste texto é ponderar sobre a variada apropriação e aplicação dos conceitos de "moderno", "modernidade" e "modernização", propiciando uma interpretação crítica de sua utilização. Para tanto, o procedimento adotado será o de delimitar alguns de seus contextos históricos de uso, recorrendo a autores consagrados no pensamento ocidental. A proposta é equacionar temas e questões em um arranjo que permita problematizar o recurso a esses conceitos como fatores explicativos em termos históricos e historiográficos, enfatizando a inconsistência interpretativa que assumem quando abordados de modo transistórico, ou como termos equivalentes e/ou intercambiáveis.

Ao tratar da polissemia dos termos "moderno", "modernidade" e "modernização", um breve sobrevoo etimológico pode ser útil no sentido de dimensionar a longevidade de seus usos. Afinal, o acúmulo histórico de sentidos e de significados pode ao menos ilustrar a variedade de apropriações e de aplicações implicada no recurso a esses termos. Marcar algumas dessas apropriações e aplicações, já milenares, do termo "moderno", diferenciando-o da trajetória centenária do termo "modernidade" e da utilização, ainda mais recente, do termo "modernização", parece decisivo para dimensionar a necessidade de historicização de seus usos.

Marco Túlio Cícero, considerado o mais proeminente rétor latino antigo e modelo maior de emulação no latim clássico, utilizava-se do termo "*nouus*", significando "novo", para depreciar poetas como Caio Valério Catulo, por seu uso de linguagem coloquial, nomeando-os de poetas "*noui*". Apenas no baixo latim emergiu, com Prisciano de Cesar, o adjetivo "*modernus*", neologismo que guardava o sentido de "recente", de "atual", de "novo", ao derivar do advérbio "*modo*", que significava "agora mesmo", "recentemente". Na mesma direção, em seu verbete sobre o tema, Jacques Le Goff indica a emergência da palavra "*modernus*" com a queda do Império Romano, entre os séculos V e VI, sugerindo a dimensão histórica da complexidade de seus usos no curso desses dezesseis séculos. No sentido daquilo que seja "recente", "atual", "novo", ergue-se o contraponto com aquilo que seja antigo, marcando o par constituinte da compreensão primeira do que se pretenda moderno, como teria sido percebida a época, por exemplo, de Carlos Magno, definida então como *saeculum modernun*. Esse par em contraponto articula, posteriormente, ao longo dos séculos, o conflito entre antigo e moderno desde, pelo menos, o século XII (LE GOFF, 1997, pp. 371-375).

Entre 1355 e 1357, tomam forma as *Invectivas contra um médico*, de Francesco Petrarca, composta por quatro livros. Detenho-me sobre as circunstâncias dessa produção e sua finalidade, conforme descritas na tese de Bianca Morganti, para apresentar um contexto relevante de uso do termo "moderno" na baixa Idade Média. Em dezembro de 1351, o papa Clemente VI se encontrava gravemente doente e o poeta, preocupado com a saúde do pontífice, teria lhe enviado uma mensagem em março do ano seguinte, aconselhando que evitasse as juntas médicas, as quais, segundo ele, seriam frequentemente caracterizadas pela falta de concordância entre seus integrantes e a multiplicação dos erros médicos, proporcional ao número desses profissionais. Petrarca sugeriu a Clemente VI que confiasse seu tratamento a um único médico honesto e moderado com as palavras, reduzindo, com a quantidade de médicos, também a quantidade de riscos a sua saúde (MORGANTI, 2008, p. 14).

Ao tomar conhecimento do conteúdo da carta do poeta, um médico integrante da comitiva papal teria se ofendido e trazido à luz uma composição para defender sua categoria, desferindo ataques não apenas contra Petrarca, mas contra toda a poesia. À ofensiva do médico, o poeta respondera com outra epístola, que mais tarde viria a ser o primeiro livro da *Invective contra medicum*. De acordo com o testemunho do poeta ao também médico Francesco Casini, seu adversário replicara a essa segunda carta com um texto longuíssimo, ao qual Petrarca respondeu com uma composição ainda mais longa, que formaria posteriormente os Livros II, III e IV de suas *Invectivas* (*ibidem*, p. 22).

Formou-se assim uma disputa retórica caracterizada pelo poeta como um "certame de palavras", no qual ele argumentava, entre outras coisas, que a eloquência em nada poderia ajudar um enfermo a curar-se, não sendo ela útil ao desempenho da atividade médica, na medida em que poderia apenas confortá-lo e exortá-lo a reagir à doença, mas não saná-lo. Segundo Petrarca, o domínio oratório tem serventia apenas aos maus médicos, que a ele recorrem quando precisam justificar e encobrir os seus erros. Ao censurar toda a poesia e não afrontar apenas o poeta contendor, o médico incidiu, conforme Petrarca, num daqueles vícios sobre os quais Cícero alertara que temos por dever evitar se buscamos a sabedoria e a honestidade de caráter, a saber: "tomar as coisas desconhecidas por conhecidas e concordar com elas sem reflexão" (*ibidem*, p. 34).

Nessa medida, Petrarca insistiu que não visava atacar toda a categoria médica, mas apenas um determinado tipo de médico personificado por todos aqueles que eram então reunidos comumente em um único e indistinto grupo, posto que afinados com as modernas teorias desenvolvidas nos centros de Oxford e de Paris: os *magistri artium*, dados às ciências naturais, à lógica e às especulações metafísicas. Por meio da figura do médico anônimo, o poeta disparava contra os defensores daquilo que ele chamou de *logica modernorum*, quer dizer, contra os "'dialéticos'" que se diziam aristotélicos porque também Aristóteles era dado a disputas. Petrarca investiu contra aqueles que ele denominou *barbari britanni*, os quais "ousavam" reduzir até mesmo a teologia a especulações lógicas, a questões de termos e a discussões formais (*ibidem*, pp. 34-35).

No tempo de Petrarca, as teorias propagadas por esses modernos representavam a última novidade no campo das ciências, logrando simpatia entre os lógicos, os médicos, os demais cultores da filosofia natural, mas também entre gramáticos e teólogos. Assim, desde o século XIII, a gramática escolar adquiria um caráter especulativo, substituindo o princípio do uso e da autoridade que fundavam o ofício da gramática. Em vez de explicar um ponto duvidoso remetendo para exemplos tirados dos melhores autores latinos, esses gramáticos preferiam resolver os problemas pelas regras da lógica. De tal maneira, para eles, os únicos que ensinam são aqueles que assinalam as causas do que dizem. Contudo, na perspectiva de homens como Petrarca, o conhecimento das regras lógicas e universais da gramática não contribuía para a compreensão dos poetas, dos oradores, dos historiadores, nem tampouco das Sagradas Letras e, portanto, não cumpriam o fim último da educação. Entre fins do século XIII e início do século XIV, as obras produzidas sobre a matéria forneciam antes uma introdução aos estudos lógicos do que uma introdução aos estudos poéticos (*ibidem*, p. 36-37).

Note-se que os *barbari britanni*, propagadores daquela *logica modernorum*, referenciam-se a Aristóteles para autodenominarem-se "dialéticos", não deixando, portanto, de remeter ao antigo ao consubstanciarem-se como modernos. Já em 1255, a Faculdade de Artes de Paris impôs aos seus alunos o estudo integral da obra de Aristóteles e, poucas décadas mais tarde, ser filósofo significava, necessariamente, "'penetrar no pensamento do Filósofo, com o auxílio das luzes de seus exegetas'" (*ibidem*, p. 37).

Como se vê, e como se depreende também do texto de Le Goff, a relação entre antigo e moderno é sutil e extremamente matizada. Segundo o historiador francês, no Renascimento, por exemplo, "'o moderno' só tem direito de preferência quando imita o 'antigo'". Em outras palavras, "o moderno é exaltado através do antigo" (LE GOFF, 1997, p. 376). Exemplar, nesse sentido, é a obra *De pictura*, de Leon Battista Alberti, reconhecida como o primeiro tratado de pintura, cuja influência se estendeu sobre pintores e teóricos ulteriores, como Leonardo Da Vinci, desde seu lançamento em 1435 (ALBERTI, 2009). Nela, Alberti seguiu Cícero em sua definição da poesia, a fim de equiparar o prestígio da pintura ao obtido por aquela desde a Antiguidade, definindo a mesma finalidade para ambas, qual seja: ensinar, deleitar e mover. Assim como Cícero fizera para a poesia, Alberti definiu os elementos da pintura em exórdio, narração e peroração, excetuando apenas a refutação. Do mesmo modo, ele o fez em relação à matéria da pintura dividida em: invenção, disposição, elocução, ação e memória. Por fim, fundamentando em termos retóricos a pintura histórica, ele obteve como princípios da pintura a circunscrição, a composição e a recepção de luz (SELIGMANN-SILVA *in* LESSING, 1998, p. 10).

O matiz sutil dessas relações entre antigo e moderno tornou-se ainda mais claro na polêmica mais célebre, segundo Le Goff, entre antigos e modernos, a qual se inicia em fins do século XVII e princípios do século XVIII, se desenrola ao longo do século das luzes e desemboca no romantismo, vendo triunfar os modernos (LE GOFF, 1997, p. 376). A "querela entre antigos e modernos", como ficou conhecida a polêmica ambientada na Academia de Letras da corte de Luís XIV e dada a curso por contendores como Charles Perrault e Nicolas Boileau, propiciou um acalorado debate sobre a aplicação inconteste de modelos greco-romanos na produção literária e artística de um modo geral.

O impacto desse debate se desdobra ao longo do século XVIII, repercutindo de forma decisiva na Alemanha, onde sua retomada teve a intenção de contestar o classicismo francês, inspirado, sobretudo, na *Arte poética* de Boileau, cujas tendências eram importadas, de maneira exemplar, por Johann Christoph Gottsched. Em seu *Ensaio de uma arte poética cristã*, de 1730, ele exaltava o teatro clássico francês e sua ideia de uma peça rigorosa, na qual a beleza equilibrada dos versos, o caráter cerimonioso e até o vocabulário selecionado refletiriam o gosto da corte francesa absolutista, como uma glorificação da aristocracia, cujo ponto alto pode ser considerado as obras de Jean Baptiste Racine e Pierre Corneille. Enfim, a obra de Gottsched era marcada pela tradição das poéticas antigas filtradas pelo renascimento latino, as quais se tornavam referência para a poesia e instrução para a produção trágica no classicismo francês (SÜSSEKIND, 2008, p. 29-30).

Como esclarece Jürgen Habermas, desde os fins do século XVIII, a questão do moderno foi elevada a tema filosófico, coincidindo e cruzando-se com o domínio estético (HABERMAS, 2000, p. 2). Marca-se, então, uma inflexão crucial para dimensionar o adensamento polissêmico do que seja o moderno, definidor das pregnâncias que sustentam permanências que impregnam projetos, práticas e questões que gestam as formas múltiplas e complexas que o termo vem assumindo em pouco mais de dois séculos. Segundo o filósofo e sociólogo alemão, é no domínio da crítica estética que, pela primeira vez, se tomou consciência do problema de uma fundamentação do moderno a partir de si mesmo. Em seus termos, "[o] processo de distanciamento do modelo da arte antiga foi introduzido, no início do século XVIII, pela célebre *Querelle des anciens et des modernes*". Na oportunidade, o partido dos modernos insurgiu-se contra a autocompreensão do classicismo francês, questionando o sentido de imitação dos modelos antigos com argumentos histórico-críticos em contraposição às normas de uma beleza absoluta, aparentemente supratemporal. Dessa maneira, para Habermas, eles salientaram os critérios do belo relativo ou condicionado temporalmente, articulando a autocompreensão do Iluminismo francês como autocompreensão de um novo começo de época (*ibidem*, p. 13).

Não se pode deixar de ter em mente para dimensionar o contexto que ampara essa ponderação que a emergência do termo "estética" no debate moderno se deu quando Alexander Gottlieb Baumgarten lançou sua obra principal, intitulada *Estética: a lógica da arte e do poema*, em dois volumes, um, em 1750 e, outro, em 1758. Baumgarten apresentou sua obra como uma tentativa de organização de um saber antigo, buscando unificar, em uma ciência sistemática, as regras esparsas da beleza. A novidade da estética não estava em seu conteúdo propriamente, mas sim na forma científica de sua exposição. A novidade, segundo o dedicado aluno do lógico Christian Freiherr Wolff, seria a abordagem científica de uma matéria já bem conhecida: as normas da representação artística e do bom gosto, expostas, desde a Antiguidade, pelas poéticas de Aristóteles e de Horácio e pela retórica de Cícero. O projeto de Baumgarten pretendia propiciar uma fundação metafísica às regras clássicas da arte e do gosto dispersas nas poéticas, que seriam, pela primeira vez, apresentadas em uma exposição estritamente lógica (PRANCHÈRE *in* BAUMGARTEN, 1988, p. 8-9)[1].

Com isso, e a partir da recepção do classicismo francês, dinamizou-se na Alemanha uma série de polêmicas que envolviam a produção artística, a formação nacional e o advento da sociedade burguesa em uma questão histórica, ocupando alguns dos mais eminentes pensadores do século XVIII. É possível inferir a força do pensamento crítico na Alemanha a partir do comentário feito por Anne Louise Germaine, mais conhecida por Madame de Stäel, sobre dois personagens centrais da polêmica entre antigos e modernos na Alemanha: Johann Joachim Winckelmann e Gotthold Ephraim Lessing. Nas palavras dessa parisiense, reconhecida como a primeira filósofa política, no capítulo "Lessing e Winckelmann", de seu livro intitulado *Sobre a Alemanha*: "a literatura alemã talvez seja a única que começou pela crítica; em outros lugares, a crítica vem depois das obras-primas, mas na Alemanha ela as produziu" (STÄEL *apud* SÜSSEKIND, 2008, p. 30).

Winckelmann, que inaugurou a história da arte, foi um crítico severo das artes plásticas de sua época. Sua investida contra o barroco e o rococó, considerados por ele arte decadente, era baseada numa comparação com a produção artística do Renascimento e da Antiguidade, levando Winckelmann a formular o ideal de imitação dos antigos como um princípio a ser seguido pelos artistas plásticos de seu tempo. Isso influenciou o desenvolvimento da literatura e da teoria da arte na Alemanha, ligando-o aos estudos clássicos e à retomada da discussão sobre os antigos e os modernos. Lessing, por sua vez, crítico literário e dramaturgo eminente do Iluminismo alemão, polemizou com Winckelmann sobre o conjunto escultórico Laocoonte, oportunidade na qual foi o primeiro a delimitar as fronteiras entre as artes, contrariando uma longa tradição que remontava à Antiguidade guardada no *topos* do "*vt pictura poesis*". Sua crítica a esse princípio tradicional de homologia entre pintura e poesia fundou a teoria das artes e marcou decisivamente a estética e a literatura posteriores. Sua polêmica contra os

[1] Sobre a proposição de uma ciência estética em relação à poética e à retórica, observar em especial os §§ 115, 116 e 117: Alexander Gottlieb Baumgarten. *Estética: a lógica da arte e do poema*. Petrópolis: Vozes, 1993.

padrões do gosto francês, baseada na valorização de William Shakespeare como modelo para o teatro alemão, foi seguida por autores pré-românticos como Jakob Michael Reinhold Lenz, Johann Wolfgang Von Goethe e Johann Gottfried Von Herder (SÜSSEKIND, 2008, p. 31-32).

Herder, o nome mais importante na sustentação das teorias defendidas na época do *Sturm und Drang*, autor de *Ideias sobre a filosofia da história da humanidade*, foi aluno de Immanuel Kant, em Königsberg, e uma espécie de mentor de Goethe, sobretudo, em sua valorização do teatro nacional autenticamente alemão. Seu ensaio sobre Shakespeare, publicado em 1773, considerava a relação entre a poesia dramática moderna e a antiga a partir da filosofia da história, argumentando que era um contrassenso a intenção, atribuída ao classicismo francês, de copiar os parâmetros de uma época passada. Segundo ele, o caminho de Shakespeare seria, necessariamente, diferente daquele que orientava a criação de Sófocles e, exatamente, por respeitar essa diferença de caráter histórico é que o poeta inglês atingira sua finalidade dramática. Toda sua argumentação baseou-se em uma análise do surgimento da arte dramática na Grécia antiga, intentando mostrar que ela era fruto de condições históricas e sociais distintas das modernas (*ibidem*, p. 60-61).

Na tese herderiana, os termos "tragédia", "comédia" e "drama" terem origem grega não justificaria que obras de arte desse gênero tivessem a mesma forma que as caracterizava na Antiguidade. Nesse sentido, Herder privilegiou as circunstâncias do tempo nas consequências das condições do espírito nacional e histórico, ressaltando não apenas as diferenças entre as épocas e os povos, mas também as implicações dessas diferenças para a estrutura das obras. Segundo ele, a exigência de simplificação, postulada pelas normas de um teatro rigoroso, baseado na imitação da forma grega antiga, incorria na falta de compreensão da história e da arte. De sua perspectiva, ele constatou que as regras da arte, no caso grego, não eram artificiais na medida em que derivavam de sua própria natureza cultural. Embora Herder elogiasse a beleza da forma alcançada pela tragédia classicista francesa, ele a considerava artificial, uma vez que ela era mera cópia da estrutura formal de outra época e, portanto, indiferente às mudanças históricas, às condições atuais de compreensão da obra e às exigências atuais do público (*ibidem*, p. 61-64).

Depois de concluir seus argumentos críticos contra os franceses, Herder buscou mostrar a possibilidade de um povo inventar seu próprio drama, sem copiar o drama do passado. Nesse ponto, ele elaborou a questão do gênio artístico ao retomar uma noção que estava na obra de Lessing, mas visando à defesa de uma estrutura nova como uma necessidade de condições históricas novas. Esse gênio capaz de criar a partir de circunstâncias históricas próprias ao seu tempo e ao modo de ser de sua nação seria Shakespeare. Na produção do poeta inglês, tudo era distante dos gregos: a história, a tradição, os costumes, a religião, a comoção, a língua, o espírito do tempo, do povo. Assim, era Shakespeare quem satisfazia a exigência herderiana de espírito local e histórico fundamental em sua argumentação, posto que se o poeta inglês não encontrou um espírito simples da história, da fábula, da ação, ele tomou a história como a encontrou, reunindo-a com espírito criativo. Por fim, Herder retornou à ideia tão cara aos pré-românticos de que Shakespeare era irmão de Sófocles, uma vez que ambos eram fiéis à natureza do seu povo e de seu tempo. Desse modo, em vez da oposição entre antigo e moderno, surgia a oposição entre artificial e natural, isto é, entre criação artística mecânica, baseada em regras frias, como seria a criação francesa, por um lado, e, por outro, a criação que surge do elemento nacional e histórico próprio, como ele identificava em Sófocles e em Shakespeare (*ibidem*, p. 65-69).

Se Lessing e Herder foram determinantes para o cultivo do pensamento crítico e histórico moderno, o professor de Herder, em Königsberg, Immanuel Kant, foi fundamental. Afinal, Kant erigiu a crítica em suas obras principais de tal modo a fundar definitivamente aquilo que se nomeia pensamento moderno e, ao longo do período de produção de suas obras máximas, ele lançou bases para uma especulação histórica não menos importante. Assim, ele deu a público, em 1781, a *Crítica da razão pura*, em 1788, a *Crítica da razão prática*, e, em 1790, a *Crítica da faculdade do juízo*. Enquanto, entre 1784 e 1786, ele publicou uma série de escritos sobre história, quais sejam: *Ideia de uma história universal de um ponto de vista cosmopolita*, em 1784; no final do ano anterior, *Reposta à pergunta o que é o esclarecimento?*; no ano seguinte, em 1785, *Apreciação da obra de Herder: ideias em vista de uma filosofia da história da humanidade*; e, em 1786, *Começo conjectural da história humana* (KANT, 2010, p. 7).

No fim do século XVIII, a ciência, a moral e a arte diferenciaram-se, institucionalmente, também como áreas de atividade em questões de verdade, de justiça e de gosto, sendo examinadas de modo autônomo, sob aspectos específicos de validade. A esfera do saber se isolou da esfera da fé e das relações sociais organizadas juridicamente, bem como do convívio cotidiano. Na medida em que a reflexão transcendental kantiana explicitava o princípio da subjetividade e, ao mesmo tempo, reivindicava competência de juízo perante essas esferas, Georg Wilhelm Friedrich Hegel via na filosofia de Kant, segundo Habermas, a essência do mundo moderno concentrada como em um foco. Nas palavras de Habermas, "Kant expressa o mundo moderno em um edifício de pensamentos"; o que significa que na filosofia kantiana os traços essenciais da época se refletiam como em um espelho, mesmo que o filósofo de Königsberg não tivesse conceituado a modernidade enquanto tal (HABERMAS, 2000, p. 29).

No que tange ao valor do princípio da subjetividade, por exemplo, não parece ocioso observar como Kant tratava um dos temas emergentes do período: a questão do gênio. Com estas palavras ele o definia em sua *Crítica da faculdade do juízo*: "[g] ênio é o talento (dom natural) que dá regra à arte. Já que o próprio talento enquanto faculdade produtiva inata do artista pertence à natureza, também se poderia expressar assim: Gênio é a inata disposição de ânimo (*ingenium*) pela qual a natureza dá regra à arte" (KANT, 2005, p. 153). Assim definida, a noção de gênio seria uma faculdade produtiva do artista, para a qual Kant indicava quatro características: talento e originalidade; produtos exemplares; não saber explicar a própria criação; e restrição à arte (*ibidem*, p. 153-154)[2].

Não menos significativa para inferir o valor do princípio da subjetividade é a concepção kantiana sobre a relação do indivíduo com o *ethos* público, como se observa em seu *Resposta à pergunta: que é esclarecimento?*. Importa lembrar que a crítica moderna europeia nasceu de uma luta contra o Estado absolutista, regime no qual a burguesia europeia começou a construir um espaço discursivo específico nos séculos XVII e XVIII. Em meio ao Estado, como instância centralizadora de ações administrativo-burocráticas, detentor das prerrogativas decisórias sobre as instâncias da vida, e a sociedade civil, estruturou-se o que Habermas nomeou de "esfera pública" burguesa, abrangendo todo um domínio de instituições sociais nas quais indivíduos se reuniam para o intercâmbio de um discurso racional, compondo um núcleo relativamente equitativo de deliberações com potencial para assumir força política (EAGLETON, 1991, p. 3).

Emerge, então, uma opinião pública polida e informada, contraposta, em parte, às imposições arbitrárias da autocracia, que dá azo à utilização de um poder social em que o privilégio e a tradição, supostamente, não conferem aos indivíduos o direito de falar e de julgar. O direito à fala e ao juízo, no espaço público assim delimitado, era conferido pela intensidade com que os indivíduos fossem capazes de se constituir como sujeitos discursantes ao compartilhar a pretensão de consenso da

[2] Ver ainda: Pedro Süssekind. *Ob. cit.* pp. 83-88.

razão universal. Ainda que, a seu modo, as normas da razão guardassem pretensão absoluta, elas e seus postulantes se voltam contra a autoridade aristocrática em nome do "bom senso" e da "razão judiciosa" (*ibidem*, p. 3).

Nos termos com que iniciava o seu texto, Kant definia a *Aufklärung*: "[e]sclarecimento é a saída do homem de sua menoridade, da qual ele próprio é culpado. A menoridade é a incapacidade de fazer uso de seu entendimento sem a direção de outro indivíduo". Ainda em seus termos: "[o] homem é o próprio culpado dessa menoridade se a causa dela não se encontra na falta de entendimento, mas na falta de decisão de servir-se de si mesmo sem a direção de outrem". Ele concluía o parágrafo de abertura desse texto com uma incitação aos indivíduos a se servirem de seu próprio entendimento, através da divisa do poeta latino Horácio em suas *Epístolas*: *sapere aude*; esclarecendo com as seguintes palavras seu sentido: "[t]em coragem de fazer uso de seu próprio entendimento, tal é o lema do esclarecimento" (KANT, 1985, p. 100).

Kant apontava a "preguiça" e a "covardia" como causas de que "tão grande parte dos homens, depois que a natureza de há muito os libertou de uma direção estranha (*naturaliter maiorennes*)", continuassem, de "bom grado, menores durante toda a vida". Segundo Kant, mesmo que indivíduos preferissem permanecer nesse estado de menoridade, seria inevitável que o público se esclarecesse sendo lhe dada liberdade. Cito: "E a mais inofensiva entre tudo aquilo que se possa chamar liberdade, a saber: a de fazer um uso público de sua razão em todas as questões". Kant era taxativo: "o uso público de sua razão deve ser sempre livre e só ele pode realizar o esclarecimento entre os homens"; explicando que entendia "sob o nome de uso público de sua própria razão aquele que qualquer homem, enquanto sábio, faz dela diante do grande público do mundo letrado". Ainda nos próprios termos kantianos: "[...], portanto na qualidade de sábio que se dirige a um público, por meio de obras escritas de acordo com seu próprio entendimento, pode certamente raciocinar, sem que por isso sofram os negócios [públicos] a que ele está sujeito em parte como membro passivo" (*ibidem*, p. 102-106).

Kant assumiu sua maioridade e, em sua crítica da razão pura e sua análise dos fundamentos do conhecimento, a tarefa de criticar o mau uso de nossa faculdade de conhecimento, talhada para a relação com os fenômenos. Ele separou do conhecimento teórico as faculdades da razão prática e do juízo, assentando cada uma delas sobre seus próprios fundamentos. Dessa forma, segundo Habermas, ao fundar a possibilidade do conhecimento objetivo, do discernimento moral e da avaliação estética, a razão crítica não só assegurou suas próprias faculdades subjetivas e tornou transparente a arquitetônica da razão, mas, também, assumiu o papel de um juiz perante o todo da cultura. Nesse movimento, nas palavras de Habermas: "[t]rata-se da estrutura da auto-relação do sujeito cognoscente que se desdobra sobre si mesmo enquanto objeto para se compreender como em uma imagem especular [i.e., espelhada] justamente de modo 'especulativo'" (HABERMAS, 2000, p. 28-29).

Kant não considerava como cisões as diferenciações no interior da razão, nem as divisões formais no interior da cultura. Entretanto, para Habermas, com as separações impostas pelo princípio da subjetividade, impôs-se à filosofia que a época moderna se concebesse como uma época histórica, na mesma medida em que assumia como problemas historicamente impostos a consciência da ruptura com passados exemplares e a "necessidade de haurir de si mesma tudo que é normativo". Assim, colocava-se a questão de saber se o princípio da subjetividade e a estrutura de consciência de si, imanentes do período moderno, seriam suficientes como fontes de orientações normativas e se eles bastariam para "'fundar'" a ciência, a moral e a arte, e ainda estabilizar uma formação histórica que pretendia se desligar de todos os compromissos históricos daqueles passados exemplares. A questão posta, segundo o filósofo e sociólogo alemão, seria saber se da "subjetividade" e da "consciência de si" poderiam ser obtidos critérios próprios ao mundo moderno que, a um só tempo, servissem para se orientar nele e ser aptos para a crítica de uma época moderna em conflito consigo mesma (*ibidem*, p. 30).

Johann Cristoph Friedrich Von Schiller alinhou-se a esse esforço de explorar e de especular sobre os limites da subjetividade, por meio de argumentos histórico-críticos, visando a um diagnóstico da época moderna. Esse diagnóstico schilleriano, formulado no plano de uma filosofia da história, projetou como tarefa o restabelecimento de uma totalidade cultural perdida, da qual a Grécia fora um modelo, resultando na fundamentação do idealismo transcendental kantiano como um idealismo estético (BARBOSA *in* SCHILLER, 2009, p. 41). Como a Reforma protestante e o Iluminismo, a Revolução Francesa foi um dos acontecimentos cruciais para o estabelecimento desse princípio da subjetividade, tornando-se decisiva para as ponderações de Schiller sobre o problema dos efeitos do belo e do sublime na formação do homem e da sociedade.

Schiller foi homenageado com o título de *citoyen français* pela Convenção Nacional em 1792, mas se desiludiu com os rumos do movimento após a execução de

Luís XVI em fevereiro de 1793 (SCHILLER, 2002, p. 145)[3]. Revoltado com o terror jacobino e cético em relação à possibilidade de a Revolução honrar suas promessas, Schiller convenceu-se de que a solução do problema político dependia de uma profunda transformação cultural e da criação de condições subjetivas necessárias ao êxito dos ideais da revolução burguesa em curso. A solução do problema político pela instituição da liberdade e de um Estado racional era, então, considerada nos nexos entre o estético e a razão prática à luz das exigências não satisfeitas pela Revolução Francesa. Na concepção de Schiller, somente uma "cultura estética" estaria em condições de radicalizar a *Aufklärung*, desdobrando as exigências do esclarecimento de autonomia e uso público da razão, além de formar o homem e a sociedade para a verdadeira cidadania política (BARBOSA *in* SCHILLER, 2009, p. 32-33).

Enfim, o século XVIII foi crucial nessa inflexão que adensou sobremaneira o espectro polissêmico do termo "moderno". Entre outros motivos, também porque em seu curso foi percebido, retrospectivamente, que esse mundo moderno começou a se constituir como tal com o Renascimento, com a descoberta das Américas, o "Novo Mundo", e com a Reforma protestante: "os três grandes acontecimentos que por volta de 1500" constituíram o limiar histórico entre a época moderna e a medieval. Sobre essa constatação retrospectiva, Reinhart Koselleck mostrou como a consciência histórica, expressa na noção de "*nova aetas*", novos tempos, e no conceito de "tempos modernos", constituiu uma perspectiva fundamental para a filosofia da história, qual seja: aquela da "presentificação reflexiva do lugar que nos é próprio a partir do horizonte da história em sua totalidade". De maneira que, o singular coletivo "História" foi cunhado no século XVIII, indicando que: "[a] 'época moderna' confere ao conjunto do passado a qualidade de uma história universal [...]", correlacionando o diagnóstico dos novos tempos e a análise das épocas passadas. A esse correlacionamento correspondia a nova experiência do progresso e da aceleração dos acontecimentos históricos, bem como a compreensão da simultaneidade cronológica de desenvolvimentos historicamente não simultâneos (KOSELLECK *apud* HABERMAS, 2000, p. 9-10).

Já no século XIX, Hegel foi o primeiro a eleger como problema filosófico o processo pelo qual os tempos modernos se desligam das sugestões normativas do passado que lhe são estranhas. Precisamente, o fato de os tempos modernos terem de

---

[3] Conforme nota de Márcio Suzuki.

se estabilizar com base em cisões produzidas por ele mesmo causou uma inquietude que Hegel concebeu como "'a fonte da necessidade da filosofia'". Ele concebeu a filosofia diante da tarefa de apreender em pensamento o seu tempo, quer dizer, os tempos modernos, convencido, segundo argumenta Habermas, de que não seria possível obter o conceito que a filosofia forma sobre si própria de maneira independente do conceito filosófico do que seja o moderno (HABERMAS, 2000, p. 24-25).

"Antes de tudo", afirma Habermas, "Hegel descobre o princípio dos novos tempos: a subjetividade" (*ibidem*, p. 25). Ao recorrer a esse princípio, em sua visada sobre a filosofia kantiana e em meio ao aprendizado de juventude em Iena onde trabalharam, entre outros, Schiller, Fichte e os irmãos Schlegel, Hegel explicaria a superioridade do mundo moderno sobre aquele antigo e medieval e, simultaneamente, sua tendência à crise. O mundo moderno teve a experiência de si mesmo como o mundo do progresso e, ao mesmo tempo, como mundo do espírito alienado, acarretando que a primeira tentativa de elevar o moderno ao nível do conceito se desse por meio de uma crítica da modernidade. Quando Hegel caracterizou os novos tempos, ele elucidou a "subjetividade" por meio da "liberdade" e da "reflexão". Nesse contexto a expressão "subjetividade" comportava, sobretudo, quatro conotações: de individualismo, de direito à crítica, de autonomia da ação e de filosofia idealista (*ibidem*, p. 25-26).

Se Hegel foi o primeiro a eleger os tempos modernos como problema filosófico, foi Charles-Pierre Baudelaire quem fez emergir o termo "modernidade", em seu texto *Le peintre de la vie moderne*, publicado em 1863, deflagrando sua aplicação determinante numa cultura constituída por uma inflexão na sensibilidade, na reflexão e na atuação dos ocidentais sobre a natureza e a sociedade (BAUDELAIRE, 1996, *passin*).

Nesse texto seminal de crítica cultural, o termo modernidade surgia eivado de tudo aquilo que vinha impregnando a grupação de elementos que, ao longo do tempo, foram se sobrepondo, se justapondo, se imbricando, criando inter-relações e interdependências múltiplas até dar forma àquilo que se nomeou "moderno" nos séculos XVIII e XIX. De tal sorte que a emergência do termo "modernidade" em Baudelaire dinamizou o amálgama dos matizes sutis e nuançados das relações várias, estabelecidas e perspectivadas, entre o antigo e o moderno: dos sentidos e das dimensões da história em suas múltiplas visadas, seja como presentificação reflexiva de um lugar próprio no horizonte da história como totalidade, seja na expressão de espírito de um povo e de um tempo; bem como daquele princípio de subjetividade, marcado pela busca da liberdade e da reflexão, incorporando aspectos do individualismo, do direito à crítica, da autonomia da ação e da filosofia idealista. A pregnância desses elementos formadores, concebidos por Baudelaire em relação à arte como moda, isto é, como aquilo que é recente, novo, atual, realizando o trânsito entre o efêmero e o eterno, trouxe à baila a complexidade das nuanças implicadas em ideias, práticas, representações e projetos que se desdobram em torno de um sem-número de apropriações e de aplicações do que seja interpretado como moderno e como modernidade, dando relevo a uma das características cruciais daquilo mesmo que se define a partir do entrecruzamento de tantas variáveis.

A palavra "modernidade" tem se prestado a diferentes interpretações de acordo com seus vários interesses de aplicação, apesar de ser traduzida, não raro, com a mesma ideia de "modernização". Desse modo, ela foi interpretada e apropriada de uma maneira geral como "época da história", em que predominariam as categorias da "novidade", da "superação" e do "progresso" sob a égide do marco da Revolução Francesa, traduzindo-se muitas vezes como questão tratada em termos de "modernização". Ao mesmo tempo, interpretada e apropriada como época das multidões, das cidades e da indústria, na qual predominariam as categorias do urbano e do desenvolvimento sob a égide da Revolução Industrial, a modernidade traduziu-se, igualmente, em termos de "modernização". Assim, ao longo dos séculos XIX e XX, o termo "modernização" encampou ideias, práticas, representações e projetos de modernidade apropriados de maneira ideológica e aplicados, pragmaticamente, na tentativa de equiparar povos e nações que, em contextos históricos específicos, eram tomados como modelares do que seja a modernidade, em termos econômicos, políticos e/ou sociais. Por isso também, talvez seja decisivo levar a sério o discernimento entre "modernidade" e "modernização", considerando o contexto de emergência do pensamento estético e da interpretação histórica no processo de construção de uma sensibilidade moderna afeita ao universalismo do humanismo burguês em colisão com as dinâmicas do capitalismo.

A palavra "modernização" foi introduzida como termo técnico, nos anos 1950, na tentativa de conceituar um conjunto de processos cumulativos e de reforço mútuo à formação de capital e mobilização de recursos; ao desenvolvimento das forças produtivas e ao aumento da produtividade do trabalho; ao estabelecimento do poder político centralizado e à formação de identidades nacionais; à expansão dos direitos de participação política, das formas urbanas de vida e da escola formal; à secularização de valores e de normas, dentre outros (HABERMAS, 2000, p. 4-5). Porém, ainda antes de se tornar um termo técnico nesse período após a Segunda Guerra, no qual estavam em voga as teorias desenvolvimentistas, dependentistas, sobre relações entre centro e periferia, e sobre primeiro, segundo e terceiro mundos, já havia, mesmo na Europa, esforços de determinados povos para se equiparar ao que vislumbravam como moderno em determinados contextos históricos: foi assim, por exemplo, com a Rússia de Pedro, o Grande, e com o Portugal do Marquês de Pombal ainda no século XVIII.

De toda forma, foi com o capitalismo industrial, com o surgimento de novas esferas da vida política, econômica e social, e com o aburguesamento da cultura, num processo em que ferrovias e locomotivas se tornavam símbolo de dinamismo e progresso, conferindo outro significado à construção de pontes, estradas, túneis e edificações urbanas, que o sentido dessas teorias da modernização se efetivaram como uma abstração plena de consequências. Ao separarem a modernidade de suas origens na Europa dos tempos modernos, as teorias de modernização estabeleceram um padrão, pretensamente neutralizado no tempo e no espaço, para processos diversos de desenvolvimento social. Com isso, romperam-se os vínculos internos entre a modernidade e o contexto histórico do racionalismo ocidental, de tal maneira que os processos de modernização não podem ser compreendidos como racionalização, isto é, como objetivação histórica de estruturas racionais, por mais que pretendam se mascarar como tais (*ibidem*, p. 5).

Apropriado e aplicado por teóricos, pensadores e escritores de diferentes espectros políticos, da esquerda à direita, o termo "modernização" apresenta-se, necessariamente, prenhe de ambiguidades. Nesse sentido, é conveniente distinguir entre "modernidade" e "modernização". Para tanto, ainda que os processos de modernização sejam desvinculados da objetivação histórica das estruturas racionais do alvorecer do pensamento moderno do século XVIII, o termo "modernização" será interpretado como pretendendo indicar o desenvolvimento da racionalidade instrumental. Em contraposição, o termo "modernidade" indicaria uma racionalidade normativa. Assim, ao passo que "a modernidade" apontaria para a autodeterminação política e para a autonomia moral, de outro modo, "a modernização" referir-se-ia à pretensa previsibilidade e ao controle dos processos sociais e naturais, dinamizando uma "tensão inexorável" (LECHNER, 1990, p. 73-74).

No horizonte do século XXI, a tensão entre "modernidade" e "modernização" emergiu sob o impacto de uma "dialética do capitalismo", definida como "integração transnacional e desintegração nacional", caracterizando na América Latina uma exclusão produzida pela própria modernização (SUNKEL *apud* LECHNER, 1990, p. 74).

Por um lado, as expressões próprias da modernização, como o "mercado" e o "desenvolvimento científico-tecnológico", são tratadas como mecanismos típicos da integração transnacional, por outro lado, as instituições próprias da modernidade, como seja o Estado democrático, ficam restritas a uma esfera nacional. Em outros termos, "a modernidade sofre um *déficit* institucional para enfrentar a dinâmica da modernização" (LECHNER, 1990, p. 75).

Desde este ponto de vista, "a modernização" propicia a emergência de duas tendências contraditórias num mesmo processo: integração e marginalização. A modernização, nesse sentido, impulsiona uma integração transnacional que provoca a marginalização de amplos setores sociais e, mesmo, de regiões inteiras, sob a força do "caráter imperativo da modernização", uma vez que não haveria "alternativas viáveis de desenvolvimento econômico". Afinal, "a transnacionalização dos mercados e das inovações tecnológicas transformaram a racionalidade instrumental na racionalidade predominante". A racionalidade instrumental, expressa no termo "modernização", surge como "princípio orientador da ação social", ao mesmo tempo em que se afirma como um "padrão objetivo", isto é, "valor objetivado em produtos", em tecnologia. Com isso, "a modernização" tornou-se um critério de desenvolvimento econômico e uma norma legitimadora do processo político, fazendo com que a integração transnacional seja tratada como uma necessidade legítima e que a marginalização dela decorrente apareça como "mal menor". Surge, então, a pergunta decisiva: "podem as sociedades latino-americanas enfrentar os custos econômicos da modernização sem considerar os custos sociais?" (*ibidem*, p. 75-76).

As distâncias sociais nos países da região não apenas aumentaram, com o desdobramento desse processo, elas foram qualitativamente modificadas, surgindo uma "nova 'heterogeneidade estrutural'", cuja ordem econômica, étnica e cultural é segmentada. "Um terço da população latino-americana está excluída dos mercados formais de trabalho e/ou vive abaixo dos níveis mínimos de subsistência". Entretanto, os setores excluídos compartilham das aspirações e dos valores do "'modo de vida' moderno": "[s]ão marginais, não por seus valores ou aspirações, mas em relação ao processo de modernização que, dado o peso crescente do fator capital (incluindo a tecnologia), é incapaz de integrá-los, gerando um desemprego estrutural". Em outros termos, trata-se de "um novo tipo de exclusão, produto do próprio processo de modernização. Já não se trata de um setor à margem do sistema capitalista, mas de setor incorporado passivamente". Se há, portanto, uma modernização que possa ser considerada notável, ela se processa "à custa da exclusão de amplos setores sociais que permanecem estruturalmente à margem do mercado (desemprego) e da proteção estatal (serviços públicos)" (*ibidem*, p. 77-79).

Por seu turno, o desenvolvimento do capitalismo industrial no Brasil também não pode ser dissociado do desenvolvimento do mundo capitalista. Contudo, evidências históricas específicas demonstram que no Brasil foi necessária a prévia consolidação do Estado para que a industrialização pudesse se realizar, incorporando o capital estrangeiro, ao longo do século XX. Foi necessário, portanto, que "a organização política das aspirações e forças sociais locais e das condições e potencialidades específicas, sob a liderança da burguesia, fornecessem o quadro institucional e as motivações para o desenvolvimento" (ANDRADE, 2002, p. 11).

Ao longo dos anos 1970, a atividade produtiva do Estado brasileiro afetou o setor industrial de quatro maneiras diferentes: ao gerar economias externas apropriadas pelo setor privado, ao atenuar as oscilações do setor de bens de capital por meio da demanda durante os anos de dificuldades, ao exercer papel decisivo no emprego e na demanda de bens de consumo, através de seu controle sobre as indústrias de construção, e, ao fazer com que as transações financeiras estatais remunerassem o setor privado, ajudando a manutenção dos retornos privados globais nos anos de crise. Se desde o início do processo de sua rápida industrialização, o contexto brasileiro levou à concentração de renda, essa tendência foi reforçada pelas políticas do governo militar a partir de 1964. Os salários básicos reais foram fortemente deprimidos, não incorporando os ganhos de produtividade daqueles anos. Os lucros totais foram redistribuídos segundo linhas determinadas pelas condições de mercado e pelas políticas governamentais beneficiando os estratos de alta renda. A concentração de renda foi favorecida, então, entre outros fatores, pelos esforços do governo militar em assegurar a lealdade da burocracia pública e das Forças Armadas, pela extensão da corrupção e pela concentração de capital, e propriedade, nas classes empresariais e na classe média alta (*ibidem*, p. 13-14).

Um relatório da comissão de Inquérito sobre Multinacionais do Senado dos Estados Unidos da América, de 1975, demonstrou que "'com quase metade da indústria sob controle estrangeiro, o comportamento das multinacionais é um determinante crítico da *performance* da economia brasileira'" (NEWFARMER & MULLER *apud* ANDRADE, 2002, p.16). Como indicado no documento, o peso do capital local diminuiu em comparação com o das empresas estatais e multinacionais, "tanto em termos de tamanho das empresas como da proporção de participação no patrimônio total". No mesmo período, a oposição popular denunciava os altos custos sociais daquele desenvolvimento, chamando atenção para a "alienação cultural e econômica do país", mas sem esperanças na "ação política de uma burguesia nacional progressista" (ANDRADE, 2002, p. 17).

Desse modo, o "'modelo brasileiro'" de desenvolvimento teria sido "a manifestação e a consequência da internacionalização da economia", sendo seus três aspectos principais: a internacionalização do capital estrangeiro, definido por complementaridades técnicas e econômicas, produzindo, principalmente, para o mercado interno; o papel específico da economia brasileira na divisão internacional do trabalho como exportadora de bens manufaturados baratos e importadora de equipamentos e tecnologias avançados; finalmente, a realização de uma crescente proporção de lucros gerados localmente dependente de sua conversão em meios de pagamento internacionais. Nesse modelo, "[é], portanto, essencial uma expansão contínua das exportações e dos financiamentos externos". De tal maneira que se pode definir o Brasil como uma economia industrializada na qual "os meios estratégicos de produção – tecnologia e petróleo – são produzidos, externamente, e cuja indústria não é suficientemente competitiva para incorporar esses insumos sem sérias tensões sócio-econômicas e instabilidade cíclica" (*ibidem*, p. 22).

Nessa medida, como afirma Raymundo Faoro, "a modernização", quer se chame ocidentalização, europeização, industrialização, etc., opera com "muitas máscaras, tantas quantas as diferentes situações históricas" (FAORO, 1992, p. 9). No Brasil, os elementos combinados nessa abstração também foram lançados como horizonte referencial, não deixando ela de ser plena em consequências. Ao vislumbrar tal horizonte, a trajetória brasileira efetivou-se, como em outros lugares, na busca de formação de capitais e mobilização de recursos, na instituição de um poder centralizado e na tentativa de consubstanciação de uma identidade nacional, mas também, na expansão gradativa dos direitos de participação política, da urbanidade e da escolarização, bem como da secularização dos valores e das normas. Entretanto, os processos brasileiros vêm sendo fulcrados por características e propriedades específicas desde o transplante da corte portuguesa para o Rio de Janeiro, em 1808, ou da febre das estradas e dos melhoramentos urbanos no Império ou, ainda, se associando à ideia da ciência como salvação, cultivada nas academias militares, na Escola Politécnica e nas faculdades de Medicina no século XIX, do esforço por instituir o progresso além dos limites do comercialismo exportador e importador, mas também desde a percepção de heranças múltiplas interpretadas, sistematicamente, como entraves para a modernização brasileira, e mesmo nos surtos de modernização industrializante sustentados em ideologias liberais e/ou neoliberais.

Múltiplos e complexos os processos brasileiros vêm sendo forjados na descontinuidade de ideias e de projetos, indiciando sua falta de racionalização e a polissemia de suas abordagens. Entretanto, parece lícito afirmar que esses processos têm sido engendrados num círculo vicioso de preconceito, exclusão social, violência e brutalidade, cuja resultante é a ratificação de seus fatores originários, entre outros: o vicejar do racismo enraizado na escravidão, sobretudo, de trabalhadores negros africanos por cerca de quatrocentos anos, a domesticação da classe média e do operariado em prol do poder despótico de cunho tecnocrático, o autoritarismo de feição militar que não raro se arrogou papel reformador e modernizador, e o processo de reprodução das favelas na ocupação do solo urbano. O complexo polissêmico do termo "modernização", no caso brasileiro, vem impregnado por elementos apartados do caminho da cidadania, convidando a investigar criticamente as suas permanências e as suas pregnâncias em diferentes intelectuais que promoveram projetos diversos para interpretar o Brasil e atuar sobre o seu desenvolvimento por meio da educação nos séculos XIX e XX.

CONSIDERAÇÕES FINAIS

A ponderação sobre a variada apropriação e aplicação dos conceitos de "moderno", "modernidade" e "modernização", em uma interpretação crítica de sua utilização a partir de alguns de seus contextos de uso no pensamento ocidental, a fim de favorecer à problematização do recurso a esses conceitos como fatores explicativos em termos históricos e historiográficos, sublinhando as deformações de interpretações transistóricas, não pode prescindir de uma breve consideração sobre as noções de pós-moderno e de pós-modernidade. Afinal, na medida em que se leva a sério a ideia de que pensar criticamente é estabelecer o limite daquilo mesmo sobre o que se atém o pensamento, cabe vislumbrar o sentido do recurso ao prefixo "pós-".

Ao que tudo indica, o debate sobre o que seja posterior ao moderno e à modernidade, de um modo geral, informa sobre o interesse de seus protagonistas em se desfazer de um passado. Na impossibilidade de dar um novo nome à atualidade, uma vez que os problemas reconhecíveis do futuro ainda não têm resposta, antepõe-se ao termo que define aquilo que se pretende como passado o prefixo "pós-". Gestos de despedida como esses parecem adequados e próprios aos períodos de transição, fazendo com que seja comum aos "-ismos" formados com o "pós-" o sentido de tomar distância. Em suma, as expressões formadas com o prefixo "pós-" não esgotam o espectro das posições em relação a um passado do qual se quer tomar distância, ainda que seu pressuposto seja sempre análogo: a experimentação de uma descontinuidade, de um distanciamento de formas de vida ou de consciências nas quais se confiava anteriormente (HABERMAS, 1987, p. 115-116).

Em seu tempo Schiller, Hegel, Baudelaire e outros tentaram compreender criticamente as experiências de descontinuidade de sua época. A era da Ilustração e do Esclarecimento rompeu o *continuum* do presente com o mundo das tradições vividas até então sem qualquer mediação crítica. Os clássicos e românticos nascidos no século XVIII não se satisfizeram com a simples quebra da continuidade, eles exigiram antes encontrar seu caminho próprio mediante uma apropriação refletida e crítica da história. Dessa maneira, Ilustração e Esclarecimento tornados históricos, não aguardaram a emergência do pensamento historicista no final do século XIX para consubstanciar-se. Sugiro com essa observação, sobre o momento de fundação do que se traduz como moderno e como modernidade, que a aproximação dos aspectos cruciais e imbricados da polissemia e da pregnância desses termos aponta para a necessidade de um caráter aberto em sua ponderação.

A polissemia dos termos "moderno", "modernidade" e "modernização" foi forjada pela identificação com diferentes conceitos que determinaram suas feições e suas operações em diferentes momentos do processo histórico moderno e contemporâneo, consubstanciando a pregnância de seus elementos formadores. Em vista disso, argumento que a definição desses termos deve ser delimitada por um momento determinado no tempo, circunscrevendo-os em uma situação histórica e cultural específica, de forma a favorecer a percepção e o entendimento acarretado por relações contextuais, a partir das quais surge uma ampla gama de possibilidades de pensar e definir o que seja moderno, modernidade e modernização. Nessa perspectiva, esses termos não podem ser confinados em um conceito estrito previamente determinado de natureza transistórica, mas requerem um contexto, ou circunstancialização histórica, em que sua definição emerge tornando-se operatória. Afinal, é possível delimitar propriedades necessárias, mas nunca suficientes para definir o moderno, a modernidade e a modernização.

Em outras palavras, considero que seja imprescindível historicizar radicalmente as apropriações e as aplicações desses termos a fim de vislumbrar o significado que adquirem em um determinado autor, sistema de pensamento ou época. Proponho, para encerrar, que os sentidos polissêmicos desses termos sejam interpretados como sendo emergentes e dinâmicos, guardando, portanto, séries de componentes que se conectam em ambientes locais, os quais estabelecem uma dinâmica de redes de relações específicas, fazendo emergir seu significado, cuja propriedade inequívoca é ser sempre contextual.

REFERÊNCIAS

ALBERTI, Leon Battista. *Da pintura*. Campinas: Editora Unicamp, 2009.

ANDRADE, Regis de Castro. "Brasil: economia do capitalismo selvagem". *Lua Nova*. São Paulo, n. 57, 2002, pp. 5-32.

BAUDELAIRE, Charles. *Sobre a modernidade: o pintor da vida moderna*. Rio de Janeiro: Paz e Terra, 1996.

BAUMGARTEN, Alexander Gottlieb. *Estética: a lógica da arte e do poema*. Petrópolis: Vozes, 1993.

______. *Esthétique, précédée des Méditations philosophiques sur quelques sujets se rapportant à l´essence du poème et de la Métaphysique (§§ 501 à 623)*. Paris: L´Herne, 1988.

EAGLETON, Terry. *A função da crítica*. São Paulo: Martins Fontes, 1991.

FAORO, Raymundo. "A questão nacional: a modernização". *Estudos avançados*. São Paulo, IEA/USP, 6 (14), 1992, pp. 7-22.

HABERMAS, Jürgen. *O discurso filosófico da modernidade: doze lições*. São Paulo: Martins Fontes, 2000.

______. "Arquitetura moderna e pós-moderna". *Novos estudos*. São Paulo, Cebrap, n. 18, setembro de 1987, pp. 115-124.

KANT, Immanuel. *Começo conjectural da história humana*. São Paulo: Editora Unesp, 2010.

______. *Crítica da faculdade do juízo*. Rio de Janeiro: Forense Universitária, 2005.

______. *Textos seletos*. Petrópolis: Vozes, 1985.

LECHNER, Norbert. "A modernidade e a modernização são compatíveis? O desafio da democracia latino-americana". *Lua Nova*. São Paulo, n. 21, setembro de 1990, pp. 73-86.

LE GOFF, Jacques. "Antigo/Moderno". *Enciclopédia: memória-história*. Porto: Imprensa Nacional - Casa dsa Moeda, 1997.

LESSING, G. Ephraim. *Laocoonte ou sobre as fronteiras da pintura e da poesia*. São Paulo: Iluminuras, 1998.

MORGANTI, Bianca Fanelli. *Invective contra medicum de Francesco Petrarca: tradução, ensaio introdutório e notas*. Tese de Doutorado em Teoria e História Literária, Instituto de Estudos da Linguagem/Unicamp. Campinas, 2008.

SCHILLER, Friedrich Von. *Cultura estética e liberdade*. São Paulo: Hedra, 2009.

______. *A educação estética do homem numa série de cartas*. São Paulo: Iluminuras, 2002.

SÜSSEKIND, Pedro. *Shakespeare: o gênio original*. Rio de Janeiro: Jorge Zahar Ed., 2008.

EXCELÊNCIA ESCOLAR, DECISÕES POLÍTICAS E AS ESTATÍSTICAS DE EDUCAÇÃO

NATÁLIA GIL

O presente artigo pretende contribuir para evidenciar a articulação das estatísticas de educação em uma determinada construção discursiva que fez circular a representação da excelência escolar, detendo-se aqui especificamente no caso da escola primária paulista. Interessa, nesse sentido, compreender o modo pelo qual o discurso educacional publicado em documentos oficiais utilizou as estatísticas escolares produzidas sobre o estado de São Paulo. A análise concentra-se, sobretudo, em textos de autoria de Almeida Junior e Lourenço Filho, que, ocupando funções gestoras em diferentes esferas federativas na década de 1930, organizaram boletins na Secretaria de Educação e Saúde Pública (em São Paulo) e no Instituto Nacional de Estudos e Pesquisas Educacionais (INEP), respectivamente. A partir, portanto, do exame dos Boletins da Secretaria da Educação e Saúde Pública do Estado de São Paulo (que são editados na gestão de Almeida Junior entre 1936 e 1938), dos Anuários do Ensino do Estado de São Paulo (publicados em 1936 e em 1937) e dos Boletins do Instituto Nacional de Estudos e Pesquisas Educacionais (publicados entre 1939 e 1952), pretendeu-se localizar a argumentação que se baseia em dados estatísticos, para discutir os problemas e avanços da escola em São Paulo, tomada na política educacional como instituição modelar para o país.

O período em questão é imediatamente posterior à proposição da escola seriada e à introdução de métodos e procedimentos pedagógicos renovados, pelos quais se julgava ser possível ampliar o acesso à escolarização primária e garantir a qualidade do ensino. As estatísticas, por sua vez, usufruem, no mesmo momento, de grande legitimidade como recurso racional e supostamente objetivo para a avaliação e condução das políticas educativas. A partir disso, interessa compreender de que modo esses elementos se associam para constituir uma imagem positiva da escola primária paulista que circula em discursos amplamente legitimados naquele momento.

Referindo-se às primeiras décadas do período republicano no Brasil, Marta Maria Chagas de Carvalho argumenta que a escola foi assumida no discurso político como signo de progresso e da renovação empreendidos pela República. De acordo com a autora,

> tão logo proclamada a República, os governantes do Estado de São Paulo, representantes do setor oligárquico modernizador que havia hegemonizado o progresso de instauração da República, investem na organização de um sistema de ensino modelar. Assim, a escola paulista é estrategicamente erigida como signo do progresso que a República instaurava; signo do moderno que funcionava como dispositivo de luta e de legitimação na consolidação da hegemonia desse estado da Federação (CARVALHO, 2007, p. 225).

Grande parte da elite intelectual e governante que fazia circular essas ideias atuava, portanto, em São Paulo, onde, efetivamente, foram feitas as primeiras ações para criar uma escola considerada adequada ao novo regime de governo. Segundo Rosa Fátima de Souza,

> no âmbito das instituições escolares, a reunião das escolas denominadas "Grupo Escolar" foi um dos indicadores da modernização educacional paulista. Os grupos escolares reuniam todas as características da escola graduada – um novo modelo de organização escolar configurado no final do século XIX que vinha sendo implantado em vários países europeus e nos Estados Unidos para a difusão da educação popular (2009, p. 29).

Embora no plano dos discursos a instrução popular tenha experimentado crescente importância e, principalmente na República, a escola tenha sido indicada como signo da nova ordem política e exigência ao progresso da nação, no que se refere a realizações efetivas, pouco se fez. De acordo com Marta Carvalho,

> o ritmo e a extensão do processo de escolarização instaurado foram marcados por uma concepção restrita de cidadania e pela exigüidade dos recursos materiais e humanos disponíveis para instituir a escola nos moldes então julgados necessários à formação do cidadão republicano (2003, p. 143).

Na década de 1920, os próprios republicanos, descontentes com as feições assumidas pelo novo regime político, apontavam a urgência em repensar a organização política, social e econômica do país. Afirmava-se que a falta de instrução da população era causa de todas as crises e, portanto, o principal problema do país, de modo que, se fosse expandida a escola elementar, seriam resolvidos todos os demais problemas. Sentia-se, porém, a necessidade de se redefinir a organização escolar criada no início da República. De acordo com Marta Carvalho,

> o intento de expandir a escola, "nacionalizando" as populações operárias rebeldes à ordem republicana instaurada e incorporando as populações até então marginalizadas, evidencia os limites e inadequações do modelo escolar republicano. No seu lugar, uma nova hierarquia de prioridades se exibe na linguagem das cifras e na urgência das metas de generalização da escola (2003, p. 146).

Assim, após 1930, assiste-se à alteração nos rumos da escolarização popular no país. Segundo Beisiegel,

> a progressiva extensão das oportunidades de acesso à escola, em todos os níveis de ensino, para setores cada vez mais amplos da coletividade – ou, em outras palavras, o denominado *processo de democratização do ensino* – sem dúvida alguma aparece como o elemento central nas mudanças então observadas (1984, p. 383, grifo original).

Essa ênfase na expansão quantitativa reforça a defesa, já presente em discursos políticos dispersos nas décadas precedentes, da necessidade de se produzir e utilizar estatísticas escolares. A preocupação com a questão da expansão da escola coincide com um momento em que o campo estatístico estava em estruturação e em que as atividades dessa natureza contavam tanto com mais aperfeiçoamento técnico quanto com maior legitimidade social. Assiste-se, assim, nessa década, à produção cada vez mais ampliada e detalhada de dados estatísticos sobre a escola brasileira.

Se por um lado, sabe-se, a modernidade pedagógica – em São Paulo, ao menos – constitui-se em tema que vem sendo bastante investigado na História da Educação, por outro, tem-se a evidência da raridade dos estudos que associam essa questão à análise sociohistórica das estatísticas, abordagem com a qual se pretende aqui contribuir. É preciso destacar que Marco Antônio Rodrigues Paulo examinou detidamente a questão das estatísticas de educação paulistas em pesquisa de grande contribuição para a área de estudo. Em *A organização das estatísticas escolares no estado de São Paulo no período de 1892 a 1920* (2002) traz informações precisas sobre a produção e publicação dessas estatísticas, mas não se ocupa em investigar os modos de mobilização dessas informações pelo discurso educacional. Assim, diferentemente e de modo complementar ao seu estudo, o que se pretende aqui é compreender como os números são tomados em um discurso político que, ao mesmo tempo que indica a insuficiência da escola paulista, constrói sua primazia com relação à escola dos demais estados brasileiros.

ESTATÍSTICA E ESTADO MODERNO

É largamente conhecido o destaque que as estatísticas têm na atualidade como elemento fundamental de diagnóstico das situações sobre as quais se quer atuar. No Brasil, as estatísticas consolidaram sua legitimidade entre o final do século XIX e início do século XX, quando, no país, surge um empenho por parte dos intelectuais e funcionários de governo no sentido de construir um Estado nacional moderno cujas linhas estavam dadas pelas nações desenvolvidas, sobretudo da Europa e os Estados Unidos, às quais o país pretendia se equiparar.

As estatísticas permitem construir determinados saberes sobre as populações que têm por objetivo tanto dar a conhecer os indivíduos quanto discipliná-los (FOUCAULT, 1981). O interesse proeminente pelo saber decorre do fato de que, no mundo moderno, o conhecimento passa a ser utilizado para o domínio dos determinantes físicos que restringem a liberdade humana, mas também para o controle dos indivíduos. Destaca-se, então, a preocupação em torno da racionalidade estatal, pautada na ideia de que o Estado deve ser conduzido segundo leis racionais e baseado em informações. Foucault ressalta que a "arte de governar", do modo como se configurou no final do século XVI e início do XVII, não se pautava mais apenas no costume ou na tradição, mas no conhecimento racional. Apoiando-se na associação, que se torna evidente na Modernidade, entre saber e poder, os Estados passam, pelo acúmulo de informação, a mensurar o poder de que dispõem, recorrendo, para tanto, entre outras coisas, à produção de estatísticas oficiais. As estatísticas assumem, portanto, um papel fundamental entre as técnicas de governo. Segundo Foucault,

> a razão de Estado, no sentido de um governo racional capaz de aumentar a potência do Estado de acordo com ele próprio, passa pela constituição prévia de um certo tipo de saber. O governo só é possível se a força do Estado é conhecida; assim pode esta ser mantida. A capacidade do Estado e dos meios de aumentá-la devem também ser conhecidos, assim como a força e a capacidade dos outros Estados. O Estado governado deve de fato resistir aos demais. O governo não poderia se limitar apenas à aplicação dos princípios gerais de razão, sabedoria e prudência. Um saber é necessário: um saber concreto, preciso e mensurado com relação à potência do Estado. A arte de governar, característica da razão de Estado, está intimamente ligada ao desenvolvimento daquilo que se denomina *estatística* ou *aritmética* política – quer dizer, ao conhecimento das forças respectivas dos diferentes Estados. Tal conhecimento era indispensável ao bom governo (1981, p. 153, grifos originais).

Foucault sublinha que a racionalidade política se impôs na história das sociedades ocidentais pautando-se, de um lado, no poder pastoral e, de outro, na razão de Estado e na polícia. O Estado configurou-se, ao mesmo tempo, em fator de individualização e de totalização. Interessava conhecer individualmente os governados, exercendo sobre cada qual uma influência constante. Além disso, importava também tomar a população como foco da atuação estatal. A população surge, no século XVIII, como conjunto cujas necessidades e aspirações específicas precisam ser levadas em consideração pelos governantes. A população, e não mais o território, torna-se o centro das preocupações de governo, inaugurando o que Foucault denominou de era da "governamentalidade". Para esse autor, o termo designaria, no que interessa especificamente à temática aqui abordada,

> o conjunto constituído pelas instituições, procedimentos, análises e reflexões, os cálculos e as táticas que permitem exercer essa forma bem específica, ainda que complexa, de poder, que tem por alvo principal a população, por forma mais importante de saber, a economia política, por instrumento técnico essencial os dispositivos de segurança (FOUCAULT, 1978, p.655).

Por serem produzidas a partir de procedimentos científicos, as estatísticas experimentam desde o século XIX uma grande aceitação entre as elites intelectuais, tendendo a expandir-se rapidamente a outros estratos da população. A importância a elas atribuída assenta-se na crença compartilhada de que estas apresentariam uma descrição neutra e objetiva da realidade, assegurada pela universalidade dos números e capaz de indicar com imparcialidade as políticas adequadas. Como afirma Desrosières,

> os usuários das estatísticas se apoiam nelas para definirem construções mais amplas, tanto para gerirem o mundo social, tomarem decisões, repartirem os recursos e ajustá-los aos fins, como para *argumentarem* no quadro de um debate. Em todos estes casos, a estatística é uma *referência* supostamente segura, e é esta legitimidade que lhe dá força (1995, p. 169, grifo original).

No entanto, as estatísticas estão longe de ter a neutralidade que se lhes atribui. Produzidas a partir de finalidades definidas por indivíduos determinados e constritas pela possibilidade de apresentar apenas números, as estatísticas mostram aspectos parciais da sociedade. As escolhas feitas – no arbítrio sobre quais assuntos podem e/ou devem ser contabilizados, na definição das categorias que servem de base à coleta dos dados primários, na seleção daquilo que deve compor as tabelas de divulgação dos resultados, nas comparações feitas etc. – não são automáticas nem evidentes e determinam a imagem obtida a partir dos procedimentos que caracterizam a produção desse tipo de conhecimento. Também o modo como são mobilizadas nas construções discursivas, escritas ou numéricas, ou seja, os dados que se escolhe comentar e aqueles que o discurso omite, as associações causais entre dados etc. acabam por construir a realidade que supostamente a estatística descreve. Tais escolhas, embora não sendo totalmente conscientes, vinculam-se às motivações que levaram à execução da investigação e/ou ao uso e análise dos dados e correspondem a recortes necessários que resultam num ângulo sempre obrigatoriamente parcial.

ALMEIDA JUNIOR E A ADMINISTRAÇÃO DA EDUCAÇÃO PAULISTA

Antônio Ferreira de Almeida Jr. (1892-1971) teve uma atuação expressiva como intelectual de destaque em vários campos – notadamente em educação, direito e higiene. Trabalhou como catedrático na Escola Normal de São Paulo, desde

1931, e na Faculdade de Direito da USP, a partir de 1941. Esteve em dois momentos distintos à frente da administração pública da educação paulista: entre 1935 e 1938 foi diretor do ensino em São Paulo e entre 1945 e 1946 foi secretário de educação e saúde no mesmo estado. Participou ativamente dos debates acerca dos rumos da educação pública paulista, em associação aos chamados renovadores do ensino, sendo inclusive signatário do Manifesto dos Pioneiros da Educação Nova, de 1932. Suas ideias sobre educação coadunam-se (embora com divergências pontuais) com as daquele grupo de intelectuais, como a defesa da necessidade de estender o acesso à instrução elementar para toda a população, com ensino gratuito e obrigatório oferecido pelo Estado.

Raquel Gandini (2005) afirma que a discussão sobre a escola primária foi um dos principais assuntos dos artigos e livros que Almeida Júnior escreveu. Baseando-se em análise de alguns de seus livros, essa autora aponta dois temas recorrentes. O primeiro refere-se ao rendimento da escola primária, por meio da discussão dos altos índices de reprovações e do problema do tresdobramento dos períodos (funcionamento das escolas em três turnos diários), o que o levou a defender a ampliação da rede física de grupos escolares, bem como alguns parâmetros de qualidade de ensino. O segundo tema do qual tratou mais detidamente referia-se a questões políticas, no que diz respeito ao financiamento do ensino e ao clientelismo existente no sistema público educacional. Almeida Junior argumentava que havia omissão e desinteresse pela instrução elementar, por parte daqueles que se responsabilizavam pela gestão pública dos estados e da União, fossem liberais ou socialistas. Luciana Viviani (2007) ressalta que Almeida Junior dedicou muita atenção também à questão da higiene e da biologia educacional, o que fica evidente pela observação dos materiais escritos que produziu e de sua atuação profissional.

Interessou-se, ainda, pela discussão em torno da escola normal. Para ele, a construção de uma escola primária de qualidade deveria se concretizar em harmonia e em articulação com a melhoria da escola normal paulista, visto que era necessário ter professores bem formados para viabilizar o funcionamento de uma escola primária adequada às exigências sociais do período.

Suas preocupações com o ensino primário e normal eram visivelmente presentes nos períodos em que esteve na gestão da rede de ensino paulista, como se percebe pela análise dos Anuários de Ensino de 1935-1936 e 1936-1937, publicados sob sua responsabilidade como Diretor de Ensino de São Paulo. Nesses documentos, os ensinos primário e normal aparecem tratados sob o aspecto administrativo e pedagógico, com informações sobre o trabalho realizado sob sua orientação, análises e sugestões para otimizar o rendimento da escola primária, inclusive de aspectos higiênicos e assistenciais.

Um dos grandes problemas apontados por Almeida Junior foi a falta de prédios para instalar grupos escolares, dado o alto número de crianças fora da escola e a baixa qualidade das instalações existentes, especialmente das escolas isoladas. Em 1936, logo depois de assumir a Diretoria, instituiu uma comissão de construções escolares para tratar do assunto, por orientação do Código de Educação, coordenada por ele e pela Diretoria de Obras Públicas do estado, com profissionais de diversas áreas – engenheiros, professores, arquitetos e médicos. O estudo empreendido por essa comissão resultou no livro *Novos prédios para grupo escolar* (SÃO PAULO, 1936b), onde são transcritos também três artigos seus publicados originalmente, naquele mesmo ano, no jornal *O Estado de S.Paulo*. Nessa ocasião, o autor renova a ênfase na defesa da extensão da escolarização básica a toda a população e da necessidade de eliminar as escolas isoladas. Para isso, segundo os cálculos de Almeida Junior, deveriam ser construídos 229 prédios (78 na capital e 151 no interior), seguindo sempre estritos parâmetros de qualidade: escolas limpas, claras, ventiladas, com funcionamento que propiciasse uma duração mínima de quatro horas de ensino e locais apropriados para tipos diversificados de atividades.

Almeida Junior tinha também apreço pela questão das escolas rurais, tendo escrito alguns artigos a esse respeito. Esse tema é ilustrativo da importância que o autor dava às estatísticas na construção de sua argumentação. Na sua opinião, a escola rural era, por certo, insuficiente, mas também, da forma como então se organizava, produzia pouco e desenvolvia um trabalho inadequado. Não considerava, portanto, que fosse desejável espalhar pelo interior do país um tipo de instituição que não atendia às expectativas colocadas ao ensino rural. Sua posição era enfática: "Sou, – já o tenho dito – pela solução *qualitativa* do ensino rural. Não convem lançar, pela roça, escolas a esmo, com professoras mal remuneradas. Taes escolas consomem a verba orçamentária e pouco produzem" (SÃO PAULO, 1936a, p. 5, grifo acrescentado). Segundo ele, era preferível "localizar bem um número modesto de instituições, dando-lhes situação independente e professora adequada, a esbanjar as dotações legaes com milhares de escolas improductivas" (SÃO PAULO, 1936a, p. 5).

O recenseamento realizado em São Paulo em 1934 tinha indicado existirem 700 mil crianças em idade escolar, ou seja, entre 8 e 14 anos, habitando a zona rural do estado. Destas, apenas 130 mil tinham possibilidade de matrícula nas escolas primárias públicas. Disso se conclui, à primeira vista, que havia um déficit de 570 mil vagas para o ensino primário das zonas rurais. O autor relativizava esse cálculo, lembrando que este seria o montante da lacuna a suprir se se quisesse ver matriculadas todas as crianças fora da escola naquele ano. Mas esse raciocínio não era adequado, dado que os alunos não frequentam a escola por 7 anos e, portanto, haveria nesse total crianças que já deixaram a escola após completarem o curso primário. A questão não estava em receber num só momento toda a população compreendida na faixa etária dos 8 aos 14 anos e, sim, em organizar o aparelho escolar para que fosse possível acolher a cada ano as novas gerações a escolarizar. Considerando-se que o curso primário nas zonas rurais organizava-se em 3 anos, chegava-se à cifra de 300 mil vagas, segundo as estimativas do autor. Outro elemento, porém, deveria, ainda, ser levado em consideração nesse cálculo: os índices de reprovação. Como a eficiência da escola primária era bastante baixa, poder-se-ia contar apenas com 50 a 70% de rendimento e, por essa razão, em vez de 300 mil vagas seria preciso que se pudesse dispor de 430 mil postos para a infância dispersa pelo território do estado. Estimando uma ocupação média de 40 alunos por escola, Almeida Junior chegava à conclusão de que o estado precisaria de 7.500 novas escolas instaladas no campo. Recorrendo a cálculos estatísticos como esses e elegendo ponderações baseadas em suas posições políticas e pedagógicas, o autor reforça a impressão de que a decisão quanto à construção de novas escolas e sua localização seria antes uma questão técnica, quando efetivamente tratava-se preponderantemente de uma decisão política.

A análise do movimento de reprovação nas escolas primárias paulistas também é feita com recurso às estatísticas escolares. A esse propósito, Almeida Junior solicita um estudo ao chefe do serviço da educação primária da Diretoria de Ensino, professor Luiz Gonzaga Fleury, que é publicado no Boletim n.7 daquela Diretoria em 1936. O estudo concentra-se nos dados de dezessete municípios da região da capital do estado por ser o que se tinha disponível. Nessa região, em 1935, das 116.060 crianças submetidas a exame das autoridades do ensino, 48.824 haviam sido reprovadas, configurando um índice de 42% de reprovação. Nas análises presentes no Boletim, fica evidente que a consideração que Almeida Junior tem acerca das estatísticas não é ingênua. Nesse sentido, o autor afirma que "as reprovações são dados numericos exactos; mas os critérios que as determinam, bem o sabemos, mudam de escola para escola" (SÃO PAULO, 1936c, p. 3). Argumenta que era necessário compreender que "há autoridades 'baixistas', que se contentam com pouco, também as há 'altistas', dispostas a apertar o crivo das aprovações" (SÃO PAULO, 1936c, p. 3). Guarda, portanto, uma relação de "confiança flexível" com os dados estatísticos, de modo que os toma como elemento de orientação para argumentos e decisões políticas, mas deixa sempre entrever a possibilidades de assumi-los apenas parcialmente, em função de variantes como a apontada acima. No que se refere às reprovações, por exemplo, não deixa de concordar que indiquem um problema da escola paulista, mas sua ênfase argumentativa não recai nisso quando, a propósito, afirma que "promover é importante, porque significa efficiencia do ensino informativo, – mas não esgota das funções da escola" (SÃO PAULO, 1936c, p. 3).

LOURENÇO FILHO E A ESCOLA PAULISTA NA ESTATÍSTICA NACIONAL

No plano nacional, a autoridade em questões de estatística oficial da educação na década de 1930 era prerrogativa de Lourenço Filho, que, enquanto estava na diretoria do INEP, assinou as introduções aos Boletins publicados periodicamente, nos quais a presença dos dados quantitativos do ensino era frequente. Ainda que houvesse outros funcionários do INEP envolvidos com a análise desse tipo de informação, os comentários sobre os números nos Boletins são sempre assinados por Lourenço Filho. Além disso, o educador publicou alguns artigos em que estatística e educação são o tema em destaque. Tinha profundo conhecimento sobre o assunto, inclusive em seus aspectos mais técnicos. No entanto, suas apreciações concentravam-se fundamentalmente no aspecto educacional. Os números, no discurso de Lourenço Filho, valiam mais por sua utilidade no sentido de legitimarem a intervenção do poder central na política educacional. De qualquer forma, mesmo sendo evidente que o autor atribui grande importância a esse instrumento de racionalização da ação política, não chega a concentrar-se primordialmente nisso, de modo que, nos estudos de sua autoria, a estatística é um entre outros pontos apresentados.

Lourenço Filho tinha cursado a Escola Normal Primária de Pirassununga, onde se titulou professor em 1914 e, mais tarde, complementado seus estudos na Escola Normal da Praça da República em 1917. No início de sua carreira, em São Paulo, trabalhou em alguns órgãos de imprensa, entre eles em *O Estado de S.Paulo* e na *Revista do Brasil*, nesta última sob direção de Monteiro Lobato. Em 1925, formou-se bacharel pela Faculdade de Direito de São Paulo. Diferentemente de muitas das figuras de relevo nos quadros administrativos em seu tempo, que mobilizavam as relações sociais de suas famílias para assumir postos na burocracia estatal, Lourenço Filho valeu-se de sua especialização na área educacional – incomum àquela época –, proveniente em parte de sua formação escolar, para conquistar posições importantes entre a elite profissional, que decidia os rumos da educação brasileira. Começou sua carreira como professor de grupo escolar no interior, mas não tardou a ocupar, já na capital, a cadeira de Psicologia na Escola Normal. Em 1922, foi convidado para dirigir a Instrução Pública no Ceará, onde conduziu a reforma do ensino primário. Foi, em seguida, diretor da Instrução Pública em São Paulo, chefe de gabinete de Francisco Campos no Ministério de Educação e Saúde, diretor e professor do Instituto de Educação do Rio de Janeiro a convite de Anísio Teixeira, e, posteriormente, da Faculdade Nacional de Filosofia e da Universidade do Brasil. Esteve à frente da Diretoria Nacional de Educação, quando, então, coordenou a criação e organização do INEP, sendo seu primeiro diretor. No que se refere à produção e análise das estatísticas de educação, é possível supor que tenham sido as atividades de administração pública por ele desempenhadas que o impulsionaram à busca de saberes técnicos específicos a esse respeito.

No discurso de Lourenço Filho, a educação é apresentada como uma questão de Estado. Se, por um lado, enfatizava que o processo educativo tinha por alvo os seres individuais, seu foco principal seria, porém, a harmonia do conjunto da sociedade (LOURENÇO FILHO, 1940, p. 71). A escola responderia, portanto, por um esforço deliberado de agregar e nacionalizar o povo brasileiro, processos estes que, na opinião de Lourenço Filho, tinham, até então, sido desenvolvidos no Brasil de forma espontânea e dispersa. Diante disso, defendia enfaticamente a necessidade de centralização da política educacional, considerada por ele como imperativa para se atingir o objetivo de cooptação da população para o projeto de nação.

As estatísticas eram, portanto, apontadas por Lourenço Filho como importante aspecto na análise e condução das questões educacionais. Um papel substancial a elas atribuído estava associado à condução das políticas públicas nas sociedades modernas:

> Todo problema político se apresenta, em sua origem, como um problema de massa. Portanto, como um problema a que a estatística deve servir, primeiro, na sua descrição e na sua caracterização, depois na sua interpretação. E, se dessa interpretação, resultar a conclusão de interdependência dos fatos, a estatística passa a fornecer também os elementos de mais sadia e justa direção dos grupos sociais ou dos povos (LOURENÇO FILHO, 1940, p.73).

Para o autor, cabia à estatística avaliar os fatos sociais, a saber, descrevendo a situação presente e analisando os dados obtidos, com vistas ao delineamento das ações mais acertadas no governo das populações.

A falta de planejamento era considerada, efetivamente, um impedimento à melhoria da educação no Brasil. No entendimento de Lourenço Filho, "um dos grandes problemas com que a educação pública defronta, em nosso país, como em muitos outros com as mesmas características, tem sido, nesse particular, a ausência de um sentido geral de planejamento" (1949, p. 8). Com vistas a traçar planos sobre a educação popular, como acerca de outras questões públicas, parecia fundamental poder contar com dados quantitativos de descrição da situação presente (mas, também, cálculos de estimativa sobre as perspectivas futuras).

A ESCOLA PAULISTA COMO EXEMPLO PARA A NAÇÃO

Entre as publicações do INEP, figurou uma série de Boletins que começaram a ser editados em 1939 e cuja circulação estendeu-se até 1952. A maior parte desses Boletins dedicou-se a divulgar dados sobre o ensino primário nos estados, informando sobre sua legislação, sobre a estrutura de sua administração e sobre seu desempenho quantitativo.

A quantificação do desempenho, no que se refere à educação, permitia indicar as fragilidades de alguns dos estados, mas permitia também dar visibilidade à excelência de outros cuja situação era tida como modelar, como era o caso de São Paulo:

> A organização do ensino em São Paulo desperta especial interêsse aos estudiosos de nossa administração escolar. Para isso várias razões concorrem, entre as quais a do ininterrupto crescimento da rêde escolar do Estado, desde o início da república, e a influência que os princípios e os processos de sua administração têm exercido sôbre o sistema de ensino de várias outras unidades federadas (MINISTÉRIO DA EDUCAÇÃO E SAÚDE, 1942, p. 7).

Embora se diga que há "várias razões" que justificariam o maior interesse em conhecer a organização do ensino naquele estado, o que se menciona imediatamente é o aspecto quantitativo. O que importa, nesse momento, é ampliar o atendimento escolar e é pelo destaque nesse aspecto que São Paulo se reafirma como modelo a ser seguido pelo país. No entanto, não é apenas isso que faz com que São Paulo seja considerado um estado modelar. Tanto já se havia afirmado nesse papel, que a segunda razão apontada no parágrafo citado é, efetivamente, a influência paulista nas demais regiões do país.

A hierarquia da excelência em educação, nesse caso, tem pelo menos dois aspectos, um nacional e outro internacional. Se São Paulo é, no Brasil, um modelo a ser seguido pelos demais estados é porque ele mesmo teria seguido os melhores exemplos, indo buscar no exterior soluções, as mais avançadas, para a organização de suas escolas. Sua primazia nessa área está vinculada aos "esforços de uma adiantada administração, que desde logo procurava a colaboração de educadores formados na experiência de ensino de mais adiantados países" (MINISTÉRIO DA EDUCAÇÃO E SAÚDE, 1942, p. 8).

Outro indício de que não são as estatísticas que determinam a posição de destaque de São Paulo, mas antes, o contrário – as estatísticas de São Paulo interessam porque este é um estado modelo –, é o fato de que os índices paulistas não são em tudo melhores. Se é verdade que, no tocante ao crescimento do ensino primário, São Paulo tem bons números a apresentar, por outro lado "pode ser observado que, embora se avantaje o Estado, entre os demais, por sua pujança econômica, não lhe cabe a mais elevada taxa proporcional de alunos" (MINISTÉRIO DA EDUCAÇÃO E SAÚDE, 1942, p. 7) . A posição de estado de referência em educação é, contudo, reforçada pelas estatísticas. O interesse pelo aspecto quantitativo é apresentado naquilo que o associa ao melhoramento geral da escola: "Como é fácil compreender, o crescimento progressivo de uma rêde de ensino não ocorre por mera justaposição de peças; implica novas experiências de organização, novos processos de articulação e controle, segurança de planejamento e de execução" (MINISTÉRIO DA EDUCAÇÃO E SAÚDE, 1942, p. 8-9). O que se deduz é que o crescimento da rede não é uma vantagem pura e simples, mas o reflexo e ao mesmo tempo a causa de mudanças qualitativas que fazem da educação pública de São Paulo um "paradigma aos demais sistemas escolares do país" (MINISTÉRIO DA EDUCAÇÃO E SAÚDE, 1942, p. 8).

A explicação para o movimento dos números do ensino, embora não seja sistematicamente evocada, quando mencionada, permite identificar – mas também prescrever aos contemporâneos – o que se considerava relevante no encaminhamento das políticas de educação. No caso de São Paulo, o primeiro aspecto ressaltado refere-se às condições favoráveis da economia paulista e ao acentuado crescimento demográfico dos últimos anos. No entanto, esta não é considerada explicação suficiente, visto que "já nos últimos anos do império, as rendas da província e sua população haviam aumentado consideravelmente, sem que êsse aumento tivesse determinado, no sistema escolar, crescimento da mesma proporção" (MINISTÉRIO DA EDUCAÇÃO E SAÚDE, 1942, p. 7). O diferencial seria, então, ao menos em parte, o caráter industrial da economia de São Paulo:

> Certas condições da vida industrial, como o adensamento dos núcleos de população, a concorrência, a elevação do padrão de vida e a divulgação de processos de trabalho, que requeiram maior preparação técnica, passam a influir, inevitavelmente, na obra de cultura do povo. Criam, pelo menos, maior desejo de preparação geral e especializada, o que se revela pela maior "procura" da escola e maior aceitação das normas que a organização de um sistema venha impor (MINISTÉRIO DA EDUCAÇÃO E SAÚDE, 1942, p. 8).

Ainda assim, se o êxito econômico da região é apontado como fator importante para ampliação das oportunidades escolares, não é considerado o elemento principal, que explicaria o progresso educacional experimentado pela região. Para Lourenço Filho – e essa argumentação é mobilizada também na explicação dos bons resultados de outros estados – o que realmente faz a diferença é a existência de uma boa administração dos serviços de educação. E é sobretudo nesse aspecto que São Paulo é tido como um estado exemplar:

> Desde a primeira mais larga expansão da rêde escolar, em 1894, dava o Estado a devida atenção aos serviços de inspeção escolar, ensaiada numa organização distrital; compreendia a importância das construções escolares, para as quais, já no orçamento de 1895, consignava a dotação de 500 contos; juntava, no ano seguinte, numerosas escolas isoladas em "grupos escolares", cuidando de organização didática mais eficiente; providenciava, mais tarde, para o estabelecimento, sob os mesmos princípios, de um tipo intermediário sob a denominação de "escolas-reunidas"; procurava disciplinar o ensino particular, de que o importante aspecto da "nacionalização do ensino" já era destacado em relatórios oficiais datados de 1896; levantava o recenseamento escolar, para mais eficiente distribuição de escolas, como ocorreu em 1920; provia, por tentativas sucessivas, a melhor preparação do professorado e à formação de uma carreira do magistério; providenciava para descentralização de parte da administração, a ser entregue a delegacias regionais de ensino, sem perder de vista que seria necessário

> dar corpo uniforme à legislação, apresentada, enfim, num "Código de Educação" (MINISTÉRIO DA EDUCAÇÃO E SAÚDE, 1942, p. 9).

Tal conjunto de medidas permite perceber uma forte motivação disciplinar: inspeção do ensino, construções escolares, organização didática mais eficiente, disciplinamento do ensino particular, recenseamento escolar, preparação docente e uniformidade da legislação permitem, de diferentes maneiras, conhecer e/para controlar. Esse conjunto de elementos delineia, enfim, claramente aquilo que se pretendia afirmar, no discurso oficial, como "a boa escola". Nesse sentido, menos do que permitir "ver" a boa escola de São Paulo, as estatísticas, nas escolhas do que contabilizar, por exemplo, constroem a representação da excelência da escola paulista e permitem tomá-la como modelo no discurso político-educacional.

CONSIDERAÇÕES FINAIS

O intuito aqui foi destacar alguns exemplos de produções discursivas que permitem ver o modo como as estatísticas são tomadas na retórica político-educacional da década de 1930. Valendo-se da legitimidade que lhe conferem os números – assumidos como elementos objetivos – as estatísticas oficiais são mobilizadas no discurso político como argumento eminentemente técnico. O que se pretendeu evidenciar pelos exemplos ressaltados foi, inversamente a essa concepção, o caráter fortemente político dos discursos que, justamente ao tomarem como técnicos esses elementos quantitativos, dão aos argumentos aspecto de impessoalidade, reforçando, assim, sua eficácia política.

Longe de se restringir aos exemplos ou aos autores citados, tal estratégia encontra-se presente em variados espaços discursivos do período, compondo o repertório cultural, conforme definido por Ângela Alonso (2002), de um conjunto significativo de políticos, intelectuais, educadores etc. cuja formação e atuação se deram nas primeiras décadas do século XX.

REFERÊNCIAS

ALONSO, Ângela. *Idéias em movimento*: a geração de 1870 na crise do Brasil Império. São Paulo: Paz e Terra, 2002.

ANTUNHA, Heládio. A instrução pública no estado de São Paulo: a reforma de 1920. São Paulo: Edusp, 1976.

BEISIEGEL, Celso de Rui. Educação e sociedade no Brasil após 1930. *In*: FAUSTO, Bóris (Org.). *História geral da civilização brasileira*: o Brasil Republicano: economia e cultura (1930-1964). São Paulo: Difel, 1984. v. 4, t. III, p. 381-416.

CARVALHO, Marta Maria Chagas de. *A escola e a República e outros ensaios*. Bragança Paulista: EDUSF, 2003.

CARVALHO, Marta Maria Chagas de. Reformas da instrução pública. *In*: LOPES, Eliane Marta Teixeira; FARIA FILHO, Luciano Mendes de; VEIGA, Cynthia Greive (Org.). *500 anos de educação no Brasil*. Belo Horizonte: Autêntica, 2007. p. 225-251.

DESROSIÈRES, Alain. Entre a ciência universal e as tradições nacionais. *In*: BESSON, Jean-Louis. *A ilusão das estatísticas*. São Paulo: UNESP, 1995. p. 167-183.

FARIA FILHO, L. M.; BICCAS, Maurilane de S. Educação e modernidade: a estatística como estratégia de conformação do campo pedagógico Brasileiro (1850-1930). *Educação e Filosofia*, Uberlândida, v. 14, n. 27/28, p. 175-202, 2000.

FARIA FILHO, L. M.; NEVES, L. S.; CALDEIRA, S. M. A estatística educacional e a instrução pública no Brasil: aproximações. *In*: CANDEIAS, António (Org.). *Modernidade, educação e estatísticas na Ibero-América dos séculos XIX e XX*: estudos sobre Portugal, Brasil e Galiza. Lisboa: Educa e Autores, 2005. p. 219-238.

FOUCAULT, Michel. *Omnes et singulatim*: vers une critique de la raison politique. Dits et écrits (1980-1988). Paris: Gallimard, 1981. v. 4, p. 134-161.

FOUCAULT, Michel. *Sécurité, territoire, population*: cours au Collège de France (1977-1978). Paris: Gallimard, 2004a.

FOUCAULT, Michel. *Vigiar e punir*. Petrópolis: Vozes, 2004b.

FOUCAULT, Michel. *Sécurité, territoire, population*. Dits et écrits (1976-1979). Paris: Gallimard, 1978. v. 3, p. 719-723.

GANDINI, Raquel P. C. *Trajetória do professor emérito Antonio Ferreira de Almeida Júnior:* do patrimonialismo à escola pública (1892 – 1945). Tese (Livre Docência) – Campinas, Faculdade de Educação, Unicamp, 2005.

LOURENÇO FILHO. Da cooperação dos municípios com o estado em matéria de educação. *Revista Brasileira de Estudos Pedagógicos*, Rio de Janeiro, v. 13, n. 35, p. 5-18, jan./abr. 1949.

LOURENÇO FILHO. Estatística e educação. *Revista Brasileira de Estatística*, Rio de Janeiro, n. 1, p.66-85, jan./mar. 1940.

MINISTÉRIO DA EDUCAÇÃO E SAÚDE. Organização do ensino primário e normal: Estado de São Paulo. *Boletim*, n. 19, 1942.

PAULO, Marco Antonio Rodrigues. *A organização das estatísticas escolares no Estado de São Paulo no período de 1892 e 1920*. 2002. Dissertação (Mestrado em Educação) – Pontifícia Universidade Católica de São Paulo, São Paulo, 2002.

SÃO PAULO (ESTADO). *Annuario do Ensino do Estado de São Paulo (1935/1936)*. São Paulo: Secretaria da Educação e da Saúde Pública. Directoria do Ensino, 1936a.

SÃO PAULO (ESTADO). Secretaria dos Negócios da Educação e Saúde Publica. *Novos prédios para grupo escolar*: estudos da Directoria do Ensino e da Directoria de Obras Publicas. São Paulo: Directoria do Ensino, 1936b.

SÃO PAULO (ESTADO). Secretaria da educação e da saúde pública. Diretoria do ensino. As reprovações na escola primária. *Boletim*, n. 7, 1936c.

SÃO PAULO (ESTADO). *Annuario do Ensino do Estado de São Paulo (1936/1937)*. São Paulo: Secretaria da Educação e da Saúde Pública. Directoria do Ensino, 1937.

SENRA, Nelson de Castro. *História das estatísticas brasileiras (1822-2002)*. Rio de Janeiro: IBGE, 2006. v. 2. Estatísticas legalizadas (c.1889-c.1936).

SOUZA, Rosa Fátima de. *Alicerces da pátria*: história da escola primária no Estado de São Paulo (1890-1976). Campinas: Mercado das Letras, 2009.

VIVIANI, Luciana M. *A biologia necessária*: formação de professoras e escola normal. Belo Horizonte: Argvmentvm; São Paulo: FAPESP, 2007.

O BRASIL PARA ESTRANGEIRO LER: LIVROS SOBRE O BRASIL NA BIBLIOTECA NACIONAL DE MAESTROS DE BUENOS AIRES, 1900-1935[4]

LUCIANO MENDES DE FARIA FILHO
BRUNA MARINHO VALLE RORIZ

O século XIX hispano-americano foi marcado por uma grande instabilidade política relacionada às lutas pela independência e, em seguida, pelos desafios surgidos com a organização de um Estado Nacional. A tal instabilidade uniam-se, entre outros pontos, os altos índices de desigualdade social, de forma que os países da América Latina – incluindo, aqui, o Brasil – constituíam um quadro problemático em meio às nações ocidentais. Por observar a realidade circundante, torna-se, inclusive, comum, entre os pensadores da passagem do século XIX para o XX, indagações a respeito dos motivos do "atraso" latino-americano. Entretanto, a identificação de diversos problemas que permeavam o subcontinente não impediu a ocorrência de

[4] Além dos apoios da FAPEMIG e do CNPq, já referidos, a realização da pesquisa que resultou neste texto contou com o apoio da CAPES e do SPU(Argentina) por meio do Projeto Circulação de modelos pedagógicos, sujeitos e objetos entre Brasil e Argentina (séculos XIX e XX), coordenado no Brasil pela professora Heloisa Pimenta Rocha e na Argentina pelo professor Ádrian Ascolani, aos quais agradecemos imensamente. É justo que agradeçamos, ainda, às professoras Sandra Carli (UBA) e Ana Diamant (Biblioteca Nacional de Maestros), pelas inestimáveis contribuições para a realização da pesquisa.

modificações no espaço que trouxeram, em maior ou menor grau, o sopro moderno aos países da América Latina.

O caso Argentino é ilustrativo desta última consideração, pois, conforme apontou o historiador Luis Alberto Romero, no início do século XX, o país embarcou no progresso, vivenciando um período de franco desenvolvimento econômico, juntamente com um rápido processo de urbanização e um acentuado crescimento demográfico – este último em função, principalmente, do grande contingente de imigrantes recebido. As rápidas transformações geravam nos pensadores argentinos a necessidade de assimilação da nova realidade que se delineava: era necessário conhecer a Argentina; se indagar sobre a constituição e o poder dessa nova "multidão urbana" que se formava; refletir sobre a questão da nacionalidade e as estratégias de construção de um sentimento de pertença à nação em meio a uma população composta por milhões de imigrantes. Nessa direção, a análise da realidade interna poderia vir acompanhada de uma busca de informações sobre outras nações onde estivesse ocorrendo o desencadeamento de processos semelhantes, em uma lógica de conhecer o outro para compreender o próprio. Assim, é possível considerar, nas primeiras décadas do século XX, a possibilidade de um maior desejo de aproximação entre a Argentina e o Brasil, já que o último – sem desconsiderar as peculiaridades – também vivia o fenômeno da urbanização e da modernização das grandes cidades, o desenvolvimento econômico e a presença considerável de imigrantes em seu solo.

A ideia de um desejo de maior aproximação no período evidenciado exige a suposição de que os laços entre a Argentina e o Brasil não eram tão estreitos anteriormente. Sobre isso, é válido mencionar que diferentes estudos a respeito das relações entre a América Hispânica e o Brasil sugerem que estas foram marcadas, ao longo do século XIX e XX, por momentos de hostilidade e de cooperação. Afinal, por ser o último país a adotar o sistema republicano de governo, o Brasil foi visto por seus vizinhos como uma possível ameaça, ao mesmo tempo que, nesse país, circulava uma representação de si como um país estável e pacífico em oposição à imagem "caudillesca" e anárquica das antigas colônias espanholas.

A proclamação da República, em 1889, não transformou completamente esse quadro. Como observado por Maria Ligia Coelho Prado: "A República não destruiu as distâncias entre o Brasil e a América Hispânica, pois as diferenças, muito mais que as semelhanças continuavam a ser destacadas" (2001, p. 146). Entretanto, a permanência da ideia do Brasil como um país em contraste com o restante da América, não impediu que intelectuais brasileiros voltassem sua atenção para a realidade de seus vizinhos americanos; tampouco que pensadores hispano-americanos – como alguns escritores argentinos, por exemplo – deixassem de demonstrar interesse pelo Brasil; sobretudo porque, apesar da existência de um discurso construtor de uma América Latina fraturada, é possível perceber, no argumento de contemporâneos, a capacidade de detectar semelhanças entre os processos históricos argentinos e brasileiros, que, como dito anteriormente, fazem do ato de se informar sobre o outro uma possibilidade de refletir sobre suas próprias conjunturas. A esse respeito, o comentário do diplomata e escritor Martín García Mérou, ainda que interessado, em função de ele estar inserido na diplomacia, é elucidativo:

> El Brasil está ligado á nuestro país [Argentina] por vínculos estrechos. [...] Hemos cruzados nuestras armas en guerras gloriosas [...]; nuestros intereses comerciales son solidarios y los productos de nuestro solo se complementan [...]; finalmente hemos vaciado en el mismo molde nuestras instituciones políticas, hemos chocado con los mismo obstáculos al llevar á la práctica sus principios liberales (1900, p. 3).

AS REPRESENTAÇÕES DO BRASIL EM LIVROS ARGENTINOS

Considerando o quadro exposto anteriormente, os livros escritos por estrangeiros sobre o Brasil no período em questão são fontes significativas. Tais obras podem ser pensadas como espaços de produção de saberes que contribuíram para as representações socialmente construídas por hispano-americanos sobre brasileiros e vice-versa. Assim, neste texto, focaremos um conjunto de livros escritos e publicados na Argentina sobre o Brasil, nas décadas iniciais do século XX, com o objetivo de perceber quais temas e ideias estavam sendo mobilizados para se construir uma imagem específica da nação brasileira. Nosso recorte temporal se inicia em 1900, com o livro *El Brasil intelectual: impresiones y notas literárias*, que trata da vida intelectual e literária no Brasil na passagem do século XIX para o século XX, momento marcado por uma grande efervescência política relacionada às viagens do presidente argentino Julio A. Roca – governante entre 1880 e 1886 e entre 1898 e 1904 – ao Brasil e do presidente brasileiro Campos Salles – governante entre 1898 e 1902 – à Argentina. O período escolhido para o estudo termina em 1935 com a *Historia del Brasil*, de Juan G. Beltrán. Esse livro, por sua vez, foi publicado em Buenos Aires, pela editorial

Claridad, em 1935, dentro da coleção *Biblioteca de Escritores Argentinos*, em um momento também marcado por uma série de manifestações, na Argentina, relacionadas à viagem do Presidente Getúlio Vargas àquele país.

Optamos, ademais, pela análise de livros que estão presentes na Biblioteca Nacional de Maestros (BNM), localizada em Buenos Aires. Tal biblioteca foi fundada em 1870, durante o governo do Presidente Domingo Faustino Sarmiento (1868-1874), sendo parte de um movimento governamental que visava o desenvolvimento educacional da Argentina por meio da expansão do ensino primário e do fomento à criação de bibliotecas como essa. Em 1884, a Ley de Educación Común n. 1420 previu, entre outros pontos, o direcionamento da biblioteca para a área pedagógica, passando esta a ser destinada aos professores.

Os esforços orientados para a ampliação da educação básica possibilitaram o alargamento do público leitor potencial. Assim, por estarmos tratando de livros, é válido, ainda que de maneira inicial, inteirar-se a respeito do lugar desses impressos na sociedade argentina e, concomitantemente, sobre a situação do mercado editorial durante o período em consideração. Afinal, os editores ou casas editoriais são responsáveis por dar suporte material às ideias em circulação que pareçam interessantes do ponto de vista cultural e comercial. Nessa direção, o estudo de Gabriela Pellegrino Soares (2007) sobre a formação de leitores na Argentina e no Brasil aponta para a organização e desenvolvimento de um importante espaço editorial argentino já nas primeiras duas décadas do século XX. Conforme enfatiza Romero (2006) sobre os materiais de leitura: "Em uma sociedade ávida por ler, essas publicações eram veículos eficazes de várias mensagens culturais e políticas, que também circulavam pelas bibliotecas populares e pelas conferências".

Assim, se nos anos 1900 já há editores como o francês Félix Lajouane, que publicava trabalhos de destacados pensadores argentinos, entre eles Bartolomeu Mitre e José María Ramos Mejía; nos anos 1920, esse espaço editorial se torna mais dinâmico e surgem projetos tendo como público-alvo as camadas médias e populares, que, em função da expansão do ensino, se tornaram mais capacitadas para acessar as informações escritas. Entre tais projetos está a revista e editorial *Claridad*, criada em 1922 pelo espanhol Antonio Zamora e responsável pela publicação de livros de variados temas em edições de grandes tiragens a preços acessíveis.

O contexto editorial argentino do começo do século XX aponta, portanto, para um momento propício à publicação de livros, o que poderia incluir aqueles que têm como tema o Brasil. Afinal, alguns dos impressos que serão analisados aqui foram publicados por editores de destaque – como Lajouane no início do século ou *Claridad* – o que sugere a existência de um possível público leitor para esses livros que justificaria sua publicação. É importante ressaltar, entretanto, que tais considerações não se aplicam a todos os impressos trabalhados, pois eles apresentam características bastante diversas, sendo alguns editados, inclusive, por órgãos governamentais.

A diversidade dos impressos se aplica, também, aos temas e características materiais, pois há livros compostos por longos trabalhos específicos sobre apenas um aspecto do Brasil, assim como alguns que realizam uma síntese geral, contemplando diversos temas. Há edições ricas em imagens e com conteúdo detalhado e resumidas brochuras de não mais de 60 páginas. Apesar das diferenças, todos eles apontam para a existência de um distanciamento entre argentinos e brasileiros. É perceptível, ademais, um desejo, por parte dos autores, de uma maior aproximação, que algumas vezes pode ocorrer por meio da maior circulação de ideias como também pelo estreitamento de laços políticos ou econômicos que têm a pretensão de resultar, em alguns casos, em alianças ou acordos comerciais.

Ao identificar as ideias gerais postas em circulação nos livros em questão por seus autores, surge a pergunta referente a quem são estas pessoas interessadas em escrever sobre o Brasil. As informações sobre grande parte dos autores são escassas, mas, no que se refere restritamente à ocupação destes, foi possível traçar algumas considerações que auxiliam, ainda que rasteiramente, a pensar de qual lugar eles estão escrevendo. Nesse sentido, foi possível perceber uma relativa variedade de ocupações: há jornalistas, advogadas, um professor, um diplomata e um militar, mas, concomitantemente, grande parte desses escritores possuía cargos políticos, o que sugere que a proximidade com o campo da organização e administração do país poderia suscitar interesse em conhecer melhor os moldes da organização ou a realidade social de outros países.

Esses autores, independentemente de suas peculiaridades, podem ser pensados como mediadores ou divulgadores culturais, pois, ao escreverem, estão produzindo ou colocando em circulação um saber construído a respeito do Brasil. Além disso, eles têm diante de si o desafio de contar aos seus a respeito de outro país, ainda que este outro seja um vizinho pouco conhecido e não um povo distante e totalmente ignorado. Surgem, assim, dificuldades específicas das narrativas que têm como foco o outro: é preciso utilizar estratégias que logrem "traduzir" – no sentido de tornar inteligível aquilo que a princípio não o é – uma realidade total ou parcialmente desconhecida que, no caso, é a brasileira. Nessa direção, o consagrado estudo de Fraçois Hartog (1999) aponta para a necessidade de identificar como os narradores realizam essa tradução, construindo uma representação do outro que poderá ser acessada pelos seus. Segundo Hartog, trata-se de identificar uma "retórica da alteridade", que seria "as regras através das quais se opera a fabricação do outro" (1999, p. 228). Entre as formas para essa fabricação, está a figura da inversão, do paralelo, da transposição, entre outras. Entretanto, no caso das traduções construídas nos livros argentinos sobre o Brasil aqui considerados, observa-se com grande frequência a figura da comparação simples como uma forma de tornar as características brasileiras compreensíveis para o público leitor argentino. Essa figura estabelece semelhanças e diferenças entre o "mundo que se conta" e o "mundo em que se conta", em um movimento de corte e costura. Um exemplo de comparação simples é dado por um trecho do livro *Síntesis del Brasil*, de 1935:

> Además, como en nuestro país, los grandes latifundios son un obstáculo a la instrucción primaria. Grandes y hermosos estados como los de Mato Grosso, Goyás, Paraná y Santa Catarina, hermosos no sólo por su naturaleza, sino por sus progresos agropecuarios, tienen descuidada la vida escolar de la campaña (p. 47).

Entretanto, para que a comparação tenha efeito, é importante que o termo mobilizado – no caso em exemplo os grandes latifúndios – no mundo em que a narrativa será contada seja conhecido para os possíveis leitores, pois, assim, eles podem acessar tal conhecimento prévio e traçar correspondências com a realidade do lugar que está sendo apresentado.

O uso da comparação como forma de dar inteligibilidade a uma realidade desconhecida – ou pouco conhecida – pode vir acompanhado, conforme percebido em diferentes livros entre os analisados, da utilização de dados estatísticos. A estatística – ao coletar e interpretar dados a respeito dos fenômenos sociais – foi mobilizada pelos autores de tais livros como um modo de melhor dar a ler a realidade brasileira. Essa área do conhecimento não produz conclusões puramente objetivas dos fenômenos em análise e, sim, conforme frisaram Desrosières (1995) e Otero (2011), opera um "esforço de objetivação" da realidade social. Nessa direção, é possível considerar que os dados estatísticos não escapam de ser históricos, localizando-se em um contexto mais amplo em que há interesses políticos e noções culturais que interferem na definição das categorias e na coleta e interpretação de dados, o que impossibilita um conhecimento plenamente objetivo, ainda que cientificamente conduzido. A estatística, ainda assim, possibilitou, nos casos analisados, a exposição de informações quantificadas de diferentes aspectos do Brasil, o que levou a uma maior possibilidade de comparação com os dados estatísticos argentinos. Tal comparação auxiliou na evidenciação das peculiaridades de ambos os países, como, também, sistematizou as semelhanças entre eles. Possibilitou, por fim, pensar a própria situação argentina, na lógica de conhecer melhor o Brasil como uma forma de estreitar os laços políticos e culturais com esse país, mas também como um modo de estabelecer um parâmetro para a análise da realidade interna.

CONHECER PARA APROXIMAR: AS PUBLICAÇÕES EM HOMENAGEM ÀS VISITAS PRESIDENCIAIS

As mencionadas visitas do presidente argentino Julio A. Roca ao Brasil, em 1899, e do presidente Campos Salle à Argentina, em 1900, demonstraram a existência de esforços diplomáticos para tornar as relações entre Brasil e Argentina mais próximas. Tais visitas deram origem a diferentes livros sobre o tema, entre eles, os que serão expostos a seguir.

Em finais do século XIX, uma ampla resenha da produção intelectual brasileira foi colocada em circulação na Argentina por meio da publicação do livro *El Brasil Intelectual: impresiones y notas literárias*, em 1900. Trata-se de um grosso volume de 454 páginas escrito pelo diplomata Martín García Mérou, que esteve presente na comitiva da viagem de Roca ao Brasil. O livro teve 200 exemplares – impressos em papel vergé – e foi publicado pelo editor Félix Lajouane. Além disso, foi dedicado ao tenente general Julio A. Roca e, em tal dedicatória, Mérou faz um agradecimento ao presidente: “Mis esfuerzos constantes por hacer más íntimos los vínculos que nos ligan con aquel país, contaron siempre con su apoyo y con su simpatía” (1900, p. V).

O agradecimento corrobora com a ideia de um interesse por parte do presidente argentino em estreitar os vínculos entre seu país e o Brasil. Para Mérou havia uma real necessidade dessa aproximação, pois o autor enfatiza o desconhecimento dos hispano-americanos no que se refere à produção literária brasileira, frisando que os argentinos tinham acesso à parte da produção dos demais países da América Hispânica, o que não era costume ocorrer em relação às obras brasileiras. Sobre isto é ilustrativo o questionamento feito pelo autor:

> ¿á cuántos de nuestros jóvenes escritores son familiares las producciones de Ruy Barbosa, de Joaquín Nabuco ó de José Carlos Rodrígues; las novelas de José de Alencar ó de Machado de Assis; los ensayos críticos de Silvio Romero, de José Veríssimo, de Carlos de Laët, de Araripe Junior? (MÉROU, 1900, p. 2).

Mérou demonstra possuir conhecimento a respeito da produção intelectual brasileira: seu livro é constituído por um denso trabalho a respeito das tendências literárias em voga no Brasil, de alguns pensadores brasileiros e suas obras, e de reflexões sobre o mundo político e social. Além disso, o escritor destaca a necessidade de uma maior divulgação de tal produção intelectual no restante do subcontinente latino-americano, como uma forma de estreitar os laços por meio da maior circulação de impressos e, juntamente, de ideias.

Ainda em 1900, tendo em vista a viagem do Presidente Campos Salles à Argentina, o editor Felix Lajouane publica, em Buenos Aires, o livro *Dr. Manuel Ferraz de Campos Salles: presidente de los Estados Unidos del Brasil: Homenaje de la "Tribuna"*, escrito por Agustín de Vedia, criador do periódico *La Tribuna*. Trata-se de uma publicação em homenagem a Campos Salles por ocasião de sua visita. O livro está encapado em papel "normal" e há uma foto do homenageado na quarta página. Na primeira página, sobre o título está escrito à caneta: "Sr Historiador: Para un librito sobre Roca la biografía de Campos Salles no puede tener intereses. – Para una gran historia del gran general tiene que tenerlo, y mucho" (assinatura ilegível). A biografia exalta, por fim, o republicanismo e o antiescravismo de Campos Salles: "No transigió con la esclavitud, ni con la monarquía; no pactó con los que querían eludir ó aplazar las instituciones fundamentales de la república" (VEDIA, 1900, p. 62).

No ano seguinte, 1901, publica-se outro livro em comemoração às visitas presidenciais. Trata-se, agora, de um grosso volume de 451 páginas, em capa dura e com acabamento muito bem cuidado. O livro foi publicado como registro/memória e festejo da visita de Roca ao Brasil e de Campos Salles à Argentina. É ricamente ilustrado com fotografia-imagens de ambas as viagens. Trata-se de um grande elogio à política internacional de Roca e à possibilidade de uma confraternização entre os povos latino-americanos. Em seu frontispício está escrito:

> HOMENAJE AO PRESIDENTE Dr. CAMPOS SALLES
> EL BRASIL E LA ARGENTINA
> CONFRATERNIDAD SUD-AMERICANA
> [ARMAS DOS DOIS PAÍSES]

OBRA DISCRIPTIVA, ILUSTRADA
COM FOTOGRABADOS DE LAS MÁS IMPORTANTES FESTIVIDADES.
PUBLICADA POR LA INTENDENCIA MUNICIPAL DE LA CAPITAL DE LA REPÚBLICA ARGENTINA
SEGUNDA EDICIÓN PRIVADA

Apesar de publicada pela Intendência Municipal de Buenos Aires, "La pro piedad literaria de esta obra pertenece à sus autores, doctor Luis V. Varela y Señor Bernabé Laynez, los que se reservan todos los derechos de reproducción e traducción", demonstrando o intercâmbio de interesses públicos e privados no investimento no fortalecimento das relações entre os dois países, representado pela visitas. A esse respeito, diziam os autores que "Nuestro trabajo lleva por segundo título La confraternidad Sud-Americana, y ésta solo si obtiene cuando son los pueblos mismos que se confunden y se estrechan en sus entusiasmos fraternales" (VARELA; LAYNEZ, 1901, p. VIII).

Os autores saúdam a política internacional do presidente Roca e sua visita ao Brasil, mas não deixam de expor as diferenças históricas que teriam justificado o distanciamento do Brasil em relação à Argentina – e ao restante da América Ibérica. "Estos dos pueblos estuvieran separados largo tiempo, por las luchas mantenidas, en las épocas del descubrimiento y de la conquista de América" (VARELA; LAYNEZ, 1901, p. IX).

Assim se mantiveram após a independência, já que:

> Después de la Independencia de la Colonias españolas, el mismo grito de Ipiranga, que separó al Brasil del Portugal, no tuvo fuerza bastante para destruir el pasado. La esclavatura y la monarquía, fuertes e sostenidas en la Nación limítrofe con las libres Repúblicas del Plata, producían el alejamiento de los dos pueblos que vivían al amparo de tan distintas instituciones (VARELA; LAYNEZ, 1901, p. IX).

Dessa forma, os autores retomam o argumento de que as instituições da escravidão e do regime imperial foram grandes empecilhos ao estabelecimento de relações mais cordiais e de intercâmbio político entre os dois países. Com o fim dessas instituições, não havia mais motivo para manter tamanho distanciamento:

> Pero, sonó también para el Brasil la hora suprema en que las naciones alcanzan su completa redención. Tras de la abolición absoluta de la

> esclavatura, una revolución sin sangre, fruto maduro del convencimiento nacional, produjo el cambio radical en la forma del gobierno brasileño. El Imperio constitucional hereditario, fue remplazado por la República Federativa. No han pasado todavía tantos años, para que se hayan perdido ya los ecos del jubiloso entusiasmo con que la República Argentina saludó el grande acontecimiento (VARELA; LAYNEZ, 1901, p. IX-X).

Por outro lado, mesmo tendo sido o Brasil um país escravista e imperial, os autores não deixam de salientar que havia contribuído para a maior aproximação entre os dois povos a participação conjunta na guerra para "libertar el Paraguay". Nela, "La sangre de brasileños y argentinos, confundida en los campos de batalla al libertar el Paraguay de su opresión, había creado entre los dos pueblos ese vínculo que establece la comunidad de la causa y la fraternidad de los campamentos". Desse modo, "El advenimiento de la República al Gobierno del Brasil completó la obra. ¡Ya entonces no existía un pasado antagónico! Los súbditos, convertidos en ciudadanos y los esclavos reconocidos como hombres, encontraron en cada argentino un hermano" (VARELA; LAYNEZ, 1901p. X).

ARGENTINA-BRASIL: A COMPARAÇÃO COMO ESTRATÉGIA POLÍTICA

Passados os festejos e homenagens em torno das viagens presidenciais, em 1903, é publicado um livro que busca lançar, a partir da Argentina, um olhar para vários países da América do Sul. Escrito por Francisco Seeber e publicado em Buenos Aires, o livro *Argentina, Brasil, Chile, Uruguay, Perú, Bolivia y Paraguay: Estudios comparativos geográficos, étnicos, econômicos, financeiros y militares* (264 p.) explora os dados estatísticos a respeito dos países em estudo como uma forma de melhor mensurar e comparar as diferenças e semelhanças entre eles.

Trata-se, segundo o texto do próprio autor ao final do volume, de um livro que, em seus 37 capítulos, aborda os seguintes assuntos:

> "presentados de una forma de fácil lectura no profundizan todas las cuestiones que tocan tan ampliamente como se prestan los tema que abarcan. Pero como hoy se vive tan de prisa, que el tiempo ya no da para leer más que los diarios y en estos la atención se concentra especialmente sobre los telegramas y la vida social, tal vez su lectura sea más tolerable consignando principalmente los hechos, para que pueda cada uno sacar las deduciones (sic!), según su proprio criterio" (SEEBER, 1903, p. 191).

Logo na abertura do capítulo I do livro – "Consideraciones Generales" –, o autor nos dá as razões que levaram à escrita do livro, defendendo a pertinência do tema e declarando o enquadramento que pretende dar à questão:

> Los momentos en que toma cuerpo la Idea de una unión política, que pudiera convertirse en una alianza entre el Brasil, Chile y la Argentina, me han parecido oportunos para hacer un estudio comparativo del grado de civilización, de la riqueza, del poder y de las leyes económicas que rigen en estos países, sin excluir á otros vecinos como el Uruguay, Perú, Bolivia y Paraguay.
> [...]
> Los intereses económicos de cada país, recíprocamente respetados, son los únicos que consolidan los sentimientos de confraternidad porque sólo así reposan sobre bases inconmovibles y reales y no se reducen á palabras y manifestaciones, que muchas veces obedecen á actos de pura cortesía y se olvidan pronto con la ausencia (SEEBER, 1903, p. 3).

Está claro no livro que a intenção fundamental é a construção de um acordo comercial – uma união ou associação aduaneira – que beneficie a todos. O exemplo buscado é o dos estados alemães – *Zollverien*. O autor leva em consideração que as condições para tal união se relacionam com o período de paz e respeito que se verifica entre os países estudados. Ainda assim, observa fatores que inviabilizariam uma comunhão política entre as nações:

> Á pesar de la era de paz que se inicia y aún de las aspiraciones comunes á una alianza política de las naciones de la América Meridional, no es posible forjarse ilusiones respecto á la posibilidad actual de una unión económica como la que me había propuesto estudiar. La diferencia de razas y de costumbres, la distancia, los falsos principios económicos que predominan en la mayor de ellas, la complicada situación política e financiera de algunas, hacen difícil, sino imposible, una unificación de propósitos y de leyes, que tienda á armonizar en absoluto sus intereses económicos (SEEBER, 1903p. 12-3).

Seeber, mesmo expondo as dificuldades de uma união no período estudado, destaca a importância de realizar comparações entre os diferentes aspectos dos países, pois esse exercício: "puede servir para prepara las bases de una unión futura y, lo que es más importantes, de un acercamiento actual que tienda al mejor desarrollo del intercambio, á la unificación de la moneda y á la facilitación de las comunicaciones" (1903, p. 13). A comparação entre a realidade social dos Estados sul-americanos, nesse livro, é realizada, predominantemente, por meio de dados estatísticos. Entretanto, além desses dados serem coletados e analisados de acordo com os métodos e categorias próprias a cada país, o que deve ser levado em consideração ao estabelecer as comparações, Seeber aponta para uma dificuldade ainda maior, que se refere à dificuldade de encontrar informações quantificadas que pudessem ser confiáveis, em razão da precariedade do trabalho estatístico nos países analisados.

> Las estadísticas de estos países son por demás deficientes, algunos carecen casi por completo de ellas, muchos datos se contradicen y esto es perfectamente explicable: no es la contracción y muchos menos la exactitud el signo característico de estos pueblos y de sus ascendientes. La estadística que más se aproxima á la verdad es la argentina y asimismo su director el Dr. Latzina hace notar todas las imperfecciones, negligencias y errores cometidos por las oficinas que le suministran los datos [...] (SEEBER, 1903p. 14).

Mesmo com tais dificuldades, o autor logra estabelecer comparações entre os países em questão – Brasil, Argentina, Chile, Uruguai, Peru, Bolívia e Paraguai. Uma delas se refere às características das populações dos vários países e o impacto destas – seu tamanho e constituição – para o desenvolvimento político e econômico. As estatísticas a respeito dos aspectos populacionais possibilitaram descrever e caracterizar os componentes das jovens nações americanas. Assim, a circulação de uma informação quantificada, contribuiu, inclusive, para desenvolver nos indivíduos a ideia de pertencimento a uma sociedade ou a um grupo, o que auxilia na construção da identidade nacional ou em relação a grupos mais específicos. No livro considerado, o autor frisa a diferenciação da população por cores, o que não apenas caracteriza tais países, mas faz com que eles possam ser colocados em posições mais ou menos vantajosas, a depender da composição racial de sua população. No que se refere à de negros, por exemplo: "Hay 2.500,000, repartidos: 2.400,000 en el Brasil, 90.000 en el Perú y el resto diseminado en los demás países. La Argentina no tiene más que 8.500 entre negros y pardos" (SEEBER, 1903p. 18).

Do mesmo modo, em relação aos mestiços: "Tiene el Brasil 5.000.000, el Perú 960.000, Bolivia 300.000 y menores cantidades los demás países, sobre los que no se tienen datos estadísticos completos" (SEEBER, 1903p. 18).

> Por los datos anteriores se verá que solamente el Brasil que cuenta en su población entre negros, indios y mestizos 8.700,000 de almas, el 50% de su población la cuestión de las razas puede constituir una preocupación, como lo es en los Estados Unidos donde los negros, mulatos é (sic) indios alcanzan solamente al 12%. El Perú también está en condiciones desventajosas porque tiene el 33% de esa población. Las que están libres de este inconveniente son Argentina, Chile y Uruguay (SEEBER, 1903p. 20-21).

Já no Capítulo III, que aborda a "Instrucción Pública Y Administración de la Justicia", o autor anuncia que, em alguns países da América do Sul, a instrução pública está atrasada e isso ocorre porque:

> La asistencia escolar suele ser negligente y á las muchas fiestas religiosas se agregan numerosas festividades patrias. En la mayor parte de los países existe la instrucción obligatoria, pero ninguno de los gobiernos puede cumplir estrictamente esta prescripción, por falta de recursos (SEEBER, 1903p. 23).

O acesso às escolas em relação à população está, mais ou menos, na seguinte proporção (SEEBER, 1903p. 24):

Argentina – 10%
Uruguai – 7%
Chile – 3.70%
Paraguai – 3.50%
Peru – 2.86%
Brasil – 2%
Bolívia – 2%

Analfabetos:
Brasil – 84%
Argentina – 50%

Além de impactada negativamente pela composição étnica da população, as causas dessa baixa escolarização nos países sul-americanos deveriam ser buscadas, segundo o autor, na história, pois, certamente:

> "Hay un poco de herencia en todo esto, pues los analfabetos en los países de origen de la mayor parte de los que habitan esta parte del continente es bastante crecida, pues tiene: Portugal – 79%, España – 63, Italia – 48" e: "En cambio tienen 8% los ingleses, 6% los norteamericanos en la población blanca y 0,20 los alemanes (sin contar los polacos) (SEEBER, 1903p. 25).

Assim, para o autor, fica evidente que a latinidade e o catolicismo são forças que travam o avanço das letras entre as populações dos países analisados. No entanto, ele não deixa de ressaltar que:

> De todos los países sudamericanos es la Argentina la que hace mayores progresos y sus programas más prácticos empiezan á dar mejores resultados. Se buscan maestros y se estudian los mejores métodos de Europa y Estados Unidos y el actual gobierno no omite esfuerzos para introducir las escuelas técnicas (SEEBER, 1903, p. 26).

Também no Capítulo III, a análise da difusão e do uso dos "Correos e Telégrafos" é uma oportunidade para o autor sobrelevar a superioridade argentina em relação a seus vizinhos de continente. Depois de informar que, no que se refere a papéis postais recebidos e expedidos, o movimento na Argentina é 19 vezes maior que o do Brasil e quatro vezes maior que o do Chile, por habitante, conclui:

> Uno de los signos, casi inequívoco, para medir la prosperidad, la cultura y el adelanto de un país, es su movimiento postal y telegráfico, y esto, respecto los dados que consigno, representan un triunfo indiscutible para la Argentina.
>
> No obstante que es el país sudamericano más alejado de la Europa y los Estados Unidos, las informaciones telegráficas de su prensa, á pesar de la carestía de la transmisión de los despachos, son las más completas y perfectas del mundo entero (SEEBER, 1903, p. 31).

Um dos últimos capítulos do livro é dedicado a uma descrição das capitais dos distintos países. A parte dedicada a Buenos Aires ocupa 13 páginas e inicia-se da seguinte forma: "Buenos Aires. – Esta ciudad pude reputarse hoy la más salubre del mundo entero" (SEEBER, 1903, p. 162). Já o texto sobre o Rio de Janeiro tem seis páginas e, segundo o autor, essa cidade, que segue em importância Buenos Aires:

> Carece de obras apropiadas de salubridad, pero en este momento se ocupa la Municipalidad de impulsar estos trabajos, lo que mejorará sus condiciones sanitarias, lo mismo que cortas algunos de los cerros que la rodean para que los vientos la batan mejor y muevan las aguas de su bahía, una de las más bellas del mundo, que tiene el fondo infectado, y también se proyecta dragarlo (SEEBER, 1903, p. 175).

Em síntese, o conjunto do livro demonstra a superioridade argentina, sendo uma exortação a que esse país assuma um papel de liderança na construção de uma solidariedade econômica na América do Sul.

Nos anos seguintes, o Brasil continua sendo objeto de interesse dos intelectuais, políticos e homens de negócios argentinos e de seus editores. Entretanto, daremos um salto para 1919, ano em que foi lançado o livro *Geografía económica del Brasil*, de Jorge B. Crespo. O autor era oficial de estado-maior e ex-agregado militar da delegação Argentina no Brasil e escreveu, também, *El Ejército y la Marina del Brasil*. O livro de 1919 é um grosso volume de 387 páginas, publicado em Buenos Aires pelo Instituto Geográfico Militar e dá continuidade às preocupações do autor com a divulgação de informações sobre o Brasil. No Prólogo, o Dr. José León afirma:

> Pruebas de su laborioso empeño, son su reciente libro sobre El ejército y la Marina del Brasil y esta Geografía que tengo el honor de prologar y que recomiendo leer a todos los que entre nosotros deseen adquirir nociones serias sobre el país que, en mi concepto, más nos interesa conocer a los argentinos (CRESPO, 1919, p. XVI).

Nesse impresso, a solidariedade econômica também é vista como a base sobre a qual se ergueria uma futura solidariedade política e intelectual. Daí a importância do livro:

> Simplemente, deseo agregar, que la política internacional más conveniente con los vecinos, cuando no pueden ni deben, abrigarse, ni asomos de recelos, es conocerse cada vez mejor y propiciar la formación paulatina de una solidaridad económica, que sea la base y el complemento de una solidaridad política e intelectual (CRESPO, 1919, Prólogo, p. XX).

Ainda nesse recorte com claro viés econômico, aparece, em 1922, um livreto de divulgação, intitulado *El Brasil y la Argentina: sus respectivos crecimientos* e escrito por Alberto B. Martínez. Trata-se de uma brochura de 38 páginas, com capa em papel cartão, publicada em Talleres Gráficos Argentinos, L. J. Rosso e Cya., Belgrano 475, em Buenos Aires. No que se refere aos assuntos, o livro apresenta um longo comentário analítico e comparativo entre o crescimento populacional do Brasil e da Argentina, tomando como base o censo de 1920 no Brasil – cujos resultados foram publicados, segundo o próprio texto, em setembro de 1922 – e de 1914 para a Argentina. Além disso, há, na segunda parte, uma comparação específica entre as cidades do Rio de Janeiro e de Buenos Aires.

Ao falar do censo brasileiro, o autor reconhece o mérito de seus elaboradores, pois:

> Para dar-se cuenta de todas las dificultades con que ha debido luchar el eminente director del censo brasileño, es necesario tener presente que, si en general estas dificultades existen en todos los pueblos, aún en los más civilizados y con más práctica en este género de operaciones, ellas aumentan considerablemente en un país de la enorme extensión territorial del Brasil, donde las comunicaciones entre los distintos puntos son lentas y difíciles, donde el analfabetismo de la población alcanza guarismos elevadísimos y donde la falta de experiencia en trabajos de esta naturaleza es completa (MARTÍNEZ, 1922, p. 3).

Apesar de reconhecer o esforço, soa estranho ao analista argentino que os números tenham sido publicados sem uma análise ou comentário por parte do responsável pelo censo. Segundo o autor:

> Es sensible que el doctor Bulhões Carvalho no haya acompañado con algún comentario ilustrativo, los guarismos de la población general que entregaba a la publicidad. [...] No habiéndolo hecho, voy a tratar de llenar, en parte, ese sensible vacío, reconociendo que la tarea es superior a mis fuerzas intelectuales (MARTÍNEZ, 1922, p. 3).

Assim, Martínez disserta a respeito do grande crescimento populacional do Brasil (que passou de 17.318.556 para 30.635.605 de habitantes entre 1900 e 1920), reconhecendo que este se dá de forma diferenciada nos distintos estados brasileiros e realizando projeções para a população do país nos próximos 20 anos. Além disso, o autor traça comparações com o crescimento da Argentina (relativamente maior, mas para uma população bem menor).

Chamam-lhe a atenção as altas taxas de crescimento populacional de algumas cidades, como a de São Paulo, que cresce não apenas pelo aumento da população interna, mas também devido ao crescimento externo propiciado pela migração. Assim, o autor expõe, em linhas gerais, a política de migração do Brasil e conclui:

> Pero el problema más serio y fundamental que debe resolver el Brasil no consiste en poblar con hombres blancos, procedentes de la civilización europea, los vacíos enormes de su territorio. El problema para el Brasil, es de otro carácter. Quiero referirme a la colonización con elementos asiáticos.
> La cuestión de la inmigración asiática, dice el publicista brasileño que me guía e este estudio, (japoneses y chinos) se ha agitado a menudo en Brasil, levantándose, sin embargo, contra ella objeciones de orden etnográfico. Ya el emperador Don Pedro II acostumbraba decir: 'La raza brasileña, formada de blancos, de negros y de indios colorados, es ya demasiado confusa para que todavía se le agregue el elemento amarillo'"(MARTÍNEZ, 1922, p. 16).

A respeito da migração japonesa, ele afirma que:

> Estoy muy lejos de negar los hábitos de trabajo, de orden, de frugalidad, de ahorro, de disciplina moral, de la población japonesa.
> Pero, con todo, reconozco que la colonización japonesa no es deseable para los países de la América. Los dos mayores defectos que le encuentro, consisten en que no se asimila a las poblaciones en que se establece, como lo hacen los hijos de otras naciones; y en que, con sus hábitos frugales, determinan una competencia insostenible para el trabajo libre. Esta es la razón porque los japoneses no son deseables en los Estados Unidos. Felizmente, los argentinos estamos libres de este peligro, porque nuestra carta fundamental impone al congreso el deber de fomentar la "inmigración europea", es decir, la inmigración cristiana, la inmigración de hombres que pertenezcan a nuestra misma civilización (MARTÍNEZ, 1922, p. 16-17).

E conclui: "El porvenir dirá muy pronto si los estadistas del Brasil se equivocaran cuando buscaron para su país la introducción de la raza amarilla" (MARTÍNEZ, 1922, p. 17). Após a análise do crescimento populacional e das características da imigração brasileira, o autor realiza um estudo sobre o crescimento da Argentina. Informa que a população da Argentina, em 1914, era de 7.905.502 habitantes, o que, para ele, é um número modesto, pois acredita que o contingente populacional deveria ser de, no mínimo, 30.000.000. Nesse sentido, lamenta que a Argentina não tenha se aproveitado do *boom* da imigração do século XIX e início do XX (somente os EUA teriam recebido 25 milhões).

No entanto, apesar dessa situação, a Argentina teria obtido muitos êxitos nos domínios políticos e econômicos, que contribuíram para o grande progresso do país:

> La unidad nacional y el principio de autoridad se ha sido consolidado con vínculos vigorosos e indestructibles. Todo el territorio nacional de un extremo al otro está habitado por el hombre civilizado. Ya no existen los indios que substraían al trabajo y a la población una zona enorme del territorio. Los ferrocarriles que apenas existían – lacen medio siglo – 732 kilómetros – se internan hoy por todas partes, uniendo a la Nación con un brazo de acero, y formando una red de 36.000 kilómetros. La producción, fruto del trabajo nacional, presenta guarismos colosales. Puede decirse con verdad, que la Nación se ha rehecho, varias veces, en este medio siglo de elaboración borrascosa, unas veces; dolorosa, otras; pero fecunda siempre, porque el progreso de los pueblos, como el de los hombres, se forja en el yunque del trabajo y del sufrimiento (MARTÍNEZ, 1922, p. 24-25).

Esse comentário de Martínez chama a atenção não apenas pela menção ao progresso argentino, mas também pela veiculação de uma ideia referente à não existência dos índios na Argentina. Tal noção se relaciona, conforme sugerido por Otero (2011), a um paradigma presente, principalmente, nos três primeiros censos argentinos – 1869, 1895, 1914 – referente à não incorporação de dimensões raciais nos programas estatísticos. Isso teria ocorrido pelas dificuldades técnicas em torno da definição da cor dos indivíduos, mas também por existir um pensamento em circulação que acreditava ser a população não branca numericamente insignificante na Argentina. Tal pensamento: "representaba una operación más ideológica, nacida de la convicción de la pronta desaparición de los grupos no blancos, cuya presencia cuantitativa se hallaba lejos de ser desdeñable en el último cuarto del siglo XIX" (p. 10). Tendo em vista que a periodização traçada por Eric Hobsbawm e usada por Otero considera o "largo século XIX" como se estendendo até 1914, é possível considerar que os argumentos de Martíez – baseados no censo de 1914 – a respeito da inexistência dos índios correspondam mais a uma pretensão de se construir a Argentina como uma nação branca, do que com verificações a partir da realidade concreta.

Por fim, para esse autor, na comparação entre o Brasil e a Argentina, nem sempre há uma superioridade de seu país. Um dos problemas seria, inclusive, a estagnação da população; questão que deveria ser enfrentada espelhando-se no plano científico de colonização posto em prática no Brasil:

> Desgraciadamente, debemos confesar que estamos corriendo, como nación, un grave peligro. El consiste en que desde 1914, en que estalló la formidable conflagración mundial, estamos estacionarios. Entretanto, ni de parte del gobierno general, ni de parte de los Estados Federales, se ha tomado la menor iniciativa para atraer y radicar población extranjera. ¡Qué lejos estamos del ejemplo que nos suministran el gobierno central y los Estados del Brasil, empeñados en desarrollar y a ejecutar un plan científico y metódico de colonización, cuyos buenos resultados ya están cosechando! (MARTÍNEZ, 1922, p. 27).

O Brasil, ao longo das primeiras décadas, se constitui como vimos, num destino importante para as viagens de intelectuais e políticos argentinos. Este foi, também, o caso de Pablo Oliva Velez, autor do livro *Un viaje al Brasil: impresiones y recuerdos* (s.l.: s.n.). Trata-se do relato de sua viagem ao Brasil, realizada em 1924, depois que uma comissão de delegados do Rio de Janeiro, São Paulo e Santos foi enviada a Buenos Aires, em 1921. Em 1923, os mesmos municípios enviaram outras missões ao Chile e voltaram a passar por Buenos Aires. Segundo o autor, então Secretário da Comissão de Higiene do H. Concejo Deliberante de Buenos Aires, reiteradamente convidado para visitar as três cidades, em 1924, pode, finalmente, realizar a viagem que tanto desejava.

Velez declara nos "Antecedentes" do livro que não possui a pretensão de "descubrir ni describir" (1924, p. 9) as cidades que conheceu, realizando, apenas, apontamentos sobre suas observações. Em sua visita ao Rio, fala muito das belezas naturais – jardins, parques, Corcovado, Pao de Açúcar, cascata da Tijuca – e dos melhoramentos da cidade – bairros, grandes avenidas. Ao abordar temas referentes à saúde e à assistência, atenta-se para o combate que foi feito à outrora perigosa febre amarela e para a preocupação do poder público local com a tuberculose.

Sobre a cidade de São Paulo, realiza uma avaliação muito positiva:

> Un dato que bastaría, si no citar a otros muchos para formarse una idea exacta del progreso constante de esa ciudad, es el que da la estadística de

> edificación. Según esos informes, cada cuarenta minutos queda terminada una casa, lo que equivale a que, a cada mes, se construyan 1.080. Es una elocuente cifra que demuestra más que los discursos" (VELEZ, 1924, p. 60).

Ainda em São Paulo, Velez destaca a beleza dos novos bairros (Higienópolis, Pacaembu...) e se impressiona com a fábrica Maria Zelia (tecidos), descrevendo de maneira elogiosa tanto a fábrica quanto as condições de vida de seus operários (moradia, alimentação e remédios muito baratos...). Ao despedir-se de São Paulo, menciona a organização de uma festa no Automóvel Clube, ocasião em que recebeu "manifestações de amizade e apreço" que lhe foram dirigidas por Raphael Archanjo Gurgel, presidente da câmara municipal. Segundo o autor-viajante: "El doctor Gurgel, dedicó elogiosos conceptos para la República Argentina y recordó la obra de los estadistas de nuestro país y del Brasil en pro de la estrecha y constante unión de los dos pueblos hermanos" (1924, p. 83).

Ao final de seu relato, faz uma série de sugestões para aumentar o intercâmbio de turistas entre Rio, São Paulo, Santos e Buenos Aires. Sugere desde a diminuição dos "requisitos policiais, sanitários e aduaneiros" até a diminuição do preço das passagens de navio, "sobretudo as de primeira classe"(!) e conclama que "la poderosa palanca de la prensa accione conjuntamente" (1924, p. 97-8). Apesar do grande entusiasmo, o autor não deixa de assinalar que, justamente na imprensa, é possível perceber a grande distância que ainda separa os dois países. Suas impressões, apesar de longas, merecem ser transcritas na íntegra:

> A propósito. Durante mi estada en las ciudades brasileñas, diariamente buscaba en su culta prensa, noticias de nuestro país. De vez en cuando, encontraba una extremamente sintetizada. En cambio, veía entre una profusa información europea de los principales acontecimientos, extensas crónicas cablegráficas sobre ya crónica revolución en China, de la excursión cinegética de algún monarca o del decimotercero divorcio de cualquier estrella de cine.
>
> Me parece que al pueblo brasileño le conviene y le interesa más estar al corriente del movimiento político, social, científico e industrial de sus hermanos de América, que de las peleas de los chinitos y sutilezas. Por otra parte, la publicación sistemática y continua de noticias de los países americanos contribuiría en alto grado al mejor conocimiento muto y a su más estrecha unión.

> No se crea que esa omisión tenga por causa el desconocimiento, el poco interés o mal voluntad. No; lejos de esos. He podido constatar que cada vez que los diarios brasileños se ocupan de cualquier nación latinoamericana, lo hacen con ilustración completa del tema, con indiscutible interés, y cuando es oportuno, si reato les prodigan elogios fraternalmente cariñosos. Atribuyo esa falta, a un poco de descuido y al hecho de que las agencias informativas en general dedican escasísima atención a los países americanos. En Argentina, la prensa porteña y la de sus principales ciudades, trae diariamente una nutrida información telegráfica de las naciones antes mencionadas y, con toda frecuencia, extensas e interesantes correspondencias episcopales. Es debido a esto, que el público argentino está perfectamente informado de lo que sucede en el mundo, estando comprendido en ese mundo todas las naciones latinoamericanas" (VELEZ, 1924, p. 98-99).

VISITA PRESIDENCIAL DE 1935: MOSTRANDO AS GRANDEZAS (E MISÉRIAS) DO BRASIL

Se a passagem do século XIX para o XX pode ser caracterizada pela intensificação das relações entre Brasil e Argentina, marcada simbolicamente pelas visitas trocadas entres os presidentes dos dois países, 1935 guarda muitas relações com aquele movimento: trata-se do ano da visita do presidente brasileiro Getúlio Vargas a vários países da América do Sul, entre eles, a Argentina. A visita foi precedida e sucedida, em ambos os países, por eventos diversos, entre os quais se destacam aqueles relacionados à editoração de livros e folhetos.

Na Argentina foram editados pelo menos três livros que guardam relações diretas com o nosso interesse de pesquisa. O primeiro, *Síntesis del Brasil,* foi publicado na pequena cidade de Posados pela Librería Universal. Trata-se de um livro de 60 páginas, de mais ou menos 15cm x 12cm, em capa branca, escrito por León R. Naboulet. A publicação é da Edición de la Librería Universal, de Posadas. O exemplar da Biblioteca Nacional de Maestros foi oferecido ao professor Pablo Pizzuno pelo autor, em fevereiro de 1936. Está com boa parte das páginas "não recortadas", o que indica que não foi aberto pelo proprietário. O texto foi escrito para uma conferência em homenagem ao Brasil, realizada em 24 de março de 1935, na Biblioteca Popular de Posadas. Posteriormente, ao texto foram acrescentados um prefácio e uma parte final, que são alocuções de Naboulet na Escola Normal de Posadas, também em um evento em homenagem ao Brasil. Segundo o autor, foi uma ordem do ministério que mandou que, nas escolas argentinas, houvesse um dia de homenagens ao Brasil por ocasião da visita do Presidente Vargas ao país .

No prefacio, o autor afirma: "he oído muchas veces la sorda rivalidad del patriotero o del ignorante contra los vecinos de las otras patrias. Me ha dolido oírla; pero me ha enseñado, por lo menos, que existe y me ha engendrado la obligación como maestro de destruir-la" (1935, p. 7). Assim, o autor afirma que o seu propósito ao publicar a conferência é "contribuir al conocimiento del Brasil, país grandioso, ignorado entre nosotros, que somos grandes pecadores en un orden geográfico" (1935, p. 8).

No opúsculo em questão, o orador começa por assinalar o estranhamento que marcou a sua "apresentação" ao país vizinho, ainda quando aluno:

> Era yo alumno del profesor Victoria en Paraná cundo oí hablar del Brasil de una manera extraña a la de los otros países de la América llamada latina. No tenía el mismo idioma, ni su revolución se había hecho al compás de las otras revoluciones, ni su constitución era igual, ni la ideología de sus organizaciones fue la misma. Esa vez oí hablar, también, del Apostolado Positivista del Brasil, de Benjamin Constant; de Teixeira Méndez, vicario de Augusto Comte, un gran sacerdote de la Religión de la humanidad. Entonces, abrí los sentidos, abrí la historia del Brasil, abrí su geografía y pude leer su destino en el infierno prodigioso de su gigantesca selva tropical (NABOULET, 1935, p. 11).

Em seguida, faz um grande elogio ao Brasil, citando as divisas da bandeira Brasileira – que representariam o amor ao progresso e à ordem contra o caos. Refere-se, também, à guerra contra o Paraguai e à colaboração entre o Brasil e a Argentina e, finalmente, lembra o significado do abraço entre Campos Sales e Roca, selando a paz entre as duas maiores nações da América do Sul. Para mostrar a grandeza do Brasil, o autor realiza uma descrição da produção brasileira em todas as áreas (agricultura, serviços, comércio...). No subtítulo "Instrucción", por exemplo, são trazidas informações estatísticas sobre a instrução. A avaliação, nesse quesito, é, mais uma vez, desfavorável ao Brasil. Isso porque

> La enorme extensión del territorio y la población aun pequeña para él, dado que tiene una capacidad para 900 millones de habitantes y solo cuente

> en la actualidad con 44, hacen que la instrucción pública en el interior no esté tan difundida como debería. Igual ocurre con los demás países de la América Meridional, incluso los más adelantados como la Argentina, el Uruguay y Chile (NABOULET, 1935, p. 47).

Nesse sentido, o exemplo contrário é dado por São Paulo, "estado bandeirante" que mostraria o rumo alvissareiro a ser perseguido pela nação brasileira:

> En cambio, un estado progresista como el de San Paulo, llamado "estado bandeirante" o sea estado-bandera, el que va adelante, el que acomete las mayores empresas, con un presupuesto de 500 mil contos de reis dedica 50 mil a la instrucción pública, es decir, la décima parte en este año de 1935, el doble de lo que disponía en 1934. Con esos cincuenta mil contos se mantenían 5.323 escuelas y grupos escolares que obtuvieran la asistencia de 541.876 alumnos. En julio de 1934 el estado paulista creó e hizo funcionar 400 escuelas primarias, instalando 432 más (NABOULET, 1935, p. 48).

A situação de São Paulo demonstraria a existência de uma realidade que, disse o autor:

> nosotros, los educadores, llamamos a este fenómeno ya ocurrido en mayor escala, eso sí, en Méjico, en Rusia y en España, "revolución". Sí, revolución, porque es la base para la extracción de las clases sociales inferiores al nivel que les corresponde para su integración positiva a la humanidad (NABOULET, 1935, p. 48).

Esse esforço de interação das classes inferiores à humanidade seria conduzido por uma:

> creciente y brillante cultura de los grandes centros y la falange de escritores que dan gloria a la letras y ciencias brasileñas [...], las academias y los instituto, las grandes revistas y los diarios, sus numerosas bibliotecas [...], el intercambio intelectual con Europa y el noble afán del brasileño estudioso [...], arrastrarán consigo cada vez más – sin contar el propio esfuerzo del que quiera levantarse y se levanta – a esa gran masa rural del Brasil que terminará por imitar la carrera educativa del estado paulista (NABOULET, 1935, p. 48-49).

Por fim, ao falar do trabalhador brasileiro, o autor, de forma muito significativa, evoca o "13 de mayo de 1888" como uma celebração nacional, pois naquele dia a escravidão humana foi abolida. Entretanto, para Naboulet, por mais que a abolição tenha colocado o Brasil no rol dos países civilizados, não superou a diversidade de formas de trabalho, inclusive escravo, nas diversas regiões do país:

> Es gaucho en el sur, humilde y medroso en las haciendas del norte y en los yerbales y obrajes, muchas veces esclavo de negreros en donde no llega la justicia o ésta ha sido arrebatada a autoridades corrompidas, pero es en cambio, muy culto en San Pablo y otros estados próximos, principalmente en la ciudades atlánticas, en donde existe hace mucho tiempo poderosas organizaciones obreras que han logrado muchos triunfos y que han contribuido no sólo al mejoramiento material del pobre sino a su levantamiento moral y espiritual (NABOULET, 1935, p. 56-7).

Também como preparação para a visita de Getúlio Vargas à Argentina, foi publicado, sob os auspícios da Comisión de recepción al Presidente de Brasil, um pequeno texto de 16 páginas intitulado *Evocaciones de un pasad y anhelos de un futuro: la visita del presidente del Brasil.* Trata-se de uma brochura – 15cm x 12cm – produzida em maio de 1935 como elemento de preparação para a visita de Vargas e impressa nos Talleres Graficos del Consejo N. de Educación, em Buenos Aires. O texto é, claramente, um convite à população para participar dos festejos da visita. A tiragem foi de 100.000 exemplares (provavelmente enviados à escola, dado o lugar de impressão = Conselho Nacional de Educação). A autoria é da própria Comision de Recepcion AL Excmo. Señor Presidente del Brasil.

O livro evoca o passado dos dois países e, sobretudo, a visita de Roca ao Rio e de Campos Salles a Buenos Aires como exemplos de construção de uma convivência pacífica e de mútua admiração. Também aqui se fazem reservas à tradição imperial brasileira, a qual: "no reñía, sin embargo, con el espíritu democrático, el cual fue siempre y será siempre el espíritu de América" (1935, p. 6).

Finalmente, dentre os textos publicados no período coberto pela pesquisa, cumpre assinalar o livro *Historia del Brasil*, de Juan G. Beltrán. Publicado em Buenos Aires, pela editorial Claridad, em 1935, dentro da coleção *Biblioteca de Escritores Argentinos*, teve uma segunda edição em 1944. Trata-se de um volume que, em 210 páginas, pretende fazer uma síntese da história do Brasil para o leitor argentino. Também nesse livro, há um investimento que tenta cuidar das possíveis fraturas e produzir aproximações entre nações irmãs, pois, apesar de muito amar o Brasil, os argentinos pouco o conhecem.

> Vulgarizarlos hechos salientes e la historia del Brasil en la Argentina, en donde amamos a aquel país pero poco conoce de su Historia, es arraigar ese amor fraternal hacia una gran patria que, como la mía, no tiene sonrojos de injusticias, ni manchas de usurpaciones. Es para mí, cumplir una vez más, la prédica que inicié hace veinte años desde la cátedra, el libro, el periodismo, removiendo errores, prejuicios y hasta injusticias, y divulgando la verdad sobre la grande hermana atlántica con la cual nada nos separa y todo nos une (BELTRÁN, 1944, p. 14).

Também aqui há uma demarcação muito clara do passado escravista do Brasil e de que sua chegada ao rol dos países civilizados, com o fim da escravidão, teria sido recebida com festas pela população da capital argentina. Ao mesmo tempo que lança um olhar de reprovação ao passado escravista brasileiro, o autor não deixa, entretanto, de recuperar, positivamente, a figura do Imperador, pois: "Al recibir en Milán en su lecho de enfermo la noticia [sobre a abolição da escravisão], don Pedro II, exclamó 'gran pueblo, gran pueblo'. Abrió su trono la libertad del esclavo, y entonces esperó tranquila a su hermana la república, que no tardó en llegar. No podía haber república, sin ciudadanos libres" (BELTRÁN, 1944, p. 159).

Assim, no capítulo "La República", Beltrán argumenta que esta viria de mãos dadas com a abolição, como já se anunciou acima. Por isso:

> Abolida la institución servil, quedaba abierta la brecha para asomase la luz bienhechora y natural de la república. El pronunciamiento militar de 1889 que la instauro, aun cuando inesperado por el momento, era hecho que sólo sancionaba la república que latía en los corazones, que bullía en los cerebros, que agitaba las almas (1944, p. 162)

Para o intérprete argentino, a república brasileira, vinda pelas mãos dos militares, respondia a um anseio da população e inseria o país no rol dos países modernos e civilizados, coroando com êxito o movimento que começara nos anos anteriores e no interior do qual a própria abolição se fizera. Assim procedendo, o livro apresentava ao leitor argentino um "movimento" republicano-abolicionista mais coeso do que de fato foi e jogava na sombra os conflitos políticos ensejados pelas diversas posições em disputa naquele final de século XIX brasileiro.

Nos impressos expostos neste texto, torna-se evidente um desejo de melhor conhecer o Brasil; desejo de conhecimento este que perpassa todos os livros analisados e que poderia ser interpretado como uma forma de estreitar os vínculos com o Brasil – no campo econômico, político e intelectual – e de traçar comparações com a realidade argentina. É perceptível, também, que, durante o período abarcado por este estudo (1900-1935), a queixa dos autores em relação ao distanciamento entre a Argentina e o Brasil é constante, o que sugere que mesmo com as manifestações de interesse por uma aproximação – como as que tentamos apreender nesses livros – e com a organização de eventos diplomáticos, como as visitas presidenciais de Roca e Salles, a relação entre esses países continuou apresentando oscilações que justificariam, mesmo em 1935, construir uma imagem do Brasil como um país desconhecido pelos argentinos.

REFERÊNCIAS

BAGGIO, Kátia Gerab. A revista americana (1909-1919) e as relações entre as Américas. *In*: *Política, nação e edição*: o lugar dos impressos na construção da vida política. São Paulo: Annablume, 2006.

BAGGIO, Kátia Gerab. *A "outra" América*: a América Latina na visão dos intelectuais brasileiros das primeiras décadas republicanas. Tese (Doutorado) – Departamento de História, FFLCH-USP, São Paulo, 1998.

BELTRÁN, Juan G. *Historia del Brasil*. Buenos Aires, Claridad, 1944.

BICCAS, Maurilne de Sousa; CALDEIRA, Sandra; FARIA FILHO, Luciano Mendes. *Estatísticas educacionais e processos de escolarização no Brasil*: implicações. Cadernos de História da Educação, Uberlândia, 2013. No prelo.

BOTELHO, Tarcísio R. Censos e construção nacional no Brasil Imperial. *Tempo Social*, São Paulo, v. 17, n. 1, p. 321-341, jun. 2005.

CAPELATO, Maria Helena Rolim. O gigante brasileiro na América Latina: ser ou não ser latino-americano. *In*: MOTA, Carlos Guilherme (Org.). *Viagem incompleta*: a experiência brasileira (1500-2000): a grande transação. São Paulo: Ed. Senac, 2000.

CARVALHO, José Murilo de. Brasil: Outra América?. *In*: *Pontos e bordados*: escritos de história e política. Belo Horizonte: Ed. UFMG, 1998.

CHAMON, Carla Simone. *Escolas em reforma, saberes em trânsito*: a trajetória de Maria Guilhermina Loureiro de Andrade (1869-1913). Belo Horizonte: Autêntica, 2008.

CRESPO, Jorge B. *Geografía económica del Brasil.* Buenos Aires: Instituto Geográfico Militar, 1919.

Comision de Recepcion AL Excmo. Señor Presidente del Brasil. *Evocaciones de un pasad y anhelos de un futuro*: la visita del presidente del Brasil. [S.l.] : Comisión de recepción al Presidente de Brasil, 1935.

DESROSIÈRES, Alain. Entre a ciência universal e as tradições nacionais. *In*: BESSON, Jean-Louis (Org.). *A ilusão das estatísticas*. Tradução de Emir Sader. São Paulo: Unesp, 1995.

HARTOG, François. *O espelho de Heródoto*: ensaio sobre a representação do outro. Belo Horizonte: Ed. UFMG, 1999. p. 227-315.

MARTÍNEZ, Alberto B. *El Brasil y la Argentina:* sus respectivos crecimientos. Buenos Aires: L. J. Rosso, 1922.

MÉROU, Martín García. *El Brasil intelectual:* impresiones y notas literarias. Buenos Aires: Félix Lajouane, Editor, 1900.

NABOULET, León R. *Síntesis del Brasil.* Posadas: Librería Universal, 1935.

OTERO, Hernán. El concepto de población en el sistema estadístico de Argentina, 1869-2001. *Revista Estatística e Sociedade*, Porto Alegre, n. 1, p. 7-25, nov. 2001.

PRADO, Maria Lígia Coelho. O Brasil e a distante América do Sul. *Revista de História*, São Paulo, n. 145, p. 127-149, 2001.

ROMERO, Luis Alberto. *História contemporânea da Argentina*. Rio de Janeiro: Jorge Zahar, 2006.

SARLO, Beatriz. *Una Modernidad Periférica*: Buenos Aires 1920 y 1930. Buenos Aires: Nueva Visión, 2007.

SEEBER, Francisco. *Argentina, Brasil, Chile, Uruguay, Perú, Bolivia y Paraguay:* Estudios comparativos geográficos, étnicos, econômicos, financeiros y militares. Buenos Aires: [s. n.], 19003.

SIRINELLI, Jean François. Os intelectuais. *In*: REMOND, R. (Org.). *Por uma história política*. Rio de Janeiro: Fundação Getulio Vargas, 2003. p. 231-269.

SOARES, Gabriela Pellegrino. *Semear horizontes*: uma história da formação de leitores na Argentina e no Brasil, 1915-1954. Belo Horizonte: Ed. UFMG, 2007.

VARELA, Luis V.; Bernabé Laynez. *Buenos Aires* : Imprenta, Litografía y Encuadernación de Jacobo Peuser. Buenos Aires: Intendencia Municipal, 1901.

VEDIA, Agustín de. *Dr. Manuel Ferraz de Campos Salles : presidente de los Estados Unidos del Brasil*: Homenaje de la 'Tribuna'. Buenos Aires: Félix Lajouane, Editor, 1900.

VELEZ, Pablo Oliva. *Un viaje al Brasil:* impresiones y recuerdos. [S. I.]: [s. n.], 1924.

DE HONRA DA FAMÍLIA À HONRA DA PÁTRIA: MODERNIDADE E MASCULINIDADE OITOCENTISTAS NA ESCRITA DE BERNARDO GUIMARÃES

MATHEUS DA CRUZ E ZICA

O presente trabalho foi realizado no âmbito do GEPHE (Centro de Pesquisas em História da Educação), lotado na FAE/UFMG, e contou com o apoio da CAPES e do CNPq. Constitui resultado do projeto de pesquisa: "Moderno, modernidade, modernização: a educação nos projetos de Brasil – séc. XIX e XX", financiado pelo CNPq e coordenado pelo prof. Dr. Luciano Mendes de Faria Filho e pela profa. Dra. Maria do Carmo Xavier.

Há seis anos um grupo de pesquisadoras(es) do já mencionado GEPHE produziu um levantamento significativo de trabalhos sobre a temática da feminização do magistério. Após consultas no portal da CAPES, em anais de eventos e nas revistas da área, e textos (livros, trabalhos completos, artigos, teses e dissertações), quarenta e uma publicações foram localizadas. As pesquisas são referentes a diferentes regiões do país e foram produzidas entre os anos de 1990 e 2005. As autoras e o autor constataram que um grande número de estudos ligados à profissão docente vem utilizando a categoria gênero como uma possibilidade de enfatizar a voz e a condição das mulheres, o que acabou acarretando em deixar de lado como os homens constroem as relações com o conhecimento, com a escola, a leitura e a profissão (FARIA FILHO *et al.*, 2005, p. 54).

Levando-se em conta que a área de estudos sobre o processo de feminização do magistério é uma das mais diretamente interessadas nas questões de gênero, entre as várias subdivisões existentes no campo da História da Educação, podemos considerar que uma revisão de trabalhos que se debruçaram sobre essa temática deve ser lida como um bom indicador do que se passa com os estudos de gênero no campo mais geral da disciplina História da Educação.

Diante dessa falta de conhecimento da história da educação dos sujeitos masculinos, que tem consequências importantes para nossos dias, procuramos estudar aspectos que marcavam as experiências masculinas no século XIX na tese que defendemos recentemente. Ao realizarmos esse trabalho, percebemos que, na medida em que o Estado ia se fazendo mais presente ao longo do século XIX, em sua pretensão de controle da violência física – uma face importante da modernidade –, ele acabava dificultando a reatualização do modelo de honra que tanto teria influenciado os sujeitos masculinos durante os anos da colonização e anos iniciais do Império brasileiro. Modelo de honra esse crivado pela referência do mundo privado, pois se ligava a cada família em particular. Os indivíduos por ela influenciados consideravam que somente os "homens honrados" mereciam estar vivos. O "homem desonrado", portanto, ou morria na busca dessa honra, quando posta em xeque, ou matava, livrando-a das "manchas" e retornando ao *status* de "homem honrado".

Em meio a esse questionamento da antiga noção de honra masculina, proporcionado em grande medida pelo Estado, Bernardo Guimarães constrói personagens masculinos com ideais mais coletivos, uma vez que a preocupação em ser útil ao Estado era central tanto para Elias, protagonista de *O garimpeiro* (1872), quanto para Anselmo, protagonista de *Uma história de quilombolas* (1871). Mas, ainda assim, podemos ver em Bernardo Guimarães alguma permanência da noção de honra masculina. Ao contrário de José de Alencar, o autor mineiro rechaça a utilização da agressividade para a resolução de contendas do mundo privado. Mas a conexão entre masculinidade e agressividade, que dá base à ideia de honra, não foi descartada por ele. A novidade é que os sujeitos masculinos, de acordo com o que sugerem suas narrativas literárias, já não agiriam em nome de uma honra individual ou familiar. Os personagens masculinos estariam justificados em atitudes agressivas, ou mesmo de violência física, se agissem de acordo com a vontade do Estado, em favor da honra da pátria. Em plena modernidade, ensaiam-se saídas para lidar com a incômoda e persistente presença da violência entre os seres humanos.

A CONSTITUIÇÃO DE MODERNAS SENSIBILIDADES MASCULINAS EM MEIO ÀS METÁFORAS BÉLICAS DA IMPRENSA E DA POLÍTICA

O elogio a sujeitos masculinos prontos a servirem à pátria, inclusive com a agressividade, não era exclusivo das narrativas literárias produzidas por Bernardo Guimarães entre 1869 e 1872 – como acontece em *Uma história de quilombolas* (1871) e *O garimpeiro* (1872). Esse elogio também vai aparecer muito claramente em sua poesia do período, sobretudo em "A morte de Flávio Farnese", escrita em 1871, ano de falecimento do antigo companheiro de periodismo, que, com ele e Lafaiete Rodrigues, mais ou menos uma década atrás, chefiou, no Rio de Janeiro, a "folha" liberal intitulada *A Actualidade*. Ao falar do amigo, é a participação dele na imprensa que vem com mais força na construção poética do autor. Bernardo Guimarães representa Farnese em sua atuação jornalística muito elogiosamente como um soldado em meio a uma batalha na qual luta pelo bem-estar da pátria ("A morte de Flávio Farnese", 1876 [1959], p. 295-298):

> Era um atleta; – desd'a verde idade
> Lutando sem cessar em liça aberta
> Nos santos arraiais da liberdade
> O vimos sempre alerta.
> Era um atleta, um lidador valente
> Esse, que aí jaz dormindo eternamente.
>
> [...]
>
> Ei-lo, que se dedica generoso
> De nobre luta às escabrosas lidas;
> Brande da imprensa o facho luminoso
> Ante as turbas dormidas
> Da indiferença na letal modorra.
> Como réstia de luz, que o sol enfia
> Entre as grades de lúgubre masmorra,
> Da frase sua o ardor e a valentia
> Do povo ao coração levou a crença,
> E os gelos derreteu da indiferença.

Audaz empunha o cálamo de ferro,
E com pujante frase
Afronta a corrupção, fulmina o erro,
E ataca pela base
Da autocracia o velho baluarte,
Que, em mal! – inda vigora em tanta parte.

Por seu talento másculo movida
A pluma se converte em férrea clava,
Que o servilismo e a corrupção trucida,
E a sepultura ao despotismo cava.

As metáforas bélicas apresentadas nesse trecho revelam a presença latente de referências a atitudes e características fálicas que nos remetem ao universo do gênero masculino, marcado por referências ligadas à potência, à força e ao poder. Em realidade, esse tipo de percepção da participação dos indivíduos na imprensa e na política não parecia ser exclusivo da escrita poética de Bernardo Guimarães. Como veremos, ela era quase consensual para os sujeitos envolvidos com esses meios. O próprio Bernardo Guimarães foi representado dessa maneira quando teve participação em uma polêmica política desenvolvida por jornais de partidos contrários em Ouro Preto, pouco mais de um ano antes de publicar aquela poesia.

Ele passou a contribuir com certa frequência no periódico *O Liberal de Minas*, desde que este havia ressurgido no início de 1869, depois de alguns anos parado. Embora tenham restado apenas dois exemplares desse jornal no Arquivo Público Mineiro, publicados após o ano de 1868, pudemos encontrar ecos de sua existência no periódico conservador intitulado *Noticiador de Minas* (1869-1872).

Assim que o *O Liberal de Minas* volta à cena, o *Noticiador* cria uma seção especial exclusivamente para criticar e ironizar seu opositor, nomeada de "Minha Luneta Política", onde um anônimo comenta rigorosamente cada notícia publicada no semanário liberal. Na edição 82 (10/03/1869), o autor da seção comemora porque seu jornal, o *Noticiador*, teria sido o verdadeiro responsável, segundo ele, por ter trazido o literato Bernardo Guimarães de volta ao debate político, mesmo que estivesse no partido contrário:

> A minha luneta política faz seus cumprimentos ao mavioso poeta Bernardo Guimarães pela declaração franca e explícita que faz de sua dedicação à causa liberal.

> E felicita ao Noticiador por ter desenterroado **a espada de tão valente lidador.**
> **É um serviço aos partidos, à oposição e às letras** (*O Noticiador de Minas*, ed. 82, 10 mar. 1869, ênfase adicionada)

Chamamos a atenção para o fato de que essa metáfora de um soldado armado que luta pelo bem público, utilizada pelo crítico conservador para falar da participação de Bernardo Guimarães na política e no jornalismo, é bastante próxima das que o próprio poeta mineiro havia utilizado para homenagear o amigo jornalista Flávio Farnese.

Apesar de tais imagens estarem relacionadas ao universo da violência, devemos ter noção de que o próprio fato de ser uma representação de atitudes agressivas (e não a própria atitude) já significava uma mudança cultural importante que aquele século assistia, pois é nesse período que, "embora empapados de retórica belicosa, os políticos desenvolveram instituições que permitiam aos que disputavam o poder engajar-se num duelo em que todos sobreviveriam, e a maioria, cedo ou tarde, retornaria" (GAY, 1995 [1988], p. 221). Instituições como o jornal, por exemplo.

Mas mesmo que representasse um avanço, não deixa de ser intrigante, para nós, constatarmos o quanto parecia ser difundida, no período, essa percepção da imprensa e da política como um espaço de combate, evidenciada pela frequente utilização de metáforas relacionadas à guerra. O fato de Bernardo Guimarães estar envolvido com o jornalismo, que era percebido daquela forma pelos sujeitos do período, nos leva a pensar em algumas possíveis relações entre essa sua atividade e as características emprestadas aos personagens masculinos de suas narrativas romanescas. A participação na imprensa era enxergada como uma das maneiras de agir em nome da pátria, de lutar pela nação, de ser útil ao bem do Estado. Nesse sentido, não é de todo infundada a consideração de que os personagens Elias e Anselmo – respectivamente protagonistas de *O garimpeiro* (1872) e de *Uma história de quilombolas* (1871) – teriam alguma relação com o engajamento político do próprio autor que os criou.

O reconhecimento já consolidado de Bernardo Guimarães como poeta naquele período, desde pelo menos o 3º número d'*O Liberal de Minas*, sem dúvida foi utilizado pelos liberais que nele participavam como um trunfo político. Por isso, o escritor também acabava sendo, de alguma forma, atingido pelas ironias do jornal do partido conservador. Esse terceiro número d'*O Liberal de Minas* foi bastante criticado pelos conservadores do *Noticiador de Minas* (ed. 73, 17 fev. 1869), principalmente pela "Luneta", que não perdoou o erro tipográfico presente na denúncia que os liberais faziam de uma suposta perseguição política ao poeta e, à época, ao ainda professor, Bernardo Guimarães:

> Que quadro horrível e medonho, não desenrola aos olhos tristes dos bons cidadãos, o noticiário do Liberal de Minas?..
> O fim do mundo se aproxima. Sim. Ouçam de boca aberta e olhos desvairados pelo susto e pelo terror.
> << O dr. Bernardo J. da Silva Guimarães, que soube conquistar um lugar proeminente entre os literatos do país, acaba de ser demitido de uma cadeira de lente (!) no externato desta cidade; liberal de tempera forte, não podia escapar aos golpes da ditadura reinante.>>
> Demitido de uma cadeira!.... Infeliz homem!....
> Ser condenado a não se assentar mais, a viver vagando!... (*O Noticiador de Minas*, ed. 73, 17 fev. 1869)

É interessante notar, no entanto, que, mesmo estando envolvido em espinhosas intrigas políticas, cujo engajamento dos sujeitos nelas era característico da cultura daquela região, nem por isso Bernardo Guimarães deixava de ser admirado como poeta. O próprio ferino autor da "Luneta", quando se depara com um dos poemas dele, veiculado na mesma edição n. 3 do periódico liberal, se rende e lhe faz elogios:

> O dr. Bernardo Guimarães é sempre o mesmo poeta. A sua elegia faz vibrar o coração mais endurecido.
> A minha luneta, com respeito e admiração, divisa em sua fronte, já tão laureada, mais um brilhante de glória. (*O Noticiador de Minas*, ed. 73, 17 fev. 1869)

O tom elogioso também aparece na notícia que rebate a afirmação feita pelos liberais a respeito da demissão de Bernardo Guimarães, intitulada "A demissão do Dr. Bernardo Joaquim da Silva Guimarães" (ed. 73, 17 fev. 1869, p. 3):

> A dispensa não foi determinada pela reputação literária, que o Dr. Bernardo tem sabido conquistar, e menos pela de liberal de tempera forte, mas contestável, que lhe querem emprestar; mas porque suprimida, como se acha aquela cadeira pela lei n.1605, não era de vantagem alguma ao ensino

a conservação por quatro meses de uma cadeira cujo ensino forma curso regular e científico.

Sendo poeta reconhecido, seu posicionamento político parecia ter bastante importância naquele contexto, daí o interesse dos conservadores em questionarem o adjetivo a ele associado de "liberal de tempera forte". Essa disputa em relação ao posicionamento político de Bernardo Guimarães reaparece na mesma seção do *Noticiador* menos de um mês depois, em 10/03/1869, edição 82, quando o autor é reconhecido, mesmo sendo criticado em sua coerência partidária, como o "1º poeta de Minas":

> A minha luneta é amadora fanática da história, e só por amor dela pede ao ilustre poeta mineiro, que explique o seguinte trecho de seu artigo:
> << Pela imprensa, todas as vezes que a ocasião se ofereceu tenho prestado à causa liberal e continuarei a prestar meus insignificantes serviços. >>
> É sabido que s. s. participou em uma folha conservadora, publicada nesta capital, e redigida pelo sr. senador Firmino, artigos políticos.
> **A minha luneta política acata e respeita o mérito incontestável do 1º poeta de minas.**
> Não deseja perturbar-lhe o silêncio, que inspira a poesia.
> Se faz aquele pedido é porque é infelizmente política.
> E a política é tão exigente!..
> Não é assim sr. B. Guimarães? (*O Noticiador de Minas*, ed. 82, 10 mar. 1869, ênfase adicionada)

Se, por um lado, seus "adversários" conservadores tinham de lidar com a já estabelecida fama de Bernardo Guimarães como literato nos momentos em que o criticavam, não deixavam, por outro lado, de utilizar contra ele e seus novos parceiros n'*O Liberal de Minas* o que Bernardo escreveu em seu antigo jornal liberal, *A Actualidade*, como aconteceu na edição 78 do *Noticiador*, de 1º/03/1869, na mesma seção crítica intitulada "Minha luneta política":

> Padre, a minha luneta leu o seu soneto ao mimoso poeta B. Guimarães.
> Padre, a minha luneta muito te agradece. Aperta-te com toda a efusão as tuas poéticas mãos.
> O teu azinhavrado soneto conquistou-te uma linda coroa de louro.
> E como ela não sabe tecer-te uma grinalda de pudibunda e cheirosa violeta; por isso, toma emprestado ao n. 37 da ACTUALIDADE, folha outrora

> redigida pelos teus correligionários Farnese, Lafaiete e Bernardo Guimarães, o perfumado bouquet, que toma a liberdade de oferecer às tuas poéticas e reverendas ventas.
> Eis o esplendido bouquet entretecido pela folha liberal de 1859:
> << O sr. padre José Joaquim Corrêa d'Almeida tem indomável vocação pelos conceitos baixos, pelas idéias grosseiras, e diremos mesmo pelo asqueroso. (Mimoso bouquet!..) Seu espírito, com a mais condenável rebeldia repele tudo quanto é belo, grande, delicado e nobre. >> (Como é tão bem entretecido!!) (*O Noticiador de Minas*, ed. 78, 1º mar. 1869)

Dedicatórias como a feita pelo padre a Bernardo Guimarães pareciam ser recorrentes, o que indica a existência de certo consenso a respeito de sua imagem de um poeta modelar para aquela geração de mineiros. Assim, admirado como escritor por liberais e conservadores, o que podemos ver é que essa fama de Bernardo Guimarães, adquirida a partir de sua produção poética, tinha peso nas disputas políticas que ocorriam naquele contexto, das quais o próprio autor não estava de forma alguma afastado. Essa polêmica ainda se desenrolou em outros números do jornal conservador e Bernardo Guimarães parece ter respondido às ofensivas do autor da "Luneta", no n. 13 d'*O Liberal de Minas*, conforme fica indicado, como veremos, na edição 89 (29/03/1869) do periódico conservador ao qual tivemos acesso, na qual ele é novamente solicitado a dar satisfações:

> O sr. B. Guimarães afirma com toda a segurança, e como um homem que sabe o que escreve << que não teve parte na análise das poesias do padre Nicoldo de Barbacena. >>
> O colaborador esquecido do que afirma o dr. B. Guimarães, diz << que o artigo desapiedadamente crítico que a Actualidade publicou sobre as poesias do estimável poeta barbacenense, não é da pena do dr. Bernardo, o qual nesse tempo – parece – que não tomava parte ainda na redação daquela folha. >>
> Vejam no que ficam.
> Tomou, ou não tomou parte, sr. dr. Guimarães?
> Que coerência, meus senhores!!

O caso não parece ter seguido adiante, mas dá ideia do que se passava nos jornais naquele contexto – do qual Bernardo Guimarães era produto e produtor – marcado por acusações, respostas irônicas e agressões verbais. Em outras palavras, podemos considerar que o autor estava há muito envolvido com um meio que de alguma forma o impulsionava em direção a uma maneira de estar no mundo marcada por certo tom de agressividade.

Já dissemos que a participação de Bernardo Guimarães na imprensa parece ter relação com a representação que ele constrói de alguns personagens masculinos preocupados em agir a favor da razão de Estado em suas narrativas literárias. Mas seu envolvimento com o jornalismo e a política, por si só, não é capaz de explicar o culto que o autor mineiro passa a fazer da agressividade masculina associada ao Estado nos três gêneros textuais produzidos por ele entre 1869 e 1872 – poético, romanesco e jornalístico. Prova disso é que, em anos anteriores, quando esteve envolvido com o jornal *A Actualidade*, ele encontrou maneiras, através de sua poesia, para se opor à agressividade que marcava a imprensa, o que não se deu nesse contexto como pudemos acompanhar nos versos de "A morte de Flávio Farnese" (1876 [1959], p. 295-298), escritos em 1871, nos quais a agressividade da imprensa é apresentada positivamente.

Uma década antes, quando era jornalista no Rio de Janeiro, Bernardo Guimarães escreveu uma poesia belíssima e longa, intitulada "O Dilúvio de Papel", sonho de um jornalista poeta (1865 [1959], p. 107-125), em que a noção de "espaço público-arena" foi duramente criticada. Os jornais, ao invés de serem os veículos do esclarecimento libertador, como eram representados em seu próprio periódico, na poesia aparecem como responsáveis por uma sensação de sufocamento, como desagradáveis intrometidos, intrusos impertinentes, violentos invasores. Ao longo da poesia, a sensação de perseguição ao indivíduo movida pelo mundo público – representado principalmente pela figura dos jornais – fica muito clara quando o dilúvio de papel anunciado no título – que se trata na verdade de um dilúvio de jornais – aparece nas estrofes.

Assim, a agressividade que ele praticava no jornalismo parecia retornar em sua poesia/sonho como uma ameaça a si mesmo. No espaço onírico dos versos, o jornalista-poeta vê os jornais como um exército de soldados ameaçadores contra os quais tem de lutar para sobreviver, embora sua vitória apareça ao longo de toda a poesia sempre como impossível de ser conquistada:

> Mal dou um passo, eis no mesmo instante
> Encontro por diante
> Jornal imenso de formato largo,

Aos meus primeiros passos pondo embargo.
Vou desviá-lo, e em sua retaguarda
Encontro um Suplemento;
Porém, pondo-me em guarda
Para a direita opero um movimento,
Em encontro frente a frente o Mercantil.
Para evitá-lo esgueiro-me sutil,
Buscando flanqueá-lo, e vejo ao lado
O Diário do Rio de Janeiro
Que todo desdobrado
Ante mim se apresenta sobranceiro;
Com brusco movimento impaciente
Me volto de repente
E quase que me achei todo embrulhado
No Diário do Rio Oficial.
Então compreendi toda a extensão
E força do meu mal,
E o sentido satânico e fatal
Que encerrava da musa a maldição.

Porém, o sangue-frio inda não perco,
Co'a ponta da bengala
Romper procuro o cerco
Que obstinado em torno se me instala.
Sobre o inimigo intrépido me atiro;
Brandindo uma estocada
Varo o Jornal, e mortalmente o firo;
E de uma cutilada
Denodado rasguei de meio a meio
O Mercantil e o Oficial Correio;
Co'as botas ao Diário faço guerra;
E debaixo dos pés o calco em terra.
Mas ai de mim! Em batalhões espessos,
Ao longe como ao perto,
Resistindo a meus rudes arremessos
O inimigo rebenta em campo aberto.
(Dilúvio de Papel, sonho de um jornalista poeta, 1865 [1959], p. 117)

Nessa tragicomédia lírica, Bernardo Guimarães posiciona-se, portanto, contra a valoração da postura belicosa que, contraditoriamente, sustentava n'*A Actualidade*. Ou seja, se em seu periódico a postura agressiva e vigilante dos jornais era vista como uma condição favorável para o bem-estar das pessoas, pois garantiria o bom andamento da democracia, na referida poesia tal postura aparece como uma ameaça à vida dos sujeitos que a adotam, talvez uma metáfora para o apagamento da individualidade.

A análise concomitante desses dois diferentes registros discursivos, em que pese suas estruturas internas específicas, produzidos num mesmo contexto histórico específico e pelo mesmo autor, não deixa de ser bastante interessante no sentido de que evidencia a divisão daquele sujeito masculino, naquele dado momento. Pode-se objetar que o mesmo sujeito assume máscaras diferentes em cada gênero textual do qual se utiliza, mas devemos lembrar que o sujeito se faz exatamente nesse trocar de máscaras e não fora desse processo. Por trás das máscaras não há um eu profundo e verdadeiro que se esconde. O sujeito se faz e se reinventa nessa intensa operação de máscaras. A divisão, no entanto, já não fica tão evidente se avançamos um pouco no tempo, como havíamos dito em páginas anteriores.

No período em que Bernardo Guimarães está publicando suas narrativas literárias – 1869-1872 –, concomitantemente à sua volta ao jornalismo em *O Liberal de Minas*, sua escrita poética já não apresentava a contradição em relação à lógica combativa do jornalismo como havia se dado na década anterior, em "Dilúvio de Papel", sonho de um jornalista poeta (1865 [1959], p. 107-125). Os três tipos de discurso produzidos por Bernardo Guimarães nessa nova fase demonstram certo consenso em relação à necessidade de uma postura em certa medida agressiva diante do mundo.

A GUERRA DO PARAGUAI: VIOLÊNCIA FÍSICA EM NOME DA HONRA DA PÁTRIA

Para nós, essa mudança que pudemos perceber nas representações acerca da violência presentes nos discursos de Bernardo Guimarães parece estar associada a um acontecimento histórico que influenciou significativamente toda aquela geração. O autor mineiro até então via no Brasil uma fonte de esperança e de paz, tal qual o representava em seu discurso poético até 1865, um país que poderia representar um modelo de diferença em relação ao belicismo europeu. Ele tem, no entanto, uma inflexão nessa maneira de enxergá-lo quando o vê, assim como os estados europeus, também se envolver numa guerra, a do Paraguai, que dura de 1865 a 1871.

Numa cidade não tão populosa como era Ouro Preto, localidade marcada pela valorização da atividade política, herdeira da forte e precoce presença do Estado na região (PAULA, 2000, p. 101), onde a opinião de Bernardo Guimarães era bastante considerada no período, ele acabou se posicionando publicamente diante daqueles acontecimentos.

Em 1869, a Guerra do Paraguai já está quase definida e a sensação que se tem, ao lermos os jornais do período, é a de que um fim favorável aos brasileiros está próximo. Naquele momento, os partidos políticos começavam sua disputa pela memória da guerra. Os conservadores reclamam a proeminência do Duque de Caxias, que também era conservador, como o grande responsável pelos sucessos do exército brasileiro na campanha do Paraguai. Não era surpreendente, por conseguinte, que o *Noticiador de Minas*, em sua edição 121 (26/06/1869), desse espaço em suas colunas para aquele militar, conforme se lê em "A pedido":

> << Illmos. srs. – Agradeço de coração a câmara municipal da cidade de Ouro Preto, capital da província de Minas Gerais, as felicitações que me dirige, pelos brilhantes feitos do exército brasileiro, que tive a fortuna de comandar nos campos do Paraguai.
> Eu aceito essas felicitações, unicamente, como uma prova de bondade e benevolência da parte dessa digna província e ilustrada corporação, pois que tenho consciência de que dela só é credor o mesmo exército, cabendo-me, apenas, a glória de ter sido testemunha ocular de seu valor, intrepidez, e constância nos maiores sofrimentos e provações de tão árdua campanha; porquanto, nada mais fiz do que cumprir o meu dever como brasileiro e como soldado. Aceite, pois, a câmara municipal da cidade de Ouro Preto o meu eterno reconhecimento e gratidão. [...] >> Duque de Caxias

Alguns meses depois, a disputa continuava e o Duque de Caxias seguia sendo relembrado pelos conservadores como o grande responsável pelo sucesso das tropas brasileiras no Paraguai (*Noticiador de Minas*, ed. 151, 25 set. 1869):

> - A guerra chega a seu fim. Foi uma boa inspiração ao gabinete de 16 de julho [conservador], a escolha que fez S. A. o sr. Conde d'Eu para comandar o nosso exército. O ilustre príncipe tem revelado a ciência da guerra, e a coragem de alguns heróis de sua família.
> Esta guerra feita com os conservadores, que os liberais recrutaram, dirigida pelo ilustre Duque de Caxias, concluída pelo nosso valoroso príncipe,

> é mais um florão que a história há de um dia engastar na coroa, que deve eleger o partido nacional, o grande partido conservador.

Mas os liberais contestaram fortemente toda essa influência. Testemunha disso é a transcrição que o *Noticiador* fez de outro jornal, *O Conservador da Campanha*, em seu número 162 (30/10/1869), simplesmente intitulada "O duque de Caxias", na qual o editor se mostra furioso com as críticas que eram feitas ao duque e por isso escrevia em sua defesa:

> Neste livre, mas desventurado Brazil, pobre do cidadão que, embora por alto merecimento, chega às eminências da hierarquia social!
> A grita desenfreada dos difamadores, a voz rouquenha da inveja, o ruge-ruge sombrio de miseráveis intrigantes, **são urzes que na liça política dilaceram as túnicas dos mais valentes e esforçados lidadores.**
> [...]
> Nosso desígnio é apenas lavrar um protesto em nome da consciência nacional e do pundonor brasileiro, contra as truanescas chocarrices, grosseiras injúrias, pérfidas calúnias e até (miséria!) obscenos epigramas que é hoje moda, em certa classe de espíritos pervertidos, lançar ao mais ilustre e benemérito cidadão brasileiro, depois do Imperador, o ínclito duque de Caxias.
> O duque de Caxias é presentemente o mote obrigado das glosas indecentes da imprensa licenciosa ou, na expressão de um escritor contemporâneo, a bigorna onde malham todos os martelos da calúnia e da difamação.
> (*O Noticiador de Minas*, ed. 162, 30 out. 1869, ênfase adicionada)

Talvez não coincidentemente, no único exemplar d'*O Liberal de Minas* do ano de 1870 que restou no Arquivo Público Mineiro, encontramos uma brincadeira por parte de alguns de seus colaboradores em relação à exaltação dos conservadores na defesa empedernida que faziam da figura do Duque de Caxias, que, pelo jeito, continuava sendo criticada. A edição é a de número 98 (21/4/1870) e a seção, em que aparece a ironia, traz o título de "Mofinas":

> DECRETO
> Nós Camilo Modesto Firmiano Zinabre && decretamos o seguinte, que será fielmente observado no estado de Santa Bárbara:

> Art. Único. É absolutamente proibido e nem consentimos que neste Estado se fale mal de s. a. o sr. duque de Caxias.
> Francisco Silveira Zinabre do nosso conselho assim o tenha entendido e faça executar &&.
> D. Xico Zinabre Silveira (*O Liberal de Minas*, ed. 98, 21 abr. 1870).

Em meio a essa contenda, na qual liberais e conservadores lutavam por definir uma imagem que fosse mais favorável a cada um de seus partidos a respeito do que teria sido a experiência da Guerra do Paraguai, Bernardo Guimarães então toma partido e dá sua contribuição ao lado dos liberais. Selando de uma vez por todas a fusão entre jornalista e poeta, que já se anunciava em sua produção anterior, o autor mineiro irá publicar em partes, na folha liberal mais influente do país no período, *A Reforma*, editada no Rio de Janeiro, uma poesia épica na qual pretendeu "reconstituir" com riqueza de detalhes todas as etapas da Guerra do Paraguai, mas ao mesmo tempo realizando, como veremos, um esforço a mais para a consolidação da visão liberal daquele conflito.

Em 15 de outubro de 1871, Bernardo Guimarães publica a primeira, de um total de oito partes, de sua poesia épica intitulada "A campanha do Paraguai – Heróides brasileiras" (1876 [1959], p. 250-288). Numa espécie de resumo histórico daquele evento, o poeta segue a ordem cronológica do conflito na organização de sua poesia, sendo cada parte publicada separadamente de acordo com as edições do jornal: "I - Invocação"; "II - Lopez e Humaitá"; "III - Osório e a passagem do Passo da Pátria"; "IV - Riachuelo e Barroso"; "V - Uruguaiana e Canavarro"; "VI - Tuiuti e 24 de Maio"; "VII - Porto-Alegre"; e, por fim, "VIII - Assalto a Curuzu".

Nessas mais de trinta páginas, salta aos olhos a falta de uma menção sequer à figura de Duque de Caxias, herói de guerra dos conservadores, conforme já vimos. Será Osório, portanto, quem aparecerá na longa poesia de Bernardo Guimarães como o grande herói da Guerra do Paraguai, face ao silenciamento em relação à participação de Caxias na condução do conflito:

> Eis já de Osório além do Paraná
> O heróico vulto assoma,
> Arde-lhe o peito em belicoso afã;
> No ardido arrojo tudo vence e doma.
> Brada avante!, – e voando impetuoso
> De combate em combate
> Com a ponta da lança às portas bate

Do déspota orgulhoso.
(III - Osório e a passagem do Passo da Pátria em A campanha do Paraguai – Heróides brasileiras, 1876 [1959], p. 259, 261)

O autor mineiro, portanto, contribui decisivamente para consolidar a imagem do mártir militar da Guerra do Paraguai, eleito pelos liberais e republicanos, representado-o como um homem que nunca erra e que "tudo doma" e que, com "a ponta de sua lança", as portas do inimigo arromba. Com metáforas semelhantes vai ainda descrevê-lo como um grande líder em "VII - Porto-Alegre" (A campanha do Paraguai – Heróides brasileiras, 1876 [1959], p. 277-278):

Avante! Avante! Fogo! – Osório brada
As filas perlustrando,
Na destra lhe reluz a heróica espada
As valerosas legiões guiando,
Como um farol de glória
Lhes apontando a senda da vitória.

Avante! Avante! – a valerosa gente
Um passo não recua,
Pois está vendo reluzir-lhe à frente
Do legendário Osório a espada nua,
E a hoste belicosa
De Osório ao grito avança impetuosa.

Nessas descrições enaltecedoras, as metáforas fálicas são muito reveladoras de uma espécie de "mística masculina" na qual se envolvem suas representações construídas sobre a guerra. O que não dizer da "espada nua" que "aponta", que "reluz à frente", enfim, que "abre" o caminho? Essa mistura entre masculinidade e violência é de fato comemorada nessas passagens.

Outro fator que também nos chama a atenção é a proximidade dessas metáforas que dizem da atividade guerreira desse soldado com aquelas utilizadas pelos jornalistas do período para designarem-se a si próprios no desempenho daquela função. Não por acaso, são também idênticas às que Bernardo Guimarães, por sua vez, utilizou na poesia por meio da qual homenageava o amigo articulista Flávio Farnese, naquele mesmo ano de 1871. Sim, as metáforas são parecidas, mas não podemos perder de vista que o assunto do qual cada uma delas trata é, sem dúvida, muito diferente. As "lutas" da imprensa não envolviam o derramamento de sangue que a experiência da Guerra do Paraguai trazia.

Violência física com a qual Bernardo Guimarães jamais concordara em qualquer um de seus escritos anteriores ao tal conflito com o Paraguai. Essa concordância com o uso de armas, agora revelada pelo culto do masculino guerreiro promovido nessas suas poesias sobre a Guerra do Paraguai, personificação da destruição, representa uma novidade na produção do autor. Em período anterior, mais de uma vez Bernardo Guimarães e seus dois companheiros de redação, n'*A Actualidade*, haviam condenado o recurso à violência física como um símbolo de barbárie, como algo totalmente reprovável. Em suas poesias anteriores à tal Guerra também denunciava a violência armada praticada nos conflitos entre países europeus como um exemplo a ser evitado.

Nosso argumento é o de que seu forte envolvimento com a política e a imprensa no momento específico em que o Brasil está em guerra, contexto em que a guerra era a principal pauta, a principal temática a ser discutida o teria impactado suficientemente a ponto de possibilitar uma mudança em sua sensibilidade, fazendo com que, nessa nova fase, passasse a admitir a violência física, desde que estivesse envolvida com o heroísmo em nome da pátria. Seria essa a chave para compreendermos a opção feita pelo autor por representar aqueles personagens masculinos de seus contos e romances tendo como características principais aquelas, e não outras, também possíveis para aquele contexto: rapazes agressivos se preciso, em nome da pátria.

Mas se essa aceitação da violência, ainda que em circunstâncias específicas, por parte de Bernardo Guimarães constituía uma novidade em sua produção, a utilização do argumento da nação como elemento justificador de uma postura hostil não o era. Em outras palavras, se nos lembrarmos bem, a utilização da imagem da nação e do interesse público na construção de uma justificativa nobre para a agressão – ainda que verbal naquele caso – já estava fartamente presente nos artigos d'*A Actualidade*, no qual havia escrito dez anos antes. Da mesma forma que Bernardo Guimarães, junto de seus colegas, justificava suas violentas invectivas jornalísticas contra os "inimigos" de cada ocasião, nesse momento faz isso para legitimar a violência física praticada pelos soldados brasileiros.

Observando esse argumento da pátria em sua escrita, pudemos perceber ainda que ele estava tanto captando quanto produzindo um deslocamento muito interessante que parece operar no período em relação à noção de honra. Na poesia épica sobre a Guerra do Paraguai, citada anteriormente, ele vai pintar a nação brasileira, bem como em outras poesias sobre a mesma guerra, como uma donzela profanada pelos paraguaios que reclamava que sua honra fosse recobrada pelos homens de sua família, isto é, seus filhos, os filhos da nação, conforme lemos no trecho de "V-Uruguaiana e Canavarro" de *A campanha do Paraguai: Heróides brasileiras* (1876 [1959], p. 270):

> Um dia o pé brutal do paraguaio
> Calcou-te o colo, profanou-te o seio;
> Mas pronta como o raio
> Mão vingadora em teu auxílio veio.
> Dos filhos teus a indômita bravura
> Oh! não, por muito tempo não consente,
> Que em teu seio se abrigue a horda impura
> Do bárbaro insolente,
> Que da pátria as campinas tala e assola,
> E o que há de mais santo sem pudor viola!

Chama a atenção o fato de que o poeta tenha utilizado justamente uma cena do universo familiar para se referir ao vínculo de cidadãos com a nação. Sabemos que os homens no Brasil colônia estiveram dispostos a lavar a honra com sangue, conforme aponta Vainfas (1997, p. 137), e que esse costume acaba permanecendo no século XIX, segundo Del Priori (2006 [2005]). O apreço dos homens mineiros pelo uso de armas, mencionado por muitos viajantes estrangeiros, também parece indicar essa permanência. Essa noção de honra masculina à qual se referem tem uma forte ligação com a instância familiar. Tanto é que não só do homem dependia a manutenção de sua honra, mas de todos os membros de sua família, o que pressupunha a exigência de seu lugar de chefia nesse grupo.

Dessa forma, sem questionar algo que já estava enraizado na cultura de seu tempo desde há muito, Bernardo Guimarães parecia sutilmente propor um deslocamento daquela visão de mundo para outro contexto, não mais familiar, mas estatal. Utiliza uma analogia ao trazer elementos do que já era conhecido para tentar estabelecer uma novidade, uma nova forma de vínculo. Não mais do indivíduo masculino com sua família, mas com sua pátria.

Em seu "Hino" (Dedicado ao 3º Batalhão de Voluntários, que em abril de 1866 partiu de Ouro Preto a tomar parte na campanha do Paraguai debaixo do comando do Sr. tentente-coronel (depois brigadeiro) Amorim Rangel) (1883 [1959], p. 342-343), o autor inflama a agressividade dos soldados utilizando o argumento da honra da pátria como justificativa:

> Ao Paraguai
> Eia marchemos,
> E ao vil tirano
> Morte levemos.
>
> **De vingar nossos irmãos**
> **No altar da pátria juremos,**
> **E a punir cruéis afrontas**
> **Da honra ao campo voemos**
> (Hino, 1883 [1959], p. 342-343, ênfase adicionada)

CONCLUSÃO

A concepção de honra ligada à pátria registra e constrói uma novidade importante para a época em relação àquilo que anteriormente se entendia por ela. A noção de honra, que parecia ser amplamente difundida em regiões do interior do Brasil durante boa parte do século XIX, ainda era vinculada a cada indivíduo masculino, ou à sua família – para Febvre (1998, p. 86) associada, desde o seu nascimento, a uma "moral de clã". Como já dissemos era ela que os tornava agressivos e prontos a molhar as mãos com o sangue de outrem facilmente, a fim de se desafrontarem. Com o avanço, no entanto, da pretensão do Estado em tomar para si o governo da violência física na modernidade, esse entendimento do que seria a honra é questionado em sua base.

Apesar disso, algo dela parece ter sobrevivido quando vai se deslocando a partir desse período cada vez mais, dos homens, como indivíduos masculinos, para a poderosa e moderna figura masculina do Estado nacional, que está se firmando como uma instância de importância central na legitimação de atitudes violentas. Movimento que a produção escrita de Bernardo Guimarães tanto capta quanto produz entre os anos de 1869 e 1872.

REFERÊNCIAS

ALBUQUERQUE JÚNIOR, Durval Muniz de. *Nordestino*: uma invenção do falo: uma história do gênero masculino (Nordeste – 1920/1940). Maceió: Catavento, 2003.

DEL PRIORI, Mary. *História do amor no Brasil*. São Paulo: Contexto, 2006 [2005].

FARIA FILHO, Luciano Mendes de *et al*. A história da feminização do magistério no Brasil: balanço e perspectivas de pesquisa. *In*: PEIXOTO, A. M. C.; PASSOS, M. (Org.). *A escola e seus atores*: educação e profissão docente. Belo Horizonte: Autêntica, 2005. p. 53-89.

FEBVRE, Lucien. *Honra e Pátria*. Rio de Janeiro: Civilização Brasileira, 1998.

GAY, Peter. *A experiência burguesa da Rainha Vitória a Freud*: o cultivo do ódio. São Paulo: Companhia das Letras, 1995 [1988].

IGLESIAS, Francisco. *Trajetória política do Brasil*: 1500-1964. São Paulo: Companhia das Letras, 1993.

LE RIDER, Jacques. *A modernidade vienense e as crises de identidade*. Rio de Janeiro: Civilização Brasileira, 1992 [1990].

NYE, Robert A. *Masculinity and Male Codes of Honor in Modern France*. Berkeley: University of California Press, 1998.

PAULA, João Antônio de. *Raízes da modernidade em Minas Gerais*. Belo Horizonte: Autêntica, 2000.

PÉRSICO, Adriana R. O rosto masculino da melancolia. *In*: SOUZA, Eneida Maria de; MARQUES, Reinaldo (Org.). *Modernidades alternativas na América Latina*. Belo Horizonte: Ed. UFMG, 2009.

VAINFAS, Ronaldo. *Trópicos dos pecados*: moral, sexualidade e Inquisição. Rio de Janeiro: Nova Fronteira, 1997.

ZICA, Matheus da Cruz e. Diversificação dos modos de ser masculino e estatização da violência masculina na escrita literária e jornalística de Bernardo Guimarães (1869-1872). Tese (Doutorado) – FAE, UFMG, Belo Horizonte, 2011.

Fontes jornalísticas

- Os artigos do jornal *A Actualidade*, publicados entre os anos de 1859 e 1861, estão micro-filmados na Biblioteca Nacional - RJ: (10-25 maio 1858/PR - SOR 3755 - ROLO UM).

- Todas as edições do *Noticiador de Minas* se encontram no seguinte endereço eletrônico: <http://www.siaapm.cultura.mg.gov.br> (Clicar no *link*: "Jornais Mineiros"). Da edição n. 01 (19/08/1868) até a última edição, n. 531 (25/01/1873).

Fontes literárias

GUIMARÃES, Bernardo. *Lendas e romances*. Rio de Janeiro: Garnier, [s.d.]. Primeira ed. 1871. Reunidas neste volume estão as seguintes histórias: "Uma história de quilombolas", "A garganta do inferno" e "A dança dos ossos".

GUIMARÃES, Bernardo. *O garimpeiro*. São Paulo: Ática, 1980. Primeira ed. 1872.

GUIMARÃES, Bernardo. *Poesias completas*: 1852-1883. Organização Alphonsus de Guimarães Filho. Rio de Janeiro: INL, 1959.

IMPRENSA E MODERNIDADE: ALGUMAS CONSIDERAÇÕES EM TORNO DOS ANÚNCIOS DE JORNAL

RAQUEL MENEZES PACHECO

Este trabalho procura enfatizar a potência do uso de anúncios de jornais que podem destacar algumas práticas sociais peculiares que, muitas vezes, não são vistas por meio de outros documentos. Para ilustrar esse aspecto, procedeu-se a um breve levantamento bibliográfico acerca da questão, ressaltando-se o momento da instalação da imprensa periódica no Brasil e como a mesma se tornou um espaço privilegiado de debate de questões sociais e políticas. Foram, ainda, apresentados alguns dados empíricos, coletados e analisados na minha monografia de conclusão de curso. Pretendeu-se, desse modo, contribuir para a reflexão sobre algumas formas, menos usuais, de pensar a imprensa como parte da modernidade e a leitura do periódico como uma prática própria de um tempo moderno.

IMPRENSA E ESPAÇO PÚBLICO

Atualmente, pesquisadores vêm utilizando cada vez mais a literatura e a imprensa, de maneira geral, e principalmente os jornais como fontes documentais. O cruzamento das fontes da imprensa com outros documentos e a própria ampliação da noção de documento (LE GOFF, 1990), fizeram com que as suspeitas e preconceitos sobre o uso de jornais, revistas, entre outros suportes, em pesquisas científicas, possam ser consideradas, discutidas e superadas.

A pesquisa com jornais é extremamente trabalhosa, porém enriquecedora. Tomada como objeto de pesquisa pode revelar dados importantes que outros documentos não expressariam. Informações presentes em notícias, correspondências, anúncios e decretos revelam algumas práticas populares de determinada época. Apesar disso, a maioria dos pesquisadores tem utilizado os jornais somente como fonte documental. Deles, geralmente, é apenas retirada determinada informação de interesse, e toda a sua materialidade e sua consistente carga informacional é desprezada.

A imprensa periódica, desde os seus primórdios, impôs grande força política. "Os impressos foram o laboratório onde tiveram lugar formas embrionárias e imprescindíveis de competição política" (MOREIRA, 2006, p. 95). Podendo ser considerada como um meio privilegiado para o debate público de questões sociais e políticas, no século XIX, a imprensa passou a ser mencionada como o meio eficiente e poderoso para que os intelectuais evidenciassem suas ideias e seus ideais (VIEIRA, 2007).

Os periódicos não tinham o objetivo meramente comercial, tinham também como finalidade, influenciar o jogo político. Na Europa, o jornalismo foi um importante instrumento iluminista para mudar as ideias e maneiras das pessoas comuns e, nessa época das luzes, começou a exercer "funções de agente de cultura, de mobilizadora de opiniões" (PALLARES-BURKE, 1998, p. 146).

O jornalismo é uma fonte riquíssima para a investigação da história política, uma vez que deixa transparecer disputas e alianças. "Nos jornais [...] estes conflitos (políticos) encontram seu espaço de propagação, chegando o jornalismo a servir como elo de ligação ou agente de combate entre diferentes tendências político-ideológicas" (ALVES, 2001, p. 4). O discurso político que circulou através da imprensa buscou convencer os seus leitores e fazer com que estes pudessem aderir à causa defendida.

No Brasil, a imprensa foi proibida até o princípio do século XIX, mas os seus primeiros traços datam do princípio do século XVIII, quando

> em 1703 quando uma tipografia, em Recife, imprimia orações e letras de câmbio, tipografia essa que foi confiscada pelo governo português no ano de 1746. Em 1746 foi aberta, na cidade do Rio de Janeiro, uma outra tipografia que, logo no ano seguinte, foi fechada (NEVES, 2011, p. 56).

Somente em 1808, quando a corte portuguesa transferiu-se para a colônia, foi instalada, a partir do Decreto de 13 de maio, assinado por D. João VI, a Impressão Régia. A Constituição do Império, no artigo 179, IV, afirmava: "Todos podem comunicar os seus pensamentos por palavras, escritos, e publicá-los pela Imprensa, sem dependência de censura, contanto que hajam de responder pelos abusos, que cometerem no exercício deste Direito, nos casos, e pela forma que a Lei determinar" (LIMA, 1998, p. 161).

Entretanto, antes desse período, pouco mais de duas décadas depois da Conjuração Baiana, 1798, os chamados "incendiários" fizeram-se presentes, inclusive no Rio de Janeiro (MOREL; BARROS, 2003). As primeiras máquinas tipográficas chegaram à Corte em 1817, sem serem logo utilizadas. Nessa época, já circulavam no Império publicações como *A Gazeta* do Rio de Janeiro, órgão oficial do governo que deu início à imprensa periódica brasileira, *Correio Braziliense*, publicado em Londres por Hipólito da Costa, e a *Gazeta de Lisboa*, que já em finais do século XVII estava nas mãos das elites luso-brasileiras.

Em 1808, existiam no Brasil dois tipos de periódicos: a gazeta e o correio. A primeira possuía publicidade curta, intenção informativa mais do que doutrinária, poucas folhas e baixo custo. Já o Correio tinha em sua estrutura mais de cem páginas, uma publicação mensal com o custo alto e conteúdo mais doutrinário do que informativo (SODRÉ *apud* NEVES, 2011, p. 56).

Já na segunda década do século XIX, no Brasil, surgiam também os periódicos, gênero literário que também se diferenciava do correio e também das gazetas. Essas últimas cumpriam o papel de divulgar notícias, nacionais ou estrangeiras, enquanto os periódicos exigiam maior erudição e a análise de questões relacionadas a aspectos sociais, políticos, históricos e até mesmo literários. É possível pereceber então que, no início dessa formação política, a imprensa periódica se libertou, ganhou contornos mais flexíveis, em comparação com o formato mais rígido das gazetas (SILVA, 2009).

A partir do início da década de 20 dos oitocentos, percebe-se na corte o surgimento de uma imprensa periódica regular e uma considerável proliferação de outros impressos como folhas volantes, cartazes e manuscritos. Além do crescimento da imprensa, era notável a difusão de associações leigas, maçônicas, filantrópicas e patrióticas. O espaço público passou a se transformar, ganhando traços da modernidade, sem, no entanto, perder suas características arcaicas (MOREL; BARROS, 2003).

O desenvolvimento das técnicas de impressão e a transformação do espaço público, conforme mencionado por Morel e Barros (2003), tornaram possível, em 1821, a publicação de trinta e nove periódicos no Brasil, ocasionando o surgimento da imprensa industrial. Assim, através desses impressos, ideias relacionadas à "liberdade", "constituição" e "patriotismo" passaram a circular com maior intensidade.

A imprensa periódica se estabelecia, nesses termos, como elemento essencial para a cultura política do século XIX brasileiro, entendendo que sua vigorosa produção e circulação eram alimentadas, em boa parte, pelas atividades políticas desenvolvidas nesse momento histórico (JINZENJI, 2008, p. 18).

Segundo Morel e Barros (2003), o aparecimento da imprensa no Brasil acompanha e está ligado às mudanças ocorridas nos espaços públicos, à modernização política e cultural das instituições, e ao processo de independência e de construção da nação.

A imprensa de opinião entre meados do século XVIII e começo do XIX fez entrar em cena essa figura de homem público, até então inexistente no território da América portuguesa: o jornalista ou panfletário, chamado de "redator" ou "gazeteiro". Entre as mutações culturais sobrevindas com a manifestação da modernidade política ocidental, surgia esse homem de letras, em geral visto como portador de uma missão ao mesmo tempo política e pedagógica. É o tipo de escritor patriota, difusor de ideias e pelejador de embates, que achava terreno fértil para atuar numa época repleta de transformações (MOREL; BARROS, 2003, p. 15).

Assim, podemos considerar que, no princípio do desenvolvimento da imprensa no Brasil, "o jornalista se confundia com o educador. Ele via como sua missão suprir a falta de escolas e de livros através dos seus escritos jornalísticos" (LUSTOSA *apud* JINZENJI, 2008, p. 20). A sociedade daquela época foi impactada pela introdução da imprensa, que modificou de forma tênue, mas evolutivamente, práticas sociais, (re)construindo as relações entre as pessoas e destas com os poderes e instituições locais (MOREIRA, 2006). O jornal tornou-se forte arma que dominou ideias e produziu os acontecimentos dando forma aos contornos políticos do Brasil Império. A linguagem oralizada dos impressos, bem como a corrente prática da leitura em voz alta, atingiam também parte da população analfabeta.

A leitura não se restringia ao lar ou aos estabelecimentos comerciais. Em praças, esquinas e nas ruas, em vários desses locais que podem ser considerados espaços de "sociabilidade informal", as pessoas liam coletivamente periódicos, panfletos, pasquins, e outros objetos impressos ou manuscritos (MOREIRA, 2006, p. 156). Ao ler criticamente, coletivamente, em voz alta, os leitores levaram aos locais mais distantes as discussões e ideários políticos que eram divulgados através de periódicos do momento. "Neste sentido, a cada leitura, em lugares diversos, os textos eram apropriados conforme as expectativas e receios de leitores e ouvintes distintos, conferindo significados múltiplos às idéias e conceitos políticos" (MOREIRA, 2006, p. 86).

De acordo com Roger Chartier, o contexto de produção e o contexto do consumo cultural dão sentido às variadas interpretações e significações atribuídas aos objetos culturais. "A leitura de um texto, pode assim escapar à passividade que tradicionalmente lhe é atribuída. Ler, olhar ou escutar são, efetivamente, uma série de atitudes intelectuais que – longe de submeterem o consumidor a toda poderosa mensagem ideológica e/ou estética que supostamente o deve modelar – permitem na verdade a reapropriação" (CHARTIER, 2002, p. 59).

Em casa, nas praças, bibliotecas, enfim, diversas pessoas poderiam ler, escutar leitura feitas em voz alta, ou pelo menos, ver os periódicos. O contato com esse objeto, entretanto, acontecia de maneiras diferenciadas, de acordo com a condição social, as aptidões intelectuais e a experiência de cada indivíduo. "A forma que o torna disponível [o impresso] para a leitura também participa da construção do sentido. O 'mesmo' texto, fixo em sua letra, não é o 'mesmo' se mudarem os dispositivos do suporte que o transmite a seus leitores, a seus ouvintes ou a seus espectadores" (CHARTIER *apud* JINZENJI, 2008, p. 28).

ANÚNCIOS DE JORNAIS: PRÁTICAS QUE SE TORNAM VISÍVEIS

A história da propaganda, pertencente de uma forma mais geral à história da imprensa, remete, de acordo com Jules de Bock (*apud* FREYRE, 1979), à publicação do primeiro anúncio comercial, em um periódico holandês (Ghentsch Post-Tijdingen) em 1667. No entanto, Henry Sampson, afirma que, somente no final século XVII, "a comunidade dos comerciantes de Londres, acostumou-se a utilizar a imprensa como um meio para a publicidade"[5].

A prática da propaganda existe há muito tempo. Na Roma antiga ela era manifestada através dos muros onde eram pintadas algumas mensagens. Mais tarde, a Igreja Católica foi responsável por criar uma congregação religiosa que deveria propagar a fé, o que originou o termo "propaganda". Mesmo a educação já usava propaganda há 2.000 anos. Os sofistas gregos faziam, publicamente, demonstrações das

[5] "The merchant community of London became accustomed to utilizing the Press as a medium for advertising" (original).

suas realizações, por meio da exibição e da utilização de argumentos para mostrar o valor dos seus feitos (NEVES, 2011).

No Brasil, ela foi, por quase três séculos, expressa quase que exclusivamente oralmente. No princípio da propaganda escrita, os anúncios eram publicados pelas "'primitivas' agências de propaganda", que vendiam espaços nos periódicos. Nessa fase, a responsabilidade por esses anúncios era dos redatores de jornais. "Alguns textos encontrados nos primeiros anúncios brasileiros possuíam rimas, não somente porque eram feitos por poetas, mas porque ajudavam a gravar a mensagem contida nos mesmos" (NEVES, 2011, p. 68).

Gilberto Freyre (1979), ainda na década de 30 do século XX, tonou-se referência internacional na pesquisa com anúncios de jornais e imprensa. A pesquisa cuidadosa com os anúncios de escravos publicados em, principalmente, dois importantes jornais do período do século XIX (entre 1825 e 1888), quais sejam, o *Diario de Pernambuco* e o *Jornal do Commercio,* ganhou destaque e relevância. Sua obra destacou a importância da análise antropológica, sociológica do estudo de anúncios jornalísticos.

Os anúncios de jornais eram entendidos por Freyre como "uma arte de exaltação de virtudes", dos diversos produtos oferecidos. As várias qualidades atribuídas a eles, que circulavam em meio aos leitores, nem sempre eram reais. "No anúncio procura-se 'atrair, prender, absorver' a atenção do leitor de jornal, de modo todo especial: com objetivos práticos e imediatos, através de palavras capazes de conquistar o leitor para o anunciante ou para o objeto anunciado" (FREYRE, 1979, p. XLVII.).

Nos grandes jornais brasileiros, a marca do regime escravocrata também esteve presente nos anúncios de escravos divulgados nos periódicos. Esses anúncios chegaram a ocupar um largo espaço. Os escravos eram retratados, nos anúncios de jornais brasileiros do século XIX, de acordo com sua condição étnica, pela origem tribal, sexo, idade, as funções desempenhadas, as formas do corpo, pelo temperamento, as características psicoculturais de sua fala, seu andar, seus gestos, olhar e sorriso. Os seus vícios, preferências lúdicas, habilidades, seu comportamento em relação ao sistema patriarcal, que por vezes traziam marcas de castigos como consequências, se tornaram mais um traço de identificação. A higiene com o corpo, os adornos e os penteados utilizados e até mesmo suas preferências de cor eram características exaltadas nos textos dos anúncios que buscavam escravos fugidos ou que os comercializavam (FREYRE, 1979).

Gilberto Freyre ainda destaca a ambiguidade, presente nos jornais do século XIX, que tinham como lema teses semelhantes àquelas defendidas pela Revolução Francesa, mas que, ao mesmo tempo, publicavam anúncios de escravos fugidos. Assim, o autor considera que "o regime do trabalho escravo foi, no Brasil (...) superior às divergências de ordem política e a outras dessemelhanças de caráter cultural e até étnico entre as várias províncias ou regiões do País" (FREYRE, 1979, p. 78).

Maria Beatriz Nizza da Silva também ressalta que os

> senhores descreviam a indumentária e as características físicas de seus escravos fugidos, oferecendo alvíssaras a quem os entregasse. Outros enalteciam as qualidades de sua escravaria, procurando vendê-la por bom preço. Estrangeiros pretendiam criados brancos para servi-los. Cozinheiros ofereciam seus préstimos. Casas de pasto anunciavam jantares, e os botequins, almoços. Enfim, era toda a vida da cidade que perpassava nos anúncios da gazeta, e, nesse ponto, isso é de um valor inestimável, bem superior ao das notícias coletadas e traduzidas de periódicos estrangeiros ou fornecidas pelo governo (SILVA, 2009, p. 17).

Apesar das inúmeras descrições relacionadas aos escravos que foram publicadas nos jornais já mencionados, pesquisados por Gilberto Freyre, Morel afirma que "a imprensa da primeira metade do século XIX no Brasil privilegiava o doutrinário, o propagandístico, em detrimento do factual e descritivo" (MOREL, 2003, p. 49). Os interesses políticos e pelo lucro, juntavam-se aos recursos de sedução do público, que eram imprescindíveis.

De acordo com Lúcia Maria Bastos P. Neves, nas primeiras décadas do século XIX, na sociedade luso-brasileira, "os anúncios – chamados à época de 'avisos' – nos jornais surgiram como um elemento primordial para a venda de qualquer produto, pois constituíam-se como ofertas públicas" (NEVES, 2009, p. 59) . Essas "propagandas" tinham tanto cunho informativo quanto comercial. Já Helena de Araújo Neves indica que, na fase inicial da propaganda brasileira os anúncios recebiam o nome de "reclames". Eles apresentavam textos longos de caráter explicativo e persuasivo, não contendo ilustrações.

A linguagem dos anúncios sofreu várias alterações com o aumento da produção industrial e, consequentemente, com o aumento de produtos. O discurso usado nos anúncios passou a ser menos informativo e ainda mais persuasivo, comunicando aos "consumidores em potencial" a existência do produto e os locais onde poderia ser comprado. A sociedade deveria consumir mais, tanto os produtos de necessidade básica, como os supérfluos. Assim, a utilização de mecanismos de persuasão influía tanto de forma lógica e racional como na subjetiva e emocional.

Helena Neves aponta a existência de duas tendências que analisam a atuação das propagandas sobre os consumidores. Uma delas compreende que "o anúncio é uma mensagem que visa a exercer ação psicológica sobre receptores para conseguir deles uma mudança comportamental em relação ao objeto oferecido: uma idéia, ou um serviço" (NEVES, 2011, p. 69). A outra pressupõe que a publicidade age mais diretamente sobre o comportamento – predispondo o consumidor à compra do produto/serviço – sem que ele necessariamente perceba que está alterando sua forma habitual de pensar ou sentir. Assim, a influência da propaganda se manifestaria no momento da compra do produto e/ou serviço, por ter deixado previamente impressões e imagens, não necessariamente conscientes, no consumidor. Dessa maneira, a publicidade interfere no comportamento, sem interferir nas convicções e sentimentos do consumidor. As atitudes se formariam, provavelmente, após o uso continuado do produto/serviço como uma racionalização da escolha (NEVES, 2011, p. 73).

Ao longo dos anos, a estrutura dos anúncios vem mudando. Hoje, a propaganda é uma atividade complexa, que conta com alta tecnologia e cuja "eficácia depende do ajustamento de sua composição ao mercado receptor, aos veículos de comunicação e ao produto". A mensagem publicitária deve "ser dirigida com fins específicos, tornando-se atraente em termos de estética e de originalidade, e, consequentemente, atraindo mais a atenção e o interesse do destinatário" (NEVES, 2011, p. 69).

Na já mencionada monografia de conclusão de curso, procurei analisar possíveis práticas educacionais (escolares ou não) presentes nos anúncios do periódico *O Universal*, na província de Minas Gerais entre os anos de 1825 e 1842.

O periódico *O Universal* foi publicado em Ouro Preto, sendo o periódico mais longevo de Minas Gerais, na primeira metade do século XIX. Era publicado três vezes por semana, impresso primeiramente na "Officina Patrícia de Barbosa e Cia" e, posteriormente, na "Typografia do Universal". Possuía, em geral, quatro páginas e nelas não se encontra qualquer imagem ou desenho. Graficamente os textos são distribuídos em duas colunas e separados em "seções" que vão se afirmando ao longo das publicações, mas que não são constantes em todos os números. Algumas das "seções" encontradas no jornal são: *Anexos*, *Annuncios*, *Artigos de Ofício*, *Correspondências*, *Editorial*, *Edital*, *Notas*, *Notícias Estrangeiras*, *Notícias Internas*.

A seção "Annuncio(s)" foi se afirmando e ocupando espaço no jornal com o passar dos anos e com a consolidação da imprensa jornalística na província de Minas Gerais e em todo o Império. Essa seção, que geralmente ocupava a segunda coluna da quarta e última página do periódico, nos mostrou diversos aspectos interessantes que nos permitem perceber uma organização social da época, assim como pudemos, através desses aspectos, apreender traços de práticas educacionais (escolares e não escolares) da sociedade mineira do século XIX.

Entre os anúncios de comércio de imóveis, escravos fugidos, animais desaparecidos, produtos a serem negociados e vários outros, encontrei anúncios que revelaram uma importante característica do povo mineiro: a constituição de uma sociedade letrada e preocupada com a formação das novas gerações. Esses anúncios divulgaram algum tipo de comércio de impressos ou práticas ligadas à instrução.

> Exemplo 1:
> O Professor Publico de Latim desta Cidade annuncia que na tarde de 23 do corrente ás quatro horas terão lugar os exames publicos de seus discipulos na Caza de sua residencia.
> Ouro preto: 8 de Janeiro de 1836. – O Professor, Emerenciano Maximino de Azeredo Coutinho (*O Universal*, 18 jan. 1836, p. 4).

> Exemplo 2:
> Acha-se á venda nesta Officina, e nas Lojas dos Srs. Coronel Nicoláo Soares do Couto e Cap.m João Teixeira Soares hum Folheto sobre o Modo breve, e facil de pronunciar o Francez. Preço 80rs. cada hum (*O Universal*, 28 nov. 1827, p. 4).

Por meio de uma primeira leitura, de forma panorâmica, d'*O Universal*, constatei que, durante os dezessete anos de publicação do jornal, 3.258 edições foram publicadas e comercializadas de algumas formas. Durante essa primeira leitura, procurei identificar aqueles números que apresentavam a seção estudada, "Annuncio(s)". Identifiquei que 1.307 edições do periódico em questão continham a seção de anúncios, sendo que várias delas apresentavam mais de um anúncio no mesmo número. Assim, foram encontrados 2.387 anúncios publicados nos 3.258 números d'*O Universal* entre os anos de 1825 e 1842.

Ao lidar com dados tão numerosos e diferenciados, elegi a análise de conteúdo como instrumento metodológico. Dessa forma, criei eixos temáticos no sentido de separar os dados coletados para melhor analisá-los. Dentro do eixo temático "Instrução", abordei um pouco das aulas, métodos e compêndios que eram utilizados, bem como as diversas mobilidades de professores e outros sujeitos da instrução. No eixo temático "Comércio de Impressos", explorei um pouco sobre as oficinas de impressão e os livreiros, assim como quais eram os títulos mais comercializados, os seus autores e os preços que eram cobrados. Durante as análises realizadas sobre os dois eixos temáticos, uma preocupação comum foi levada em conta: compreender as estratégias que eram utilizadas pelos redatores dos anúncios para atrair o público e influenciá-lo a consumir os produtos e serviços que eram oferecidos.

CONSIDERAÇÕES FINAIS: OS JORNAIS NA MODERNIDADE

A invenção da imprensa, o progresso das técnicas empreendidas na elaboração e na impressão de jornais, transformações que ocorreram, como já dito anteriormente, acompanhando as mudanças do espaço público, implicaram na redefinição das relações entre as pessoas, relações de trabalho e, fundamentalmente, relações dos homens com o tempo.

O processo de racionalização e a laicização do tempo foi uma das mudanças ocorridas na sociedade urbana, que exigia mais precisão na medição para calcular o tempo dos trabalhadores da indústria. Lentamente, e não sem conflitos, o tempo que, na Idade Média, "pertencia a Deus", passa a ser dominado pelo homem. O tempo da Igreja, guiado pela providência e pela salvação, passa a ser substituído por um tempo do prognóstico, que pode ser vendido, o dos relógios. Esses dois tempos também coexistem na medida em que aquele que é religioso também busca êxito nos negócios, lucro (LE GOFF, 1980; PROST, 2008).

A modernidade, período marcado, historicamente, com a Revolução Francesa, está relacionada com outros modos de vida, conduzidos pela racionalização do tempo e, no caso brasileiro, associado também à ideia de progresso da nação. Por essa razão, é possível fazer referência à modernidade brasileira como um processo que teve início no século XIX, devido às transformações materiais e de costumes ocorridos no país (LEON; PACHECO; SANTOS, 2012). Eric Hobsbawn ressalta que "grandes inovações ocorrem, quase por definição, quando sociedades tradicionais são lançadas em um contexto de mudança social mais ou menos drástica" (1998, p. 188).

A modernização das tipografias dá ao jornal um caráter diferenciado daquele que é atribuído aos livros, por exemplo. Os periódicos, donos de uma materialidade específica, que envolve um tipo de papel mais barato, a impressão em série e uma organização textual que permite uma leitura direcionada e mais rápida, influenciam novos hábitos de consumo cultural e de leituras. Assim, de acordo com Vieira (2007), o impresso jornalístico seria caracterizado como um instrumento pedagógico eficiente para a difusão de um *ethos* moderno. Os periódicos se constituiriam como "uma forma de comunicação que dialoga com a modernidade da sociedade brasileira, pois se consolidam como um instrumento dinâmico de socialização das informações e dos modos de ser e de estar na sociedade" (LEON; PACHECO; SANTOS, 2012).

REFERÊNCIAS

ALVES, Francisco das Neves. Imprensa e política: algumas reflexões acerca da investigação histórica. *História em Revista da Universidade Federal de Pelotas*, v. 7, dez. 2001. Disponível em: <http://www.ufpel.tche.br/ich/ndh/downloads/historia_em_revista_07_Francisco_das_Neves_Alves.pdf>. Acesso em: 03 maio 2011.

CAPELATO, Maria Helena Rolim. *A imprensa na história do Brasil*. 2. ed. São Paulo: Contexto; EDUSP, 1994.

CHARTIER, Roger. *Inscrever e apagar*: cultura escrita e literatura, séculos XI-XVIII. São Paulo: Ed. UNESP, 2007.

CHARTIER, Roger. *História cultural*: entre práticas e representações. 2. ed. Lisboa: Difel, 2002.

FREYRE, Gilberto. *O escravo nos anúncios de jornais brasileiros do século XIX*. 2. ed. São Paulo: Ed Nacional; Recife: Instituto Joaquim Nabuco de Pesquisas Sociais, 1979.

HOBSBAWN, Eric. O sentido do passado. *In*: *Sobre história*. São Paulo: Companhia das Letras, 1998.

JINZENJI, Mônica Yumi. *Cultura impressa e educação da mulher*: lições de política e moral no periódico mineiro "o mentor das brasileiras (1829-1832)". Tese (Doutorado) – Belo Horizonte, 2008.

LE GOFF, Jacques. *História e memória*. Campinas: Ed. UNICAMP, 1990.

LE GOFF, Jacques. Na Idade Média: tempo da Igreja e tempo do mercador. *In*: *Para um novo conceito de Idade Média*: tempo, trabalho e cultura no ocidente. Lisboa: Editorial Estampa, 1980.

LEON, Adriana Duarte; PACHECO, Raquel Menezes; SANTOS, Taciana Brasil dos. Percepções sobre a modernidade: representações de escola em três impressos distintos. *In*: ENNHE ENCONTRO NORTE NORDESTE DE HISTÓRIA DA EDUCAÇÃO, 4., Aracajú, 2012. *Anais*...

LIMA, Ivana Stolze. História da imprensa: com a palavra a cidade mestiça: imprensa, política e identidade no Rio de Janeiro, 1831-1833. *In*: MATTOS, Rohloff de (Org.). *Ler e escrever para contar*: documentação, historiografia e formação do historiador. Rio de Janeiro: Acess, 1998.

LUCENA, Maria de Lurdes Almeida e Silva; LUCENA, Carlos. O classificado de jornal como fonte de pesquisa: contribuição teórico-metodológica da lingüística à história da Educação. *Revista HISTEDBR ON-LINE*, n. 15, set. 2004. Disponível em: <http://www.histedbr.fae.unicamp.br/revista/revis/revis15/art10_15.pdf>. Acesso em: 03 maio de 2011.

MOREIRA, Luciano. *Imprensa e política*: espaço público e cultura política na província de Minas Gerais (1828-1842). Dissertação (Mestrado) – Belo Horizonte, 2006.

MOREL, Marco; BARROS, Mariana Monteiro de. *Palavra, imagem e poder*: o surgimento da imprensa no Brasil do século XIX. Rio de Janeiro: DP&A, 2003.

NEVES, Helena de Araujo. *Ensino privado em Pelotas-RS*: gênese e desenvolvimento registrados na propaganda impressa (final do século XIX à primeira década do século XXI). Pelotas, 2011. Texto de qualificação para Doutorado.

NEVES, Helena de Araujo. Propagandas das instituições de ensino de Pelotas – RS: visibilidade ao espaço escolar (1875-1910). Disponível em: <http://www.anped.org.br/reunioes/32ra/arquivos/trabalhos/GT02-5455--Int.pdf>. Acesso em: 20 jan. 2010.

NEVES, Lúcia Maria Bastos P. das. Dos "avisos" de jornais às resenhas como espaços de consagração (1808-1836). *In*: NEVES, Lúcia Maria Bastos P. das (Org.). *Livros e impressos*: retratos do setecentos e do oitocentos. Rio de Janeiro: Ed. UERJ, 2009. p. 55-90.

PACHECO, Raquel Menezes. "*Achão-se à venda serviços da educação*": práticas educativas nos "annuncios" do periódico *O Universal*: Minas Gerais (1825-1842). Monografia de conclusão de curso, Belo Horizonte, 2011.

PACHECO, Raquel Menezes. "Annuncios": Projeções do cotidiano educacional em Minas Gerais 1825-1842. *In*: REUNIÃO DA ANPED, 33., 2010. Disponível em: <http://www.anped.org.br/33encontro/app/webroot/files/file/P%C3%B4steres%20em%20PDF/GT02-6696--Int.docm.pdf>.

PALLARES-BURKE, Maria Lúcia Garcia. A imprensa periódica como uma empresa educativa no século XIX. *Caderno de Pesquisa*, São Paulo, n. 104, p. 144-161, 1998.

PROST, Antonie. Os tempos da História. *In*: *Doze lições sobre a História*. Belo Horizonte: Autêntica, 2008.

SILVA, Maria Beatriz Nizza da. *A Gazeta do Rio de Janeiro (1808-1822)*: cultura e sociedade. Rio de Janeiro: Ed. UERJ, 2007.

SILVA, Maria Beatriz Nizza da. A Imprensa periódica na época joanina. *In*: NEVES, Lúcia Maria Bastos P. das (Org). *Livros e impressos*: retratos do setecentos e do oitocentos. Rio de Janeiro: Ed. UERJ, 2009. p. 15-30.

VIEIRA, Carlos Eduardo. Jornal diário como fonte e como tema para a pesquisa em História da Educação: um estudo da relação entre imprensa, intelectuais e modernidade nos anos de 1920. *In*: OLIVEIRA, Marcus Aurélio Taborda de. *Cinco estudos em história e historiografia da educação*. Belo Horizonte: Autêntica, 2007. p. 11-40.

OS PEDRINHOS DE MONTEIRO LOBATO E LOURENÇO FILHO: A CRIANÇA E O BRASIL EM PROJETOS DE MODERNIDADE PARA A NAÇÃO

RAQUEL DE ABREU

> *Acontece que a nação real é imaginária. Localiza-se na história do pensamento. Está no imaginário de uns e outros: políticos e escritores, trabalhadores do campo e da cidade, brancos, negros, índios e imigrantes, cientistas sociais, filósofos e artistas. E seria muito outra, se não se recriasse de quando em quando, na interpretação, fantasia, imaginação.* (IANNI, 2004, p.8)

Costumamos denominar moderno tudo o que está associado ao novo, à racionalidade das ciências e ao que está invariavelmente em oposição a antigo, arcaico e tradicional. A busca pelo moderno nas nações periféricas, como no caso brasileiro, não se limita à tensão, aparentemente contraditória, que hibridiza categorias assinaladas por contrastes como rural/urbano, velho/novo, atraso/progresso, também pela tensão gerada na disputa entre os valores sociais, morais e conflitos culturais. Essa procura se materializa, muitas vezes, em projetos empreendidos por intelectuais, pessoas detentoras de um saber privilegiado, que se debruçam sobre as questões de seu tempoe que, em discursos refinados e ações, refletem sobre coisas de um saber local. Crendo-se portadores sociais, analisam-nas a partir de uma visão de mundo própria que procuram traduzir para a população.

É num cenário como esse que identificamos discursos sobre a identidade nacional, as instituições do país e os debates em defesa da educação como redenção da Nação para inseri-la num mundo moderno e desenvolvido. Tais temáticas podem aproximar intelectuais das mais diversas origens, com concepções ideológicas divergentes e que fazem parte ou não do mesmo espaço temporal.

No presente estudo, busca-se tecer algumas reflexões sobre o moderno e seus desdobramentos em discursos sobre o Brasil para a criança brasileira em duas obras didáticas–*Geografia de Dona Benta* e *Aventuras de Pedrinho*–, respectivamente de Monteiro Lobato (1882-1948) e Lourenço Filho (1897-1970). Mesmo não compondo uma unicidade em suas falas e ações, a trajetória de ambos está marcada pelos discursos proferidos na cena pública, em que as questões em torno das instituições nacionais, da educação, população e desenvolvimento da nação constituem o cerne do debate.

As reflexões quanto à relação entre a ação dos intelectuais e suas representações de Brasil se fundamentam na concepção do intelectual como agente político inserido num contexto não só histórico e social, mas também linguístico. O recorte empírico elege os capítulos VI, VII, VIII, XIX, X e XI de *Geografia de Dona Benta*, de Monteiro Lobato (edição de 1935), que tratam especificamente de conteúdos voltados ao território brasileiro. Em *Aventuras de Pedrinho*, de Lourenço Filho, o terceiro volume da *Série de Leitura Graduada Pedrinho*(1953-1970), que contempla, entre outros conteúdos, lições sobre Geografia e História do Brasil. Isso, sem deixar de relacionar os conteúdos dos demais capítulos de *Geografia de Dona Benta*e os demais livros que compõem a *Série de Leitura Graduada Pedrinho*, pensando num todo, pelo que pode auxiliar na compreensão das partes. Portanto, leva-se em conta o contextualismo linguístico, cujas palavras, cristalizadas nas obras, mais que ideias, tornam-se ação. A perspectiva avança pelo contexto da história do pensamento político moderno, não se prendendo ao lugar e à temporalidade do texto, mas compreendendo as intenções do autor em cada discurso.

A reflexão dialógica entre as ideias dos intelectuais Monteiro Lobato e Lourenço Filho nos livros *Geografia de Dona Benta* e *Aventuras de Pedrinho*sustenta-se em algumas observações que revelam aproximações e divergências entre as obras e os autores. Uma aproximação relevante, e que causa curiosidade, é o menino-personagem Pedrinho, a criança dos dois autores. Outra aproximação está na organização estrutural dos dois livros: neles, os autores apresentam e representam a criança brasileira ao Brasil através de "aventuras".

No livro de Monteiro Lobato, as aventuras são amplas. Iniciam pelo cosmo e se estendem aos mares e continentes do planeta Terra. No livro, seis capítulos são dedicados ao Brasil. No de Lourenço Filho, são experimentadas quatro grandes aventuras pelo território brasileiro. Quanto às divergências, poderemos identificá-las no desenvolvimento da análise proposta.

É consenso entre os pesquisadores que se debruçaram sobre a obra de Lourenço Filho que, em todo seu percurso, como intelectual e homem público, as questões educacionais brasileiras são a razão de seus discursos. Já Monteiro Lobato transita na cena pública brasileira e pelas questões nacionais em redes diversas. Seu discurso busca uma brasilidade e desenvolvimento nacional num âmbito de discussão cultural, educacional, econômica e artística.

Num artigo publicado originalmente na *Revista do Brasil*, ao elaborar comentários sobre o livro de Belisário Pena – Saneamento do Brasil –, Lobato expressa suas ideias quanto à importância da educação da criança brasileira e sua relação com o desenvolvimento da nação: "Nas crianças está o futuro e prepará-las para o grande combate é dar alicerces de pedra à vitória. Só a escola saneará o Brasil, porque só a escola resolve problemas nacionais. A experiência de todos os povos não se cansa de demonstrar" (LOBATO, 2009, p.194).

Em carta datada a 12 de janeiro de 1936, endereçada a Vicente Guimarães – jornalista e escritor mineiro, tio de Guimarães Rosa – a preocupação de Lobato para com a educação da criança brasileira e os destinos da nação se expressa num discurso informal:

> Uma coisa que sempre me horrorizou foi ver o descaso do brasileiro pela criança, isto é, por si mesmo, visto como a criança não passa da nossa projeção para o futuro. E assim como é de cedo que se torce o pepino, também é trabalhando a criança que se consegue boa safra de adultos (NUNES, 1986, p.97).

Na apresentação do *Guia do Mestre*(v.1), Lourenço Filho assim se dirige aos professores, orientando quanto ao emprego da *Série de Leitura Graduada Pedrinho*:

> Aprender a ler é uma grande aventura para as crianças! Estará em suas mãos torná-la agradável e proveitosa ou, ao contrário, aborrecida e fatigante, se desprovida de real sentido. Conduza seus alunos a vencer gradativamente as dificuldades da aprendizagem. Dê-lhes oportunidade para

> que adquiram, desde as primeiras lições, convenientes hábitos e atitudes. Imprima animação e alegria ao ensino, inspirando nas crianças crescente confiança em suas capacidades! (LOURENÇO FILHO, 1968, p. 4).

Embora os documentos tenham origem e intencionalidade diversa, as fontes são exemplos de discursos que revelam as ideias defendidas por cada um dos intelectuais sobre a responsabilidade das gerações adultas quanto à educação da criança brasileira.O personagem Pedrinho de Monteiro Lobato emerge já ao final da primeira edição de *A menina do NarizinhoArrebitado*(1921), embora a composição do personagem seja consolidada em *O Saci*, também de 1921.

O Pedrinho de Monteiro Lobato tem

> entre 8 e 10 anos de idade–, e é apresentado como filho de uma filha de Dona Benta, Tonica, que mora no Rio de Janeiro. Pedrinho é mais ativo do que a prima, tanto física, quanto intelectualmente – o que se encaixa de certa forma no estereótipo contemporâneo de Lobato para um "menino" e o aproxima provavelmente, do que teria sido o próprio Lobato em garoto [...]. Lobato atribui características meio idealizadas ao menino, muitas vezes descrito como "corajoso", "honesto", "responsável", interessado por assuntos sérios e "científicos"e pela leitura de jornais (PENTEADO, 1997, p. 210- 211. [grifos do autor]).

Em *Geografia de Dona Benta*, ao embarcar no navio Faz-de-Conta, "Pedrinho quer o lugar de Imediato" (LOBATO, 1935, p. 33). Esta é uma característica marcante do personagem: ele tem vontades que são respeitadas pelos demais personagens da narrativa, adultos ou crianças. No livro, são recorrentes as expressões: "Já sei"; "eu sei"; "sei" na voz de Pedrinho. Vejamos mais alguns exemplos ao longo das páginas da primeira edição (1935):

> "Já sabemos isso, declarou Pedrinho" (p. 18); "Sei, gritou Pedrinho, que sabia mesmo" (p. 22); "Muito bem, disse Pedrinho" (p. 23); "Muito bem, aprovou de novo Dona Benta." (p. 23); "Pedrinho correu ao lápis e fez a conta antes dos outros" (p. 31); "Eu sei a história de Magalhães! gritou o Imediato Pedrinho" (p. 38); "Sei, disse Pedrinho. Já li a história do ditador Solano Lopes" (p. 88); "Já vi isso na História do mundo, observou Pedrinho." (p. 92); "nada de medos, vovó! animou Pedrinho." (p. 108); "O petróleo, já sei..." (p. 176).

O personagem de Lourenço Filho é protagonista da *Série de Leitura Graduada Pedrinho*, uma coleção de livros didáticos direcionados exclusivamente ao público da escola primária brasileira, editados entre 1953 e 1970. O menino tem entre 7 e 11 anos – a idade própria, segundo oautor, para utilização da série –, apresenta o mesmo perfil de personalidade característico do Pedrinho de Monteiro Lobato: é corajoso, responsável, honesto, gentil, bem educado, gosta de ler e é interessado por assuntos sérios e científicos. Vejamos alguns exemplos, em Aventuras de Pedrinho(1958):

> "E, dizendo isso, Pedrinho fez um gesto tão decidido que D. Clara não pode deixar de sentir-se orgulhosa com a valentia de seu filho." (p. 10); "Pedrinho já não encontrava dificuldade em classificar os vertebrados que via." (p. 29); "Com o coração aos pulos, Pedrinho começou a decifrar aquelas linhas, sílaba por sílaba." (p. 61); "Então está tudo claro! exclamou Pedrinho." (p. 62); "Observando o trabalho, Pedrinho percebia o valor das máquinas agrícolas. Com elas é possível realizar os trabalhos do campo com rapidez e economia." (p. 76); "E Gerais?... Por que Minas Gerais? Perguntou Pedrinho." (p. 81); "Pedrinho pensava: 'Como nossa terra tem lugares bonitos e tão diferentes uns dos outros!" (p. 97); "- Olhe aqui no mapa, disse Pedrinho." (p. 106); "O menino refletiu um instante e exclamou: - Ah! Já sei!... É porque a Terra é redonda." (p. 112); "Por seu lado, Pedrinho admirou o movimento comercial, bem como algumas curiosidades locais." (p. 127); "À medida que o avião baixava em direção ao aeroporto, Pedrinho encantava-se em ver a cidade, o porto e algumas praias de areia muito branca" (p. 146).

Um pouco diferente do personagem de Lobato, o Pedrinho de Lourenço Filho "cresce" nas ilustrações, à medida que os conteúdos da série se graduam e se tornam mais complexos. Ele é o primogênito da família "Santos Pereira" e tem dois irmãos, Maria Clara e Zezinho. Pedrinho tem uma avó, dona Rita. Seu pai chama-se Antônio Pereira; sua mãe, Clara Santos Pereira; também tem um tio, tio Damião. Pedrinho e seus irmãos frequentam uma escola pública e fazem parte de um grupo social que se amplia a cada volume. Na família do personagem Pedrinho, de Lourenço Filho, as relações de parentesco são formais, estabelecidas e identificadas desde o início da série. É a representação de uma família nuclear urbana, pertencente às camadas médias brasileiras dos anos cinquenta do século XX.

O Pedrinho de Monteiro Lobato apresenta uma estrutura familiar de outra ordem. O personagem está sempre em férias escolares no sítio da avó, dona Benta.

É cercado por uma empregada negra, tia Nastácia, um agregado do sítio, um velho negro, tio Barnabé (somente em *O Saci*) e a prima Lúcia, a Narizinho. A família do Pedrinho de Lobato é marcada pela ausência de pai, mãe e irmãos. Sua socialização é também construída por seres antropomórficos, prodígios de um mundo de fantasias criado pelo autor. Sob esse aspecto, pode-se pensar que o autor construiu uma família alternativa para seu menino idealizado. De acordo com Frias Filho:

> Lobato eliminou qualquer relação de parentesco direto, seja no corte vertical ou horizontal. Essa providência decorre da percepção de que, esse tipo de parentesco gera obrigações, ao contrário da relação indireta com avós, tios e primos, que gera direitos. Em idioma psicanalítico, o Sítio é regido pelo princípio do prazer (2009, p. 78).

Sobre as representações que envolvem características e transformações icônicas do Pedrinho de Lobato, Jaqueline Rocha (2008), ao analisar as edições de *Caçadas de Pedrinho*, assim conclui:

> Em 1933, nas ilustrações de K. Weiser, o menino, antes um "europeuzinho", transforma-se em um "caipirinha", pois é representado descalço, vestindo camisa estampada e bermuda remendada, aparência que será mantida até a 5ª edição, em 1939. Em 1944, *Caçadas de Pedrinho*, em sua 6ª edição, tem outro ilustrador, J. U. Campos, que desenha Pedrinho como um menino urbano: suas roupas não são remendadas, nem estampadas; ele usa cinto e sapatos; seus cabelos agora são pretos. Muitas dessas características são mantidas em sua imagem até a atualidade (ROCHA, 2008, p. 241,grifos da autora).

Diferente de *Caçadas de Pedrinho*, já na 1ª edição de *Geografia de Dona Benta* (1935), ilustrada pelos artistas J. U. Campos e Belmonte, Pedrinho veste-se como o menino urbano moderno. Nas imagens, é representado com cabelos alinhados; está sempre calçado com meias e sapatos fechados, com camisa clara e calças curtas – um signo de identificação de um menino daquele período que ainda não atingira a puberdade.

As representações icônicas do Pedrinho de Lourenço Filho, desde a primeira edição do primeiro número da série (1953), é a própria imagem do ideal da criança urbana e moderna daqueles dias. Mesmo quando seu personagem está experimentando o mundo rural ou vivendo as aventuras que envolvem a exploração das florestas brasileiras, Pedrinho é representado de cabelos cortados e penteados, calçado com meias e sapatos, usa camisa com botões, em tom único e claro, calças curtas com cinto, apresentando-se sempre "limpo e asseado", assim como seus irmãos e amigos.

O conjunto de obras infantis de Lobato desenvolve-se entre 1920 e 1947, embora o período de escrita das obras pedagógicas se concentre entre 1933 e 1937, logo após o período em que o autor viveu nos Estados Unidos.

O livro*Geografia de Dona Benta*foi publicado pela primeira vez em 1935, pela Companhia Editora Nacional. O livro é organizado em trinta capítulos; seis deles são dedicados à geografia do Brasil. Segundo Lajolo (2009, p. 110), o "livro é inspirado em *Geography: thestoryofthe world welive in*, de Van Loon, autor que também inspirara a *Histórias das Invenções*, título lançado por Monteiro Lobato no mesmo ano de 1935". A primeira edição de *Geografia de Dona Benta*é ilustrada em preto &branco, por J. U. Campos e Belmonte, e encadernada em capa dura, nas dimensões 21cm x 14,5cm, e apresenta uma estratégia editorial moderna, ao inserir no final do livro pequenas resenhas ilustradas que divulgam, incluindo preços de venda, as demais obras da coleção Literatura Infantil: obras originais de Monteiro Lobato, que fazem parte da coleção *Biblioteca Pedagógica Brasileira*dirigida por Fernando de Azevedo. O livro é lançado nas livrarias brasileiras no último mês do ano, outra estratégia editorial de Lobato, como mais uma novidade comercial para presentear as crianças nas festas natalinas.

De acordo com Cassiano Nunes (1986), o crítico social Monteiro Lobato, que já fazia o trabalho de "educador de adultos", a partir dos anos trinta, nos seus livros infantis, passa a lecionar para crianças.

> O convívio com Fernando de Azevedo e, principalmente, com Anísio Teixeira deve ter acentuado em Lobato o interesse pela educação. Acredito que foi o contato com Anísio que levou o contador de histórias a ir mudando cada vez mais a literatura infantil da pura imaginação para a preocupação do ensino... Isto é: Lobato, sem abandonar o seu mundo de divertimento, resolveu lecionar matérias escolares: História, Gramática, Geografia, Aritmética (NUNES, 1986, p. 87).

Ao iniciar a narrativa de *Geografia de Dona Benta*, Pedrinho faz um pedido: "Conte a história da Geografia, pediu Pedrinho, que sonhava muito com viagens pelos países estrangeiros. E dona Benta contou a Geografia" (LOBATO, 1935, p. 11). O contar à moda de Dona Benta, uma moda de Lobato, apresenta a circularidade do narrar, perguntar, ouvir, responder, experimentar e levar a criança à reflexão e à síntese. No livro, a circularidade dos conteúdos não se limita à geografia física, pois, no interior dela, o autor apresenta e estimula o debate em torno de conteúdos históricos, políticos e sociais, imprimindo sentidos amplos e particulares à sua geografia. Já no primeiro capítulo Pedrinho observa: "Sempre que a senhora explica nós entendemos muito bem; mas quando os outros explicam, ficamos na mesma" (LOBATO, 1935, p.13). A fala de Pedrinho pode ser relacionada ao contexto em que se insere o trecho de uma carta de Lobato ao amigo Oliveira Viana, com data de 15 de agosto de 1934:

> Numa escola que visitei a criançada me rodeou com grandes festas e me pediram: "faça a Emília no país da aritmética." Esse pedido espontâneo, esse grito d'alma da criança não está indicando um caminho? O livro como o temos tortura as pobres crianças – e, no entanto poderia diverti-las, como a gramática da Emília o está fazendo. Todos os livros poderiam tornar-se uma pândega, uma farra infantil. A química, a biologia, a geografia prestam-se imensamente porque lidam com coisas concretas. O mais difícil era a gramática e é a aritmética. Fiz a primeira e vou tentar a segunda. O resto fica canja. O Anísio Teixeira acha que é toda uma nova metodologia que se abre. Amém. (NUNES, 1986, p. 96).

Neste sentido, Rosimeri Cardoso (2008) destaca a posição de Lobato em relação à forma adequada e agradável de transmitir conteúdos escolares quando investe na inteligência infantil, valorizando a imaginação, aliada aos experimentos possíveis de serem por ela realizados. Esta posição, alerta a autora, era inovadora na realidade pedagógica naqueles dias: "Na contramão da escola, Lobato idealizava um projeto educacional democrático, autônomo, capaz de formar leitores críticos, preparando-os para a vida" (CARDOSO, 2008,p. 290).

No início da década de 1950, um dos líderes do movimento escolanovista brasileiro, Lourenço Filho realiza o antigo sonho de publicar uma série de livros didáticos com orientação nova: a *Série de Leitura Graduada Pedrinho*. Publicada através das Edições Melhoramentos, nas contracapas de cada volume, Lourenço Filho (1958) indica: "É a primeira série de leitura escolar a cuidar dos problemas das 'relações humanas' no lar, na escola, na vida social" (LOURENÇO FILHO, 1958, quarta capa). O projeto anuncia seis livros, sendo cinco exemplares para a "leitura graduada", acompanhados pelos respectivos *Guia do Mestre*e uma cartilha, todos no mesmo formato: 20,5cm x 14cm, com impressão policromática– padrão seguido em todos os volumes.

Os volumes são editados na seguinte ordem: *Pedrinho* (1953); *Pedrinho e seus amigos*(1954); *Aventuras de Pedrinho*(1955); *Leituras de Pedrinho e Maria Clara*(1956). Para encerrar, Lourenço Filho lança a cartilha *Upa, cavalinho!*em 1957. Com exceção do volume 1, que é ilustrado por Maria Böes, os demais são ilustrados por Oswaldo Storni. Os livros da *Série de Leitura Graduada Pedrinho*foram reeditados até 1970, com o total de 4.778.171 livros publicados.

No *Guia do Mestre - 2º volume*, ao apresentar o terceiro livro da série, *Aventuras de Pedrinho*, Lourenço Filho registra:

> O volume contém texto extraordinariamente atraente, *quer para meninos quer para meninas*. Cada lição é uma unidade completa do *ponto de vista lógico*, mas incompleta sob o *aspecto dramático*. [...]. Gradativamente, as lições de "Aventuras de Pedrinho" alargam as ideias sobre o espaço e o tempo, fundamentando noções de geografia e história. Também de forma progressiva apresentam problemas de *identificação e classificação*, ou seja, a descoberta das normas pelas quais se faça aquela *arrumação* das ideias esparsas, necessidade agora vivamente sentida pela criança. [...] Tais exercícios conduzem o *gosto da ordem*, na linguagem e nas ideias, com isso ensinando a pensar de maneira correta. [...] Ao mesmo tempo, cada "aventura", por seu entrecho, e todas elas, no conjunto, procuram inspirar uma visão estética da vida no mundo (LOURENÇO FILHO, 1968, p. 59, grifos do autor).

O livro é organizado em quatro grandes unidades, com as quais Lourenço Filho apresenta a Pedrinho as regiões político-geográficas de um do Brasil que se modernizava no pós-Segunda Guerra Mundial.

Ao interpretar o Brasil e o moderno (ou a ausência dele), os autores socializam a criança brasileira por meio dos signos presentes no repertório linguístico e ideário político de cada um. Vejamos as representações sobre o Brasil, a seguir, em *Geografia de Dona Benta* e *Aventuras de Pedrinho*, alguns exemplos nas narrativas de cada autor.

> Santa Catarina:
> Ao Norte há varias cidadezinhas muito curiosas formadas pelos colonos alemães. São diferentes de todas as outras do Brasil, não só pelo tipo de casas, como pelo costume dos habitantes. Lindas e muito prósperas. Possuem fabricas de mil coisas, manteiga, queijo, sabão, velas, vassouras,

meias, fósforos, pregos, cerveja, colas, farinha de bananas, tecidos de algodão, etc. (Geografia).
Ao norte do estado, disse ele, há uma das mais belas zonas agrícolas de nosso país. [...]. Aí se localizaram, há mais de cem anos, numerosos agricultores alemães, especialmente graças aos esforços do Dr. Hermann Blumenau. Uma das adiantadas cidades dessa zona recebeu o seu nome. (Aventuras).

São Paulo:
S. Paulo possui mais de um milhão de habitantes de todas as raças. [...] – Espere vovó! Estou vendo perto de Piracicaba uma torre esquisita, um pouco semelhante àquela celebre Torre Eiffel de Paris... – É a torre duma sonda de petróleo. O pai do Jeca Tatu fundou uma companhia que está perfurando a terra naquele ponto para ver se tem petróleo [...] Se o Brasil está pobre e fraco é porque nunca se lembrou de extrair o petróleo existente nas entranhas da terra. [...] É capaz quando vier o petróleo, que o Governo meta o nariz – e se acontecer isso, babau! Foi assim com o Café. Era a maior riqueza de S. Paulo e do Brasil. Um dia o Governo entendeu de protegê-lo. Resultado: o café levou a breca e os fazendeiros andam na miséria, cobertos de dívidas. (Geografia).
São Paulo é o Estado que mais produz café e dos que mais produzem cana-de-açúcar, algodão e cereais. Depois, o fato de haverem montado em São Paulo milhares e milhares de fábricas. Produzem elas aço, tecidos, papel, artefatos de metal, medicamentos, louças, calçados, chapeus... Sei lá! Produzem de tudo!" (Aventuras).

Região Nordeste:
A maior tragédia do nosso país são essas catástrofes que de quando em quando acontecem, matando o gado e reduzindo à miséria mais absoluta milhares de criaturas humanas. [...] – Mas por que não corrigem isso? Por que não fazem poços artesianos, ou não plantam árvores nessas caatingas, ou não constroem canalizações como aquela que a senhora nos mostrou, feitas nos Estados Unidos para irrigar as terras secas da Califórnia? Dona Benta mastigou antes de responder. Por fim disse: – Problema muito complicado, minha filha. O Brasil é um país pobre de dinheiro e mal dirigido pelos governos. [...] Não sabemos resolver nossos problemas, essa é que é a verdade. (Geografia).
Nos anos bons, o período seco começa em fins de junho e termina em janeiro. Nos anos maus, pode prolongar-se por mais tempo. Então o gado

> morre de sede, e as plantações não vingam. Há desolação e tristeza... Os moradores são obrigados a procurar as cidades em busca de socorro, ou mesmo retirar-se da região, procurando trabalho em outros Estados, do Norte ou do Sul. (Aventuras).
>
> Belo Horizonte:
> – Belo Horizonte! Exclamou a menina. Bonito nome. – Essa cidade tem uma característica única: foi construída desde o começo de acordo com um plano. Isso é raro, porque na imensa maioria as cidades nascem ao acaso, como as árvores, e vão crescendo sem plano nenhum. Seu clima é excelente, sobretudo para os que sofrem dos pulmões. Mas é um sossego essa cidade que até dá sono na gente. Não possui indústria, nem mostra movimento. Como é capital do estado, enxameia de empregados públicos, lembrando um pouco Washington, a capital dos Estados Unidos. Washington foi também construída de acordo com um plano, com o fim único de ficar a capital do país (Geografia,1935).

Já na edição de 1947 (p.62-63), no que se refere a Belo Horizonte, Lobato mantém o mesmo texto até "Seu clima é excelente, sobretudo para os que sofrem dos pulmões"; a seguir, exclui parte do texto anterior e acrescenta uma significativa modificação:

> Quando Belo Horizonte começou, pouca gente esperava que se desenvolvesse tão depressa e com tanta beleza harmônica. Deve ter hoje uns cinquenta anos, o que é nada, e já está a coisa mais linda que há no Brasil em matéria de cidade. Um verdadeiro encanto. – Mas como é que na primeira edição desse livro a senhora disse que era um "sossego sem fim", um "deserto de gente", etc.? interpelou Narizinho. – Disse porque tinha na cabeça a Belo Horizonte dos começos. Errei. Não levei em conta os progressos feitos nos últimos vinte anos. Mas depois disso estive lá e abri a boca. Que encanto achei naquilo! Que desafogo passear naquelas ruas largas! Gostei tanto, que prometi levar vocês lá para um passeio – para que vejam e compreendam o que é uma "cidade certa". – As outras são "incertas"? – São erradas, minha filha. Nascem ao acaso, sem plano, e ficam toda a vida tortas e incomodas, como São Paulo. Que maravilhosa capital teriam hoje os paulistas houvessem feito como os mineiros; isto é, se houvessem planejado e construído uma cidade nova para ser capital do estado! Infelizmente

> não foi assim. Só os mineiros e goianos tiveram essa grande previsão e por isso os mineiros e goianos vão ter em seus territórios as duas mais belas, cômodas e agradáveis cidades do Brasil. Isso de "cidades certas" é a coisa mais rara do mundo. Só sei de cinco: Washington, capital dos Estados Unidos, La Plata, na Argentina, Camberra, na Austrália e aqui no Brasil, Belo Horizonte e Goiânia (Geografia).

Quando Dona Benta "corrige" o texto sobre a capital mineira, mudando de opinião sobre a cidade, se redime e faz o *mea culpa*diante do pequeno leitor. Assim, pode-se considerar a estratégia de Lobato como uma atualização do ato de fala, não só histórica, mas também política. As transformações no interior do texto refletem uma intencionalidade não só histórica, mas também política, já que o livro precisa manter-se atualizado para continuar no mercado editorial dos livros com conteúdos escolares.

Em *Aventuras de Pedrinho*, Lourenço Filho (1958, p.84) apresenta Belo Horizonte à criança brasileira da seguinte forma:

> Belo Horizonte tem a particularidade de ser a primeira cidade brasileira especialmente construída para servir de capital a um Estado. Está a 900 metros de altitude, em terreno levemente ondulado, entre serras de grandioso aspecto. O clima é dos mais agradáveis. O plano da cidade foi admiravelmente traçado. Grandes avenidas partem do centro comercial para todos os subúrbios. Ligando esses subúrbios, uns aos outros, uma grande via circular existe, chamada Avenida de Contorno. Edifícios modernos, praças e jardins enriquecem e embelezam a capital mineira. Belo Horizonte que, por sinal, fica muito perto de Sabará, onde Borba Gato encontrou as primeiras grandes minas de ouro, cresceu tanto nos últimos tempos, que já figura entre as cinco maiores e mais habitadas capitais do nosso país. (Aventuras).

No processo de socialização, ao trazer o Brasil distante para o presente da criança brasileira, os autores falam de um mesmo Brasil a partir de representações diversas, permitindo a visualização do que está ausente e trazendo para o domínio da sensibilidade um Brasil que pode ser decifrado coletivamente. Mesmo que as representações façam parte de concepções ideológicas de cada um dos autores, pode-se avaliar que as representações de Brasil existentes em *Geografia de Dona Bentae Aventuras de Pedrinho*não resultam somente de percepções e representações individuais dos autores. São representações construídas coletivamente num determinado contexto histórico, político, social e linguístico. O problematizar ou não as relações sociais brasileiras são escolhas individuais que partem de construções coletivas. Como a sociedade não é uma reunião de indivíduos, as representações de Brasil nos livros não são um conjunto de representações mentais individuais. Mesmo considerando que cada indivíduo contribui para o resultado final das representações, o que existe de individual nelas dilui-se nos processos de socialização dos dois autores. Sendo assim:

> As representações coletivas são produto de uma imensa cooperação que se estende não apenas no espaço, mas no tempo; para criá-las, uma multidão de espíritos diversos associou, misturou, combinou suas ideias e seus sentimentos; longas séries de gerações nelas acumularam sua experiência e seu saber. Uma intelectualidade muito particular, infinitamente mais rica e mais complexa que a do indivíduo, encontra-se, portanto, como que concentrada aí (DURKHEIM, 1995, p. XXIII).

Além da representação coletiva que permeia cada uma das narrativas, pode-se perceber que os autores interferem, acrescentando a determinados contextos históricos e sociais intenções políticas, segundo a visão de cada um. As palavras cristalizadas pelos intelectuais nos textos dos livros fazem parte do mundo da *lange* e *parole*(POCOCK, 2003) –da apresentação e de seu contexto – que é dinâmico, num mundo que é mudado e muda com as particularidades linguísticas, com sentidos, signos e significados que mudam e são mudados socialmente. Para compreender os textos de *Geografia de Dona Benta* ede*Aventuras de Pedrinho*como discursos políticos, públicos e com um marcante teor de intencionalidades, podemos recorrer ao procedimento metodológico de Quentin Skinner, que recomenda:

> Pois compreender as questões que um pensador formula, e o que ele faz com os conceitos a seu dispor, equivale a compreender algumas de suas intenções básicas ao escrever, e portanto implica esclarecer exatamente o que ele pode ter querido significar com o que disse – ou deixou de dizer (1996, p. 13).

No ano anterior ao lançamento de *Geografia de Dona Benta*, numa carta de Lobato ao amigo Godofredo Rangel, com data de 16 de junho de 1934, um parágrafo nos auxilia a compreender as questões que mobilizavam o autor para entendermos "o que" ele quis dizer e "para quem" ele disse:

> Tenho empregado as manhãs a traduzir, e num galope. Imagine só a batelada de janeiro até hoje: Grimm, Andersen, Perrault, Contos de Conan Doyle, *O homem invisível* de Wells e *Pollyana moça*, o *Livro da jângal*. E ainda fiz a *Emília no país da gramática*. Tudo isso sem faltar ao meu trabalho diário na Cia. Petróleos do Brasil, com amiudadas visitas ao poço do Araquá. Positivamente não sei explicar como produzi tanto sem atrapalhar o meu trem normal de vida (LOBATO, 2010, p. 541 grifos do autor).

Em outubro do mesmo ano, escreve a Rangel: "Que aventura tremenda, Rangel! Dar petróleo ao Brasil como quem dá cocada a uma criança! Se o governo me não atrapalhar, dou ferro e petróleo ao Brasil em quantidades rockefelleanas. As perfurações estão em marcha" (LOBATO, 2010, p. 542).

De acordo com Ricardo Silva (2006), é importante reconstituir o contexto linguístico em que o discurso político foi desenvolvido, para compreendermos a intencionalidade da ação do intelectual. As palavras, expressões, bem como a maneira de empregá-las numa carta pessoal, pode revelar um conjunto de intencionalidades no discurso do intelectual Monteiro Lobato. Em *Geografia de Dona Benta*, a temática da exploração do ferro e petróleo relacionada à riqueza, progresso, poder e modernidade das nações é recorrente ao longo do livro. No capítulo dedicado à Oceania, Lobato afirma que a desgraça brasileira é não possuir o combustível que superou o carvão. Encerrando a conversa, assim se expressa, na voz de Dona Benta: "Isso mesmo. Ferro e combustível: só os povos que dispõem desses elementos criadores da Máquina, governam o mundo" (LOBATO, 1935, p. 176).

Já Lourenço Filho, no período em que escreve a *Série de Leitura Graduada Pedrinho*, representa oficialmente o Brasil em diversas conferências promovidas pela UNESCO. Publica artigos sobre Psicologia educacional e Psicologia infantil; é eleito presidente do Instituto Brasileiro de Educação, Ciência e Cultura – Ibecc– e elabora o anteprojeto de lei relativo à formação e regulamentação da profissão de psicólogo no Brasil, além de outras atividades relativas aos estudos da educação institucional no Brasil e na América Latina. Uma face de Lourenço Filho, porém, pouco explorada e marcante para compreender a intencionalidade do discurso em que se insere a *Série de Leitura Graduada Pedrinho*, é a do escritor de livros de literatura infantil e juvenil. De acordo com Bertoletti, em Lourenço Filho, "Concepções estéticas e literárias combinam-se a concepções educacionais, psicológicas e editoriais, uma vez que a literatura infantil tematizada por esse intelectual faz parte de um projeto maior de educação" (2010, p. 101).

Entre 1942 e 1951 Lourenço Filho escreve e publica uma coleção de literatura infantil –*Histórias do Tio Damião*(1942-1951) – e o volume 9, São Paulo(1954) da série juvenil *Viagem através do Brasil*, ilustrado por PercyLau.

> Na produção de *Histórias do Tio Damião*, Lourenço Filho advogou ideais "modernos" em relação às urgências educacionais e culturais de sua época, no entanto "tradicionais" aos olhos do presente, uma vez que pressupunham: ideias a respeito da importância da educação para a civilização, para ingresso na "modernidade", com culto da razão (BERTOLETTI, 2010, p.107-108).

Pode-se avaliar que *Aventuras de Pedrinho*, de Lourenço Filho, está inserido no conjunto textual, contextual e linguístico identificado na coleção de literatura infantil *Histórias de Tio Damião* e no volume 9 da série juvenil *Viagem Através do Brasil*, por manter e fortalecer os ideais educacionais modernos relacionados ao culto da razão, legitimados numa série de livros exclusivamente didáticos.

Nos livros *Geografia de Dona BentaeAventuras de Pedrinho*, a partir das primeiras análises, podem-se identificar duas interpretações de criança brasileira moderna para um Brasil moderno. São interpretações que, distintas uma da outra, em alguns aspectos se confundem, compondo uma construção do nacional a partir do que ele representa de mais tradicional e pelo que ele poderia representar como negação deste para compor o moderno. Ao examinar os conteúdos dos dois livros, percebemos que as instituições sociais são representadas por padrões de conduta construídos socialmente no período em que os livros foram idealizados e publicados. Os livros também fazem parte do repertório linguístico de cada autor, para expressar as ideias de moderno, modernidade e modernização para o Brasil, nos termos, expressões e categorias identificadas nos textos dirigidos às crianças, como: "edifícios modernos"; "planejamento"; "grandes avenidas"; "adiantado"; "cidades certas"; "cidades prósperas", "ruas cômodas e agradáveis";"petróleo"; "riqueza", "progresso"; expressões, que traduzem o novo, o racional e moderno identificados na língua portuguesa falada e escrita no período em que os livros se inserem. Indicando, assim, que as ideias são atos de fala materializadas nas obras de Lobato e Lourenço Filho e que são registros impregnados de intencionalidade num cenário de convenções linguísticas compartilhadas que permitem a compreensão dessas ideias num determinado período da sociedade brasileira.

Nos livros, estão representadas as instituições que envolvem os Pedrinhos, suas respectivas famílias, a sociedade e o Estado brasileiro, com seus padrões culturais, suas relações sociais, sua economia, suas leis e, especialmente, a linguagem que traduz as instituições no seu tempo e lugar.

Na interpretação de Lobato, ao mesmo tempo em que a criança é exposta aos modelos de ideais de moderno para uma nação, há uma contradição inerente à condição do autor, intelectual de seu tempo, com uma história particular que transita entre a herança de menino – neto de fazendeiro, pertencente às oligarquias cafeeiras paulistas, o visconde de Tremembé, uma das clássicas traduções de um Brasil arcaico, rural e desigual – e as expectativas e incertezas do intelectual que experimentou viver num país moderno e desenvolvido no final da segunda década do séc. XX, os Estados Unidos da América. É oportuno lembrar que foi a partir da herança de descendente de uma classe privilegiada de um Brasil arcaico que Lobato se insere no mundo de intelectuais que pensam e articulam projetos de modernidade para o país.

Um traço importante que distingue e afasta *Geografia de Dona Benta*de*Aventuras de Pedrinho*é a proposta de lobatiana de expor à criança as contradições da nação brasileira. Lobato faz críticas à maneira de ser do brasileiro, à construção de sua história, acusa governantes e autoridades. Expõe à criança brasileira suas expectativas e frustrações de intelectual e empresário quanto às questões que envolvem o moderno, o desenvolvimento e o progresso econômico e social no Brasil de seus dias. Aos olhos de Lobato, trata-se de um Brasil que não sabe se fazer moderno.

Já Lourenço Filho, um dos pioneiros do movimento escolanovista brasileiro, apresenta à criança brasileira um Brasil sem contradições e conflitos ou, se apresenta contradições, estas não devem gerar reflexões que despertem na criança questões que não são delas, mas do mundo dos adultos. Cabe à criança de Lourenço Filho aprender a ordem e ser assim socializada – amor à família, à comunidade e à pátria – para ser um cidadão ideal numa republica moderna. O Brasil e os brasileiros de *Aventuras de Pedrinho*fazem parte de uma interpretação de Brasil que começa a experimentar novos tempos de desenvolvimento e industrialização, que é moderno sem deixar de valorizar os aspectos característicos de uma nação nãomoderna. É um Brasil harmônico e consensual e sem tensões aparentes na sua modernidade híbrida.

Nos livros, a aproximação entre os dois Pedrinhos é evidenciada nas narrativas de cada um dos autores. Os meninos têm personalidades que se confundem, atitudes análogas que podem representar o que os dois intelectuais interpretavam como criança ideal num Brasil moderno, ou seja, uma criança que faz perguntas e sempre recebe respostas do adulto; é autônoma; sente prazer em aprender; recebe orientações escolares que não se limitam à sala de aula; experimenta e comprova o que o adulto ensina. Acriança de Lobato, que é "bem trabalhada" para se transformar num "bom adulto", e a de Lourenço Filho, que tem oportunidade de adquirir "hábitos e atitudes" para uma formação ideal, têm "animo e alegria"; ambas aprendem "a ter confiança em suas capacidades".*Geografia de Dona Benta*e*Aventuras de Pedrinho,* embora não representem interpretações clássicas de Brasil, podem representar fontes interpretativas, como também podem contribuir para reflexões sobre as concepções de ideais educacionais modernos forjados por dois intelectuais brasileiros no século XX.

REFERÊNCIAS

ABREU, R. A *Série de leitura graduada Pedrinho (1953-1970) e a perspectiva de socialização em Lourenço Filho*. 258 f. Dissertação (Mestrado em Educação) – Centro de Ciências da Educação, Universidade Federal de Santa Catarina, Florianópolis, 2009.

BERTOLETTI, E. N. M. Lourenço Filho e literatura infantil e juvenil (1942-1968). *In*: COENGA, Rosemar (Org.). *Leitura e literatura infanto-juvenil*: redes de sentido. Cuiabá: Carlini&Caniato, 2010.

CARDOSO, R. D. Geografia de Dona Benta: o mundo pelos olhos da imaginação. *In*: LAJOLO, Marisa; CECCANTINI, João Luís. *Monteiro Lobato livro a livro*. São Paulo: Ed. UNESP, 2008.

DURKHEIM, E. *As formas elementares da vida religiosa*: o sistema totêmico na Austrália. Tradução de Paulo Neves. São Paulo: Martins Fontes, 1995.

FRIAS FILHO, O. Rememórias de Emília. *In*: *Seleção Natural*: ensaios de cultura e política. São Paulo: Publifolha, 2009.

IANNI, O. *A ideia de Brasil moderno*. São Paulo: Brasiliense, 2004.

LAJOLO, M. Procura-se Anita. *Patrimônio e Memória*, v. 4, n.2, p. 108-122, jun. 2009.

LOBATO, Monteiro. *A barca de Gleyre*. São Paulo: Globo, 2010.

LOBATO, Monteiro. *Críticas e outras notas*. São Paulo: Globo, 2009.

LOBATO, Monteiro. *Geografia de Dona Benta*. Ilustrações de J. U. Campos e Belmonte. São Paulo: Companhia Ed. Nacional, 1935. (Biblioteca Pedagógica Brasileira, v. 22).

LOBATO, Monteiro. *Geografia de Dona Benta*. Ilustrações André Le Blanc. São Paulo: Ed. Brasiliense, 1947. (Obras completas de Monteiro Lobato, v. 7).

LOBATO, Monteiro. *Geografia de Dona Benta*. 7ª edição. Ilustrações André Le Blanc. São Paulo: Ed. Brasiliense, 1957. (Obras completas de Monteiro Lobato, v. 7).

LOURENÇO FILHO, M. B. *Aventuras de Pedrinho*. Ilustrações Oswaldo Storni. 4. ed. São Paulo: Melhoramentos, 1958. (Série de Leitura Graduada Pedrinho, v. 3).

LOURENÇO FILHO, M. B. *Guia do mestre*. São Paulo: Melhoramentos, 1968. v. 1. (Série de Leitura Graduada Pedrinho).

NUNES, C. *Monteiro Lobato vivo*. Rio de Janeiro: MPM Propaganda: Record, 1986.

PENTEADO, J. R. W. *Os filhos de Lobato*: o imaginário infantil na ideologia do adulto. Rio de Janeiro: Qualitymark; Dunia Ed., 1997.

POCOCK, J. G. A. *Linguagem do ideário político*. São Paulo: EDUSP, 2003.

ROCHA, J. N. História de caçador, histórias de caçadas. *In*: LAJOLO, Marisa e CECCANTINI, J. L. *Monteiro Lobato livro a livro*. São Paulo: Ed. UNESP, 2008.

SILVA, R. Convenções, Intenções e ação linguística na história da teoria política: Quentin Skinner e o debate metodológico contemporâneo. *In*: ENCONTRO DA ASSOCIAÇÃO BRASILEIRA DE CIÊNCIA POLÍTICA, 5., Belo Horizonte, 26-29 jul. 2006. Área Temática: Teoria Política.

SKINNER, Q. *As fundações do pensamento político moderno*. São Paulo: Companhia das Letras, 1996.

IDEÁRIO PEDAGÓGICO MODERNO NOS DISCURSOS DOS INTELECTUAIS HENRIQUE FONTES E OSWALDO CABRAL: ESCOLA PRIMÁRIA CATARINENSE (1920-1930)

SOLANGE APARECIDA DE OLIVEIRA HOELLER

O final do século XIX e as três primeiras décadas do século XX, no Brasil, demarcam um período intitulado de Primeira República. No movimento de mudanças políticas do regime político-administrativo imperial para o republicano, transformações nos diversos cenários (político, econômico, social, cultural, etc.) são reafirmadas ou requeridas na intenção de consolidar a nação republicana, levando-se em conta ideais de progresso, balizados por um *ethos* moderno. Destacar aspectos elementares que pudessem representar esse novo momento histórico implicava em colocar em pauta o ideário daquilo que se entendia como correspondente ao moderno.

No Brasil dos anos de 1920, as argumentações e os discursos proferidos para (re) compor a Nação, concorriam para um quadro ambivalente – talvez mesmo antagônico – entre o que se propunha como moderno e arcaico; o novo e o velho; progresso e atraso; saúde e mazela; nação e "desnacionalização"; entre outros pares colocados em oposição.

Argumentava-se sobre os ideais do moderno/modernidade ao mesmo tempo que o país procurava equiparar-se a outros países com novas técnicas de modernização em diversos setores da sociedade e também discutia em outras áreas um movimento modernista. É possível presumir, no período aqui assinalado, que a constituição do par antigo/moderno, para o Brasil da última década da Primeira República, implicava em este último abarcar os sentidos do que representava o moderno (como consciência da modernidade), a modernização (como modernas técnicas que respondessem às necessidades do momento histórico), o modernismo (as transformações sugeridas e efetivadas no campo cultural, sobretudo no campo das artes).

Veiga (2004, p. 35-36) aborda questões relativas à infância e à modernidade, elegendo como ponto de análise as práticas pedagógicas. A autora assinala que não é possível tomar o termo "moderno" ou "modernidade" como um conceito, mas, sim, como uma ideia, como uma lógica da modernidade que se especificou em todos os domínios: Estado moderno, técnica moderna, costumes e ideias modernos. A autora afirma que no Brasil "diferentes autores brasileiros contemporâneos fazem referência à modernidade nacional a partir do século XIX, em associação às transformações materiais e de costumes ocorridos no País".

Delinear aspectos de um ideário educacional moderno, nas intenções dessa abordagem, implica considerar convergências do que possa envolver essa concepção, por consideração a outras defesas presentes no momento histórico aqui investigado.

Na Conferência Interestadual do Ensino Primário, ocorrida em 1922, na capital do país – Rio de Janeiro – circularam defesas que podem justificar um ideário moderno para a educação brasileira, quando se afirmou que estariam "condenados ao progresso". Essa condenação, além da perspectiva de se superar o atraso pelo progresso, intencionava trazer a luz às trevas – "Fiat lux" (BRASIL, 1922, p. 81) – e superar o antigo pelo novo, moderno (LE GOFF, 1990; 1997). Tudo isso pretendia ser alcançado mediante a articulação entre educação e instrução.

Outrossim, no bojo das retóricas de um Brasil moderno dos anos de 1920, os avanços no campo educacional são componentes das discussões segundo as quais a renovação se daria pela via da educação escolar, sendo a escola primária um princípio a ser defendido. A escola deveria ser um espaço onde os ideais do moderno se fariam presentes e se efetivariam.

Entretanto, no período da Primeira República, ainda era preciso ultrapassar os ditames da "velha pedagogia" e aparelhar a escola primária dentro de novos e modernos moldes. Em discurso proferido quando governador catarinense, Adolpho Konder assinala aspectos relevantes, no seu entendimento, acerca da visão "moderna" de educação. Entre as prioridades defendidas por ele, estivera a "aplicação de methodos modernos de cultura", relacionada às ideias de Froebel e Pestalozzi. Esse dirigente do Estado afirmava que, após estes, outros educacionistas abriram clareira aos métodos da pedagogia moderna. Além de citar Froebel e Pestalozzi, em continuidade, citou Paul Robin, Ovide Decroly, Ferriére, Henri Piéron, para justificar que é possível "tentar a applicação de methodos modernos de cultura, victoriosos na experiência de outros povos" (SANTA CATHARINA, 1926, p. 39).

As produções historiográficas no contexto brasileiro nas pesquisas de Gondra (2004), Veiga (2006), Faria Filho (2009), bem como de outros pesquisadores, assinalam que entre o século XIX e meados do século XX, as elites intelectuais e dirigentes brasileiras mantiveram um diálogo sintonizado com o ideário da modernidade, apontando a Europa e Estados Unidos como referências para argumentação de projetos educativos que visavam promover a superação de hábitos, comportamentos, ideias e conceitos tidos como arcaicos, destacando a escola como elemento fundamental para educação e instrução da população.

Para o Estado de Santa Catarina, na última década da Primeira República, pode-se considerar que pensar em uma escola primária moderna era contemplar dois pilares: instruir e educar, envolvendo elementos materiais e simbólicos, segundo a concepção da época. Entre os elementos simbólicos, pode-se citar como exemplo a incorporação de novos métodos de ensino ou, ainda, aqueles que se endereçavam no sentido de formar bons hábitos e desenvolver boas condutas (ser estudioso, no caso dos alunos; ter valores relacionados ao patriotismo e amor à Nação; ser trabalhador e útil à sociedade; ter bom comportamento social; preservar os princípios da boa moral; conservar bons hábitos de saúde e higiene, etc). Os elementos materiais eram evidenciados pela necessidade de prédios escolares e mobiliários adequados, museus escolares, obras didáticas, entre outros aparatos e materiais didáticos. Os elementos citados e os seus engendramentos podem ser compreendidos na articulação entre instruir e educar.

Entretanto, podem-se compreender as expressões "educação" e "instrução" com nuances distintas, porém não desarticuladas. Educar era tomado em sentido mais amplo e deveria ultrapassar o espaço escolar. Significava um conjunto de atitudes que deveria estar presente no professor e nos alunos, em todos os espaços e tempos da escola, transcendendo a atuação para outros espaços sociais. Tratava-se de hábitos e comportamentos a serem adquiridos e conservados, dentro e fora da escola, sobremaneira no lar. Instruir dizia respeito a uma concepção mais direcionada a aspectos do programa de ensino, das disciplinas a serem ensinadas. Pode-se considerar que estaria aproximado das questões relacionadas ao currículo/conteúdos escolares, propriamente ditos, dentro das disciplinas, aplicados e instituídos na e pela escola.

Os intelectuais aqui assinalados – Henrique da Silva Fontes e Oswaldo Rodrigues Cabral –, estabelecendo relação com o Estado e com campo educacional e cultural brasileiro, se propuseram a argumentar acerca do que consideravam apropriado para instruir e educar no âmbito da escola primária catarinense.

A análise empreendida neste texto considerou os intelectuais citados e os seus discursos – sobre Henrique Fontes, destacou-se o papel das obras didáticas, em especial dos livros de leitura, e de Oswaldo Cabral, a defesa dos preceitos da higiene e saúde – de modo a procurar compreender o repertório conceitual utilizado, as estratégias comuns e as estratégias singulares tomadas por esses intelectuais, em meio ao debate educacional dos anos de 1920.

A referência teórico-metodológica adotada está ancorada na perspectiva da história intelectual. Gênero de narrativa histórica que visa associar as ideias aos seus contextos de produção e de disseminação, analisando não somente o significado e a estrutura lógica dos textos documentais, mas também a historicidade da sua produção, a intencionalidade e as estratégias discursivas dos seus autores, o uso e a recepção das ideias/representações em contextos mais amplos da esfera social.

Para tanto, tomou-se os conceitos de estratégias discursivas e de representação. Estratégias discursivas como "cálculo (ou a manipulação) das relações de forças que se torna possível a partir do momento em que um sujeito de querer e poder (uma empresa, um exército, uma cidade, uma instituição científica) pode ser isolado". E que, nesse campo de força, procura toda racionalização estratégica para distinguir-se de um ambiente próprio, isto é, o "lugar do poder e do querer próprios" (CERTEAU, 1994, p. 99). Representação como "esquemas intelectuais, que criam as figuras graças às quais o presente pode adquirir sentido, o outro tornar-se inteligível e o espaço ser decifrado". Representação compreendida como algo que permite ver e estar no lugar de; recolocar uma ausência e tornar sensível uma presença (CHARTIER, 1990, p. 17; 1991).

ELEMENTOS PARA A EDUCAÇÃO E A INSTRUÇÃO NA ESCOLA PRIMÁRIA: OS LIVROS DE LEITURA DA *SÉRIE FONTES*

Henrique Fontes compareceu na vida pública do Estado de Santa Catarina ao longo da década de 1920 – como também antes e após ela – tanto pela participação em questões ligadas ao cenário educacional como por sua inserção no cenário político do Estado, obtendo projeção para além do contexto catarinense.

Participar do cenário público aparenta ser algo próprio aos intelectuais, naquele momento histórico brasileiro. Miceli (1979) assinala os anos de 1920 e 1930 como um período de intensificação da presença da intelectualidade na cena pública.

Em 1910, Henrique Fontes passou a residir em Florianópolis, lecionando no Ginásio Catarinense (1910 a 1917) e na Escola Normal Catarinense (1911 a 1918). No mesmo ano fundou o semanário *A Época*, tendo sido diretor-proprietário até fins de abril de 1911. De acordo com Ribas (2009, p. 25), no ano de 1910, sob a orientação de Dom João Becker – primeiro Bispo de Florianópolis (1909-1912) –, criou-se o jornal *A Época* que circulou pela capital catarinense até 1921. Afirma a autora que, dentre todos os jornais da "Boa Imprensa catarinense, indubitavelmente é A época que merece maior destaque, pois este trazia uma inovação para Florianópolis de sua época: um suplemento Pena, Agulha e Colher, destinado e produzido por mulheres". Também figuravam no semanário abordagens relacionadas diretamente à educação. Prochnow (2009) apresenta os seguintes artigos publicados nesse jornal entre 1910 e 1921: "Edificação escolar" (1910), "Organização do ensino" (1911), "Escola leiga", "O ensino religioso nas escolas", "O ensino religioso" (1915), "Má escola" (1917), "Importância da instrução III" (1920), "A moral sem Deus" (1921).

Esse catarinense mostrava-se evidente em suas ações. Isso tanto em relação aos cargos públicos que ocupou como também por meio das suas ideias presentes em obras literárias, políticas, pedagógicas. Outro aspecto refere-se a sua representação em eventos, dentro e fora do Estado. Entre eles, as participações, na capital federal, como representante de Santa Catarina, na Conferência Interestadual de Ensino Primário (1921) e no Congresso de Ensino Secundário (1922) que podem ser entendidos como posições de prestígio junto à cena pública educacional para além do Estado. Pode-se sugerir que Henrique Fontes mostrou-se competente para criar sua própria imagem, além da competência para operar com a palavra, com o discurso, ocupando "lugares socialmente valorizados na imprensa, no Estado, nas instituições de ensino e nos círculos de cultura" (VIEIRA, 2006, p. 6).

No ano de 1918, Henrique Fontes integrava a equipe de Orestes Guimarães, atuando na função de chefe escolar na capital catarinense. Em 1919, assume o cargo de diretor da instrução pública – em substituição a Orestes Guimarães – no qual permanece até 1926. No ano de 1920, nesse cargo público, propôs ao então Governador do Estado, Hercílio Pedro da Luz, a elaboração de uma série de livros escolares com a impressão por conta dos recursos públicos catarinenses.

Tal iniciativa ancorava-se na justificativa de que assim poderia ser solucionado o entrave quanto à aquisição e distribuição de livros com custos mais amenos: "A causa deste emprehendimento foi a falta de livros de custo módico, de livros que, podendo ser adquiridos sem sacrifícios pelos remediados" pudessem também, "á larga, ser distribuidos gratuitamente entre aquelles para quem alguns tostões representam quantia apreciavel" (FONTES, 1920, s/p). Outra assertiva de Henrique Fontes dizia respeito a outras obrigações do Estado e ligava-se a algumas das resoluções da reforma iniciada em 1910. Para ele, uma vez que se tenha empreendido esforços em tornar efetivas as leis sobre a obrigatoriedade do ensino, era preciso que o poder público facilitasse a aquisição de livros ou que, mais que isso, doasse a quem não os pudesse comprar ou que relutasse em adquiri-los por qualquer outro motivo.

O ano de 1920 é o marco da primeira edição da *Série Fontes* organizada por Henrique Fontes. A série era constituída por cinco livros: a Cartilha Popular, o *Primeiro Livro de Leitura*, o *Segundo Livro de Leitura*, o *Terceiro Livro de Leitura* e o *Quarto Livro de Leitura*. Essa coleção pode ser tomada como um dos recursos didáticos a serem considerados na conformação do ideário pedagógico moderno, pela sua própria materialidade e estrutura, uma vez que trazer inovações nos aspectos de materiais didáticos era alvo também no contexto e período aqui apontados.

Os livros de leitura da *Série Fontes* traziam textos que se ajustavam na dosagem de leitura à medida que avançavam em sua ordenação – primeiro, segundo, terceiro e quarto livro de leitura – e configuravam ilustrações, chamadas de estampas, que pretendiam despertar o interesse dos leitores e aproximar o ensino da leitura da renovação pedagógica, afastada dos compêndios. Todavia, para além da materialidade da série proposta por Henrique Fontes, devem ser destacados os temas dispostos nos livros e o modo como o autor os apresenta, na intenção de destacar a educação das crianças por meio de elementos simbólicos.

As estratégias utilizadas pelo organizador da série constituem-se na busca de mesclar textos de autorias diversas. Alguns dos textos traziam a identificação da autoria. Tratava-se de autores catarinenses, como é o caso da professora Delminda Silveira de Souza e Dionísio Cerqueira, ou de âmbito nacional como Francisco Vianna. Outros textos vinham sem referências aos autores, fazendo supor que parte deles poderia ser de composições feitas pelo próprio organizador.

Se por uma via os livros de leitura estariam a serviço do ensino – instrução – dessa habilidade (leitura) nas escolas primárias, por outro, a escolha do conteúdo dos textos, por parte de Henrique Fontes, também estaria no intuito de contribuir com a formação – educação – das crianças que frequentavam esse nível de ensino.

A leitura "Boas qualidades e defeitos das crianças" fazia referências ao comportamento do menino tanto na escola, como fora dela: "O menino aplicado ouve tudo o que diz o professor [...]. O menino leviano e vadio nunca presta atenção às palavras do professor, cuida mais de observar as moscas do que de estudar as lições; ficará por isso ignorante" (FONTES, 1935, p. 34-35). Outras leituras, do mesmo modo, remetiam à observação das boas condutas, tanto para o trabalho como para com a pátria ou para com as outras pessoas: "Menino, olha em redor de ti: tudo trabalha, tudo convida ao trabalho" (FONTES, 1935, p. 6).

Isso porque "o progresso material, sem a educação da gente, sem a formação do caráter nacional, é um mitho". Era preciso formar o "valiosissimo capital humano" pela valorização do "brilho da instrução elementar e techina" (BRASIL, 1922, p. 81).

O ideário consistia em preparar as futuras gerações dentro dos princípios do progresso. Forjar o próprio cidadão republicano. De acordo com Carvalho (1998, p. 10), regenerar, instruir e educar a população foram intenções que estiveram ligadas às pretensões de progresso para o Brasil dos anos de 1920. A escola comparecia para operar a regeneração moral, formar cidadãos, difundir as luzes e, assim, contribuir para consolidar os ideais republicanos modernos. Nessa perspectiva, questões sociais, cívicas, educacionais, políticas eram convertidas em favor da educação e instrução das crianças e buscavam como alvo o progresso.

"Defeitos que se devem evitar na sociedade" (FONTES, 1920) também demonstra um roteiro de boas maneiras no convívio social. Este e outros textos impõem às crianças aspectos da educação para a formação moral do cidadão servil à nação.

Na mesma intenção, mas apresentando outra narrativa e com moral mais subjetiva, dadas as características peculiares de narração, estavam as fábulas que se apresentavam na *Série Fontes*. Estas, presentes também nos três volumes da série didática, contribuíam para o ensino de leitura na escola primária catarinense, como também, por meio do seu fundo moral, para a formação do bom caráter das crianças: "O rato da dispensa", "O velho, o menino e a mulinha", "O jaboti e o gigante", "A raposa e as uvas", "O tolo e as moscas", "A figueira e o junco", representam essa outra tipologia textual apreciada pelo autor.

Todavia, deve-se destacar que o repertório utilizado por Henrique Fontes não consistia em uma estratégia singular, pois se coadunava com argumentos de outros intelectuais que organizaram e propuseram livros didáticos no decorrer do primeiro período republicano brasileiro. Oliveira e Souza (2000, p. 34) destacam a série graduada de leitura Puiggari-Barreto (1904), na qual seus autores se propuseram a direcioná-la para "o ensino aprazível da leitura corrente, recheada de lições que prescrevem normas de comportamento e civismo, estipulando modelos de pessoas que deveriam ser imitados e incorporados pelas crianças".

Oriani (2010, p. 125-126) ressalta que a série *Leituras Infantis* de Francisco Vianna, cuja primeira edição pontua o final da década de 1910, apresentava em suas lições diversos princípios para ações consideradas adequadas: "a importância de não roubar, de não maltratar os animais e de fazer o bem ao colega". A autora observa que "ao final das lições de alguns dos livros da série, especialmente os destinados ao ensino inicial da leitura, há sentenças destacadas que têm por finalidade sintetizar moralmente o conteúdo das lições".

As estratégias utilizadas por Henrique Fontes (1920) para compor o corpo de leituras da série destinada ao ensino primário catarinense seguiam, de certo modo, características semelhantes às empregadas por Puiggari-Barreto e Francisco Vianna. Pode-se sugerir que compartilhavam de um repertório comum – prescrevendo boas condutas, amor à pátria, apelo à boa moral e ao civismo, etc. – que circulava em diversos contextos brasileiros, uma vez que Oriani (2010) observa que a série *Leituras Infantis*, de Francisco Vianna, compareceu em diversos Estados, inclusive, em Santa Catarina. Demarca-se que, antes da editoração da *Série Fontes*, a prescrição para o ensino primário catarinense era de que fossem utilizadas obras didáticas de autoria de Arnaldo Barreto e Francisco Vianna.

Outrossim, não menos revestidos das intenções já mencionadas, eram os textos da *Série Fontes* que realçavam os preceitos da boa higiene. Estes se tornavam mais enfáticos e detalhados à medida que a coleção didática projetava-se na ordem numérica. Isso parece remeter às considerações feitas por Oswaldo Cabral (SANTA CATHARINA, 1929, p. 35) sobre a gradação do programa de ensino, referentes à instrução e educação higiênicas nas escolas primárias que procurassem respeitar a "natural gradação intellectual dos alumnos", sendo dividido em programa, em partes para cada série do curso. Os textos salientavam tanto as condutas de saúde e higiene apropriadas para a criança, como para as famílias. O título "Noções de hygiene" elencava cinco subtítulos: alimentação, asseio, trabalho, sono, e precauções diversas. Outros temas figuravam prescrevendo medidas de asseio e saúde: o ar dos aposentos, do vestido e do asseio, do alimento e das bebidas (FONTES, 1939, p. 26).

Higiene e saúde também constituem o fio condutor dos discursos de Oswaldo Cabral, numa articulação direta entre a instrução e a educação higiênicas que deveriam participar da/na formação das crianças que frequentavam a escola primária em Santa Catarina, chamando a responsabilidade da família e do Estado na empreitada.

ELEMENTOS PARA A EDUCAÇÃO E A INSTRUÇÃO NA ESCOLA PRIMÁRIA: PRINCÍPIOS DE HIGIENE E SAÚDE

Oswaldo Cabral formou-se na Escola Normal Catarinense (1919). De posse do diploma, passou a lecionar em escolas primárias nas cidades de São Francisco do Sul e Joinville, em Santa Catarina. Essa atuação foi interrompida, pois ele se matriculou na Escola de Farmácia (1923) e logo se transferiu para a Faculdade de Medicina, onde tivera oportunidade de se relacionar com instituições e personalidades da medicina que se destacaram na sua época, a exemplo dos professores João de Barros Barreto e Raul Leitão da Cunha. Estagiou na Casa dos Expostos, Fundação Graffrée-Guinle e na Pró-Matre, atuando junto às crianças, mulheres e idosos.

Em 1929, concluiu o curso de medicina pela Faculdade de Medicina do Rio de Janeiro. A sua tese de conclusão – *Problemas educacionais de higiene* – foi aprovada com distinção por membros da banca. De acordo com Guerra (2008, p. 20) "os jornais de Santa Catarina anunciam o feito, lembrando que era algo quase impossível para uma pessoa de origem modesta se formar na mais prestigiosa escola de medicina do país". Com o título de médico, Oswaldo Cabral retorna a Santa Catarina, onde abriu seu consultório em Joinville (1930 1935), conciliando o exercício da medicina com atividades jornalísticas e de historiador.

A atuação e projeção de Oswaldo Cabral transcendem o período histórico da década de 1920 como também o contexto brasileiro. Ele foi membro de diversas instituições catarinenses e de outros Estados. Guerra (2008, p. 21) observa que "em 1943, o Departamento de Estado dos EUA, na voz do cônsul Reginald Kazanjian, convida o Prof. Cabral a visitar aquele país" juntamente com outras personalidades ilustres da América do Sul.

Oswaldo Cabral é identificado, muitas vezes, como atuante e participante em campos mais voltados à antropologia, à história e à saúde, entre outros, e menos como um intelectual inserido nas discussões voltadas para o campo educacional. Todavia, localizar esse intelectual também presente no cenário da educação se justifica por duas incursões bem demarcadas nas discussões educacionais, em especial, no que se refere à temática da higiene, na década de 1920. Uma diz respeito à participação na I Conferência Estadual do Ensino Primário (Santa Catarina, 1927). A outra é derivação ou continuidade da primeira – uma vez que o próprio Cabral reconhece que retoma diversos pontos que havia tratado em 1927 – e refere-se à tese de conclusão do curso de medicina, em 1929.

Oswaldo Cabral inicia a tese (n. 39) na Primeira Conferência Estadual do Ensino Primário (Santa Catarina, 1927) sob o título "O ensino de noções de hygiene nas escolas publicas do Estado de Santa Catharina", citando os objetivos gerais da escola primária, fundamentado nas conclusões aprovadas no Congresso da Instrucção Primária efetivado em maio de 1927, em Minas Gerais. Quanto aos objetivos elencados no evento citado, eram, além de extinguir o analfabetismo, os de "ministrar noções de hygiene, formar o caráter dos alumnos e dar-lhes educação cívica. Os valores, actividades e ideaes da escola primária consistem na formação do povo instruído, sadio, operoso, normalissimo e solidário a ordem e ao progresso da Patria" (SANTA CATHARINA, 1927, p. 412).

Oswaldo Cabral retoma as propostas de 1927 em sua tese de conclusão do curso de medicina – *Problemas educacionaes de hygiene* (1929) – elencando dois aspectos sobre o que ele julgava ser pertinente aos princípios de higiene para a infância: educação e instrução. Em discussão e buscando argumentos que pudessem corroborar seu discurso, Cabral citava que "todos os especialistas estão accordes em afirmar que é preciso antes de mais nada educar: depois então instruir" (CABRAL, 1929, p. 30).

Oswaldo Cabral (1929) destaca uma lista de trabalhos consultados e citados. Em específico, na segunda parte do seu trabalho, ele inicia citando trechos de dois discursos de Afrânio Peixoto. Um deles, proferido quando da posse desse intelectual à frente da Cadeira de Higiene na Faculdade de Medicina do Rio de Janeiro, em 1926, quando defendia os preceitos de higiene para o Brasil e destacava a escola primária também como lócus privilegiado para isso. E o outro trecho retirado de outra obra de Afrânio Peixoto afirmava que "a esperança legítima é que o ensino da higiene, vindo da escola primária, seja um preparatório, necessário a todos os estudos humanos e não apenas médicos ou profissionais" (PEIXOTO *apud* CABRAL, 1929, s. p.).

Outras argumentações feitas por Oswaldo Cabral (1929, p. 31) apoiavam-se nas ideias de Belisário Penna e de Amaury Medeiros, personagens ligados à área médica, política e educacional, que defendiam os preceitos sanitários e da higiene para a sociedade brasileira. Além das referências nacionais, o autor assinalou a presença daquele que intitulou como um "especialista americano nestes assumptos" de *higyene*: "Dr. Thomas Wood".

As citações feitas por Oswaldo Cabral sugerem compreender esse intelectual por meio de redes de legitimidade que se sustentam por um léxico compartilhado. Nesse caso, trazendo a cientificidade da área médica para estabelecer a legitimidade de um projeto educativo, tendo no seu cerne os princípios de uma sociedade higienizada e saudável.

Diante de tais justificativas, o que para Oswaldo Cabral significava educar e instruir? Para ele, "educar" estaria ligado ao "que fazer", correspondente ao estabelecimento de condutas e comportamentos desempenhados ou a serem incorporados por adultos e crianças. Enquanto "instruir" referia-se ao "que ensinar", correspondente à explicação e ensino dos pontos do programa que seriam trabalhados pela escola (CABRAL, 1927; 1929). Defendia ser mais racional que primeiro se estabelecesse o hábito (educação) para depois explicar (instrução).

Assim, nos primeiros tempos, todos os esforços deveriam ser conduzidos no sentido de "crear novos instinctos nas creanças, esforços dirigidos não para que aprendam preceitos sanitários, mas sim para que façam e tornem a fazer gestos, que um dia se lhes tornarão, por toda a vida, numa segunda natureza". Depois, quando essa fase exclusivamente educativa passasse, uma nova fase se apresentaria, seria a "educativa e a instructiva, complemento da primeira comprehendendo o aperfeiçoamento da educação e início da instrucção sanitaria respectivamente" (CABRAL, 1929, p. 31).

Para a atuação de educar e instruir as crianças nos bons hábitos de higiene, o conferencista assinalava sua defesa dizendo ser isso necessário e vantajoso. Quanto à necessidade, afirmava que, "se não estivesse convencido da necessidade de semelhante estudo, não teria a coragem de vir tomar o tempo dos ilustres membros da Conferencia do Ensino cujo trabalho não é pouco" (CABRAL, 1927, p. 416). Ainda que reconhecesse que ocupava um lugar privilegiado – destinado a poucos – na conferência citada acima, Oswaldo Cabral se (auto)representava como alguém que tem legitimidade para usufruir de tal espaço, pois pretendia pronunciar ideias essenciais, que, segundo ele, precisavam ser tratadas. Era preciso falar em nome de uma sociedade saudável.

Quanto às vantagens, na compreensão de Oswaldo Cabral, investir no ensino das noções de higiene não significava apenas contribuir para promover a saúde das crianças que frequentavam as escolas primárias catarinenses. Junto a isso, estava a intenção maior que consistia em contribuir com um projeto de nação. Uma nação brasileira sadia pelos preceitos da boa higiene, sem os quais não se alcançariam os ideais de progresso.

Oswaldo Cabral apresenta a escola como um espaço a ser destacado no intento das medidas higiênicas. Essa defesa se dá mediante algumas argumentações: as propagandas de princípios higiênicos não eram totalmente eficazes e as famílias não correspondiam aos ideais higiênicos, uma vez que estas, *grosso modo*, ignoravam os preceitos da boa higiene. Assim, o caminho mais eficiente seria por meio da escola. Por sua vez, a escola teria a dupla função de instruir e educar higienicamente a infância.

Na percepção do autor, as propagandas de princípios higiênicos, por melhor que fossem executadas pelos agentes ou órgãos competentes, somente atingiam uma pequena parcela da população, visto que a ocorrência de analfabetos era de grande proporção. Na realidade apontada, de cada cem leitores, entre sessenta e cinco a oitenta deles não seriam capazes de ler um folheto de propaganda ou de compreender um filme de divulgação higiênica.

"Si se pudesse conceber, unicamente pela propaganda, uma obra de educação sanitária, entre nós estariam os sanitaristas e educadores de mãos atadas, impotentes, ante este mal, barreira anteposta a todas as manifestações de progresso, que é o analphabetismo" (CABRAL, 1929, p. 27).

No discurso de Oswaldo Cabral, as deliberações dos órgãos competentes, tanto das instâncias locais, regionais, estaduais e mesmo federal, relativas à propaganda de princípios higiênicos não tinham conseguido efetivar a educação da maioria da população balizada nos bons hábitos de higiene. A preocupação se dirigia no sentido de que era preciso mudar o estado das coisas, tomando-se providências por meio de "uma medida de salvação". Essa medida evidenciava a escola como território fértil e central: "E esta se reside no se procurar, antes de mais nada, preparar a geração vindoura" (CABRAL, 1929, p. 27).

Desse modo, não apenas bastaria que a escola primária instruísse as crianças, combatendo o analfabetismo. Deveria, além disso, divulgar, defender, promover e exigir os preceitos da boa higiene da/na infância, na intenção de "fazel-a sã, para que sã ella prepare a que vier depois" (CABRAL, 1929, p. 28). Nesse projeto, à escola primária caberiam tanto medidas de aplicação imediata junto às crianças e famílias, de acordo com as realidades existentes, quanto às de caráter profilático.

Vale destacar que Oswaldo Cabral (1927, p. 127-128) procura uma interlocução direta com o contexto catarinense – poder público, escolas, famílias. Todavia, não ignora a realidade, em certos aspectos, similar a de outros Estados brasileiros, tampouco se intimida em citar pontos de referências de outros países. O conferencista observa que os Estados Unidos da América e a Bélgica há muito tinham proposto que a higiene deveria ser feita por meio da educação da nova geração, nas escolas, levando a cabo tal proposta.

Todas essas providências tinham ressonâncias dos ideários republicanos de construir uma nação saudável. Nessa defesa, os cidadãos sadios seriam capazes de contribuir com o engrandecimento da pátria, uma vez que estariam imbuídos de espírito zeloso de sua própria saúde, de seus compatriotas e do seu país. Afirmava que ensinar a higiene no Brasil era ao mesmo tempo "servir a educação cívica" que "visa preparar o cidadão cônscio dos seus deveres para com a patria, respeitando as suas leis, trabalhando pelo seu engrandecimento, defendendo-a nos momentos de necessidade", pois isso, "tende a conduzir este mesmo cidadão a um estado de capacidade de perfeição physica, sem o que o patriota não contribuirá efficazmente dentro de um tal programma" (CABRAL, 1929, p. 33).

Rocha (2003, p. 125) argumenta que a ciência e a arte estiveram comprometidas com os objetivos da saúde, tanto no plano físico como mental e que, nesse sentido, "a saúde pública desencadeia, nas primeiras décadas do século XX, um movimento de reconfiguração das fronteiras do campo médico que, a par da instituição de novas concepções, busca instaurar novas práticas".

Outra argumentação de Oswaldo Cabral (1929, p. 29) para que a educação higiênica ocorresse no tempo e espaço da escola primária, condizia com a incapacidade dos pais em primarem por tais princípios. Além das propagandas serem insuficientes, a atuação das famílias também o era. O autor declarava a justificativa maior para que a escola se encarregasse não apenas da instrução, mas também da educação da infância. Dizia ele que, se não houvesse outras razões para indicar a escola primária para nela se iniciar a educação da saúde, bastaria se referir a maior delas, "a de não poder em absoluto confiar na acção paterna, na formação de habitos sadios".

Nessa ótica, as crianças jamais praticariam atos recomendados pela higiene. Uma vez que os pais ignoravam e não os praticavam, também não teriam condições de formar nos filhos o hábito de praticá-los. No lar, as crianças não poderiam aprender coisa alguma de quem tudo ignorava e, assim, caberia à escola corrigir as falhas da educação, incutindo ensinamentos úteis e fazendo com que as crianças esquecessem "aquelles que o contacto quotidiano com os paes lhes imprimio e que, praticados pelos ancestraes, levarão amanhã aos descendentes, si a acção do professor não se fizer sentir" (CABRAL, 1929, p. 30).

Assim, se as propagandas de princípios higiênicos não eram profícuas, no sentido de despertar na grande parte das famílias catarinenses os almejados atos de higiene, a ponto de serem praticados pelos pais e ensinados aos filhos, a escola deveria se encarregar de ensiná-los.

É possível pensar que Oswaldo Cabral, ao dirigir seus discursos, se valia de certas estratégias discursivas para firmar seus posicionamentos e estabelecer o que, na sua crença, era o indicado para a saúde e profilaxia da sociedade brasileira. Oswaldo Cabral, amparado por uma cientificidade, legitimada e legitimadora acerca da necessidade de se educar e instruir as crianças, dentro dos preceitos sadios de higiene, argumentava que esses princípios deveriam adentrar – ou pelo menos assim intencionava – o espaço escolar e, direta ou indiretamente, também deveriam atingir os lares catarinenses, o que demandaria modos de ação e saberes específicos nesses contextos sociais, demarcando a escola primária como lócus privilegiado.

NOTAS FINAIS

Romper com o passado educacional representava fazer parte da retórica do Brasil moderno nos anos de 1920. Contudo, para além disso, a ruptura e o distanciamento deveriam ocorrer em relação à realidade. Não fosse esta a condição, não haveria reclames acerca da situação educacional do país, evidenciando a múltipla e insuficiente objetividade presenciada e argumentada.

Tais condições evidenciadas podem ser traduzidas em termos do ideário moderno para a escola primária, estabelecidas pelos ditames da educação e da instrução, envolvendo diversos aspectos que eram requeridos amiúde. Entre eles: formação do professorado; método de ensino, programas de ensino; inspeção escolar; saúde e higiene; patriotismo, nacionalização do ensino e educação moral; além dos meios materiais para efetivação das intenções (aspectos arquitetônicos das escolas, mobiliário, obras didáticas, etc.).

Dentro desse ideário pedagógico moderno, dois aspectos – educar e instruir, que deveriam estar articulados – podem ser evidenciados como determinantes para se estabelecer o pretendido. Instruir, tomado no sentido mais específico daquilo que a escola – sobretudo a escola primária – deveria desenvolver em termos do ensino.

Educar, compreendido em sentido mais amplo, no qual sua irradiação transcendia ao espaço escolar, atingindo a sociedade como um todo.

Na perspectiva acima, os discursos dos intelectuais aqui tratados apontam elementos a serem considerados na constituição desse ideal pedagógico moderno. Educar e instruir, por meio das obras didáticas – em seus aspectos materiais e nos conteúdos simbólicos dos seus textos – e dos preceitos da boa higiene e saúde, são evidenciados e tomam lugar privilegiado na retórica de Henrique Fontes e Oswaldo Cabral.

Analisadas como "protocolo do bom cidadão" (SANTOS, 1997), as obras didáticas organizadas por Henrique Fontes, adentraram os espaços da escola primária catarinense, a partir de 1920, e atravessam as duas décadas posteriores.

As obras didáticas da *Série Fontes* prestar-se-iam tanto à instrução – pelos conhecimentos a serem ensinados a partir dos conteúdos dos seus textos: aprendizado da leitura, algum ponto específico da matéria escolar ou de assuntos gerais da sociedade republicana (catarinense ou brasileira) – como à educação, pelos preceitos das condutas adequadas ao cidadão saudável, bom e útil à pátria brasileira. Por meio dessas obras didáticas, a educação da infância/criança deveria ocorrer pela homogeneização de atitudes e valores a serem incorporados.

Entre as condutas a serem incorporadas, Oswaldo Cabral trazia para o cenário das discussões referentes ao campo educacional os princípios de higiene e saúde que corroboravam temáticas de textos tratados na *Série Fontes*. Tais princípios, na visão desse intelectual, somente seriam alcançados se alicerçados em dois aspectos que deveriam caminhar em conjunto: educação e instrução higiênicas, com base nos quais escola, família e sociedade deveriam assumir a responsabilidade junto às crianças.

No discurso de Cabral, a escola primaria estava representada paradoxalmente. Era relatada como o lócus privilegiado para se promover a educação e a instrução das noções de higiene, ao mesmo tempo que era apresentada como lugar onde as crianças e, em certos casos, até mesmo os professores ainda desconheciam os bons hábitos de higiene ou não primavam por eles.

No papel de propositores de um projeto educacional para instruir e educar nas escolas primárias catarinenses, Henrique Fontes e Oswaldo Cabral – estabelecendo relação com o Estado e com os campos educacional e cultural –, se (auto)representavam como detentores de saberes que julgavam fundamentais para a formação da identidade nacional e para o progresso da Nação. Pode-se propor que defenderam e colocaram em circulação ideais de progresso e modernidade que colaboravam para a configuração e o amoldamento de um projeto educativo dirigido ao contexto catarinense, em sintonia com um projeto de Brasil moderno. Na análise aqui presente, podem-se compreender os intelectuais Henrique Fontes e Oswaldo Cabral, por meio dos seus discursos e atuações, como contribuintes para a constituição do ideário pedagógico moderno para a escola primária catarinense, em consonância com os ideais pensados para a própria Nação.

REFERÊNCIAS

BRASIL. *Annaes da Conferência Interestadual de Ensino Primário*. Rio de Janeiro: Emp. Industrial Ed., 1922.

CABRAL, O. R. O ensino de noções de hygiene nas escolas publicas no Estado de Santa Catharina (These n. 39). *In*. BRASIL. *Annaes da Conferência Interestadual de Ensino Primário*. Rio de Janeiro: Emp. Industrial Ed., 1927.

CABRAL, O. R. Problemas educacionaes de hygiene. "These" de conclusão do curso de medicina, apresentada à Faculdade Nacional de Medicina da Universidade do Brasil, Rio de Janeiro, 1929.

CARVALHO, M. M. C. de. *Molde nacional e fôrma física*: higiene, moral e trabalho no projeto da Associação Brasileira de Educação (1924-1931). Bragança Paulista: EDUSF, 1998.

CERTEAU, M. de. *A invenção do cotidiano 1*: artes de fazer. 7. ed. Petrópolis: Vozes, 1994.

CHARTIER, R. *A história cultural*: entre práticas e representações. Tradução Maria Manuela Galhardo. Rio de Janeiro: Bertrand Brasil, 1990.

CHARTIER, R. O mundo como representação. *Estudos Avançados*, São Paulo, v. 11, n. 5, 1991.

FARIA FILHO, L. M. de. Os projetos de Brasis e a questão da instrução no nascimento do Império. *In*: VAGO, Tarcísio Mauro *et al.* (Org.). *Intelectuais e Escola Pública no Brasil*: séculos XIX e XX. Belo Horizonte: Mazza, 2009.

FONTES, H. da S. *Primeiro livro de leitura*. Florianópolis: Imprensa Oficial do Estado, 1920/1935 (Nova edição posta em acordo com a ortografia oficial). (Série Fontes).

FONTES, H. da S. *Segundo livro de leitura*. Florianópolis: Imprensa Oficial do Estado, 1920. (Série Fontes).

FONTES, H. da S. *Terceiro livro de leitura*. Florianópolis: Imprensa Oficial do Estado, 1939. (Série Fontes).

GONDRA, J. *Artes de civilizar*: medicina, higiene, educação escolar, na Corte Imperial. Rio de Janeiro: EDUERJ, 2004.

GUERRA. R. F. Oswaldo Rodrigues Cabral: notas sobre a trajetória de vida de um intelectual brilhante. *Revista de Ciências Humanas*, Florianópolis, v. 42, n. 1/2, p. 9-60, abr./out. 2008.

LE GOFF, J. Antigo/Moderno. *In*: ENCICLOPÉDIA EINAUDI. Lisboa, IN-CM, (reed.), 1997. v. 1, p.370-392. Memória-História.

LE GOFF, J. *História e memória* (1924). Tradução de Bernardo Leitão *et al.* Campinas: Ed. UNICAMPI, 1990.

MICELI, S. *Intelectuais e classe dirigente no país* (1920-1945). São Paulo: Difel, 1979.

OLIVEIRA, C. R. G. A. de; SOUZA, R. F. de. As faces do livro de leitura. *Cadernos Cedes*, ano 20, n. 52, nov. 2000.

ORIANI, A. P. Série *"Leituras Infantis" (1908-1919), de Francisco Vianna, e a história do ensino da leitura no Brasil*. Dissertação (Mestrado em Educação) Faculdade de Filosofia e Ciências, Universidade Estadual Paulista, Marília, 2010.

PROCHNOW, D. P. M. *As lições da Série Fontes no contexto da Reforma Orestes Guimarães em Santa Catarina (1911-1935)*. Dissertação (Mestrado) - Programa de Pós-graduação em Educação. Universidade Estadual de Santa Catarina, Florianópolis, 2009.

RIBAS, A. C. A *"Boa Imprensa" e a "Sagrada Família"*: sexualidade, casamento e moral nos discursos da imprensa católica de Florianópolis: 1929-1959. Dissertação (Mestrado) - Programa de Pós-graduação em História, Universidade Estadual de Santa Catarina, Florianópolis, 2009.

ROCHA, H. H. P. *A higienização dos costumes*: educação escolar e saúde no projeto do Instituto de Hygiene de São Paulo: São Paulo: Mercado de Letras, 2003.

SANTA CATHARINA. *Annaes da 1ª Conferência Estadual do Ensino Primário*. Florianópolis: Off. Graph. da Escola de Aprendizes de Artífices, 1927.

SANTA CATHARINA. Instrução Pública. Parecer sobre Obras Didacticas pelo Professor Orestes Guimarães (Contratado para auxiliar a reorganização do ensino em Santa Catharina). Florianópolis, 1911.

SANTA CATHARINA; KONDER, Adolpho. *Pontos de um programa*: conceitos sobre assumptos administrativos, políticos e sociaes emittidos pelo sr. Adolpho Konder, candidato ao Partido Republicano Catharinense ao cargo de Governador do Estado. Florianópolis, 1926.

SANTOS, P. M. C. *Protocolo do bom cidadão*: série Fontes: lições de moral e civismo na organização da educação em Santa Catarina (1920-1950). Dissertação (Mestrado em História) - Universidade Federal de Santa Catarina, Florianópolis, 1997.

VEIGA, C. G. Educação e identidade nacional. *In*: ROCHA, H. H. P. (Org.). *Personagens, estratégias e saberes na construção da escola brasileira*. Bragança Paulista: Edusf, 2006. p. 113-138.

VEIGA, C. G. Infância e modernidade. *In*: *A infância e sua educação*: materiais, práticas e representações: Portugal e Brasil. Belo Horizonte: Autêntica, 2004.

VIEIRA, C. E. Intelectuais: representações, conceitos e teorias. *In*: CONGRESSO BRASILEIRO DE HISTÓRIA DA EDUCAÇÃO: A EDUCAÇÃO E SEUS SUJEITOS. 4., Goiânia, 2006. *Anais*...

OS CONTEÚDOS DA MATÉRIA DE PEDAGOGIA NAS ESCOLAS NORMAIS MINEIRAS DO FINAL DO SÉCULO XIX: IDEIAS DO MODERNO E DA MODERNIDADE

DEOLINDA ARMANI TURCI

Neste trabalho, ressalto algumas ideias ainda incipientes, sobre o moderno e a modernidade, presentes nos discursos educacionais do final do século XIX, no que tange à matéria de Pedagogia das Escolas Normais mineiras. Pretende-se ressaltar a noção de pedagogia instituída como "Pedagogia moderna". Reiterada a formação de professores nessas instituições e articulada à infância, à escola e à educação, comportamentos e procedimentos que, pautados pela lógica do progresso e da ciência, propunham e operavam mudanças nos valores, modos, costumes e técnicas, entre outros.

Para melhor compreensão dos saberes e práticas relativas a este texto, algumas fontes foram utilizadas para a investigação, documentos que fazem parte do Fundo de Instrução Pública o Arquivo Público Mineiro, bem como da Secretaria de Interior tais como: provas e exames, programas de ensino, manuais e compêndios, relatórios de Presidentes da Província, entre outros. Os regulamentos relativos às Escolas Normais da Província de Minas são também fontes de pesquisa, sendo que analisados e compreendidos dentro da dimensão educativa (FARIA FILHO, 1998).

Revendo sobre a educação escolar durante o século XIX, pode-se perceber que esta desempenhou um papel significativo na formação do indivíduo moderno, já que se firmava como um dos pilares para a civilidade de uma sociedade que se mirava nos modelos europeus e norte-americanos. Sustentava-se a ideia de que a formação dos docentes responsáveis pela formação dos futuros cidadãos da sociedade deveria ser respaldada por ideias inovadoras e baseadas na cientificidade, já instaurada em outros países civilizados. Maria Cristina Gouvêa (2002) ressalta que as influências cientificistas e nacionalistas aumentavam a defesa de instituições específicas para essa formação, as Escolas Normais, principalmente a partir de 1870.

A introdução de novas disciplinas e conteúdos no currículo das escolas normais dá-se em consonância, por um lado, com o significativo avanço científico operado na segunda metade do século XIX, com um processo de cientifização da escola característico da educação europeia. Por outro, a necessidade de desenvolvimento nos alunos do sentido de amor à pátria, para o qual o ensino de história e geografia nacionais e língua pátria eram fundamentais (GOUVÊA, 2002, p. 262-263).

As mudanças nas formas de organização, espaços e uso do tempo nas escolas, mantiveram estreitas relações com o uso dos métodos e dos materiais pedagógicos, bem como com a construção dos locais especificamente escolares. Para Luciano Faria Filho e Diana Vidal (2000), na tentativa de modificar a formação, há um grande crescimento de conhecimentos escolarizados, principalmente nas Escolas Normais.

Foi a partir destes discursos que a matéria de pedagogia é inserida nos currículos dessas instituições mineiras, num momento de reorganização das escolas de formação de professores. Esta, tão logo se institucionaliza, já traz em seu bojo ideias modernas sobre a organização da escola e a prática docente. Em especial a década de 70 dos oitocentos, para Heloísa Villela (2004), foi "protagonista de uma nova pedagogia" e, em consequência, de uma nova concepção de formação de professores, protagonizando um momento de grandes transformações principalmente pela adoção de novos métodos, manuais, nova forma de ver o aluno, com nova concepção sobre a organização espácio-temporal e administrativa da escola.

O termo "moderno", no período de estudo, já era comumente utilizado para designar o novo, num sentido contrário do que era antigo ou arcaico. Recorria-se ao antigo, utilizando-se dessa terminologia para mostrar que as mudanças eram favoráveis à evolução e ao progresso.

Como sugere Henri Lefebvre em seu livro "Introdução à Modernidade", há muito tempo que o "moderno" se opõe ao "antigo". Eis aí séculos em que o atual e o novo empregam, para se exaltar e para rejeitar o passado naquilo em que eles diferem (ou acreditam diferir), uma palavra cuja virtude não se esgota (LEFEBVRE, 1969, p. 197).

O autor ressalta que o culto do novo pelo novo aparece no fim do século XIX, tendo o moderno, como seus partidários, "pessoas atualizadas", e, como seus adversários, "pessoas antiquadas".

Em Jacques Le Goff (1990), podemos perceber que o par "antigo" e "moderno" está ligado ao mundo ocidental e a sua história, durante o período pré-industrial (século V a XIX), com o aparecimento do termo "modernidade", numa reação da cultura à agressão do mundo industrial, em que "antigo" pode ser substituído por "tradicional" e "moderno" por "recente" ou "novo", sendo que qualquer um desses termos pode estar acompanhado de conotações pejorativas, neutras ou de elogio.

Concordando com essa proposição de Le Goff, Micael M. Herschmann e Carlos Alberto Messeder Pereira (1994) pontuam que as noções de moderno e de modernidade, especialmente a partir das últimas décadas do século XIX, estavam associadas a ideias tais como "novo", "progresso", "ruptura", "revolução". Tais termos passam a fazer parte do discurso intelectual, bem como dos projetos de intervenção na sociedade e do cotidiano dos agentes sociais, num momento de industrialização e consolidação internacional do capitalismo.

Para os autores, o Brasil do século XIX viu evidenciar em seu interior um conjunto de valores e modelos "inspirados no modelo puritano, ascético e europeu que ganharam corpo nas reformas sanitárias, pedagógicas e arquitetônicas", em que a sentença de ordem era "sintonizar-se com a Europa", ou melhor, "civilizar-se" o mais rápido possível, de modo que o país pudesse, o quanto antes, competir no mercado internacional. Assistimos, naquele momento, à procura de inovações no campo da ciência aplicada. A ciência técnica passava a ser considerada "crucial" para o "destino da nação" (HERSCHMANN; PEREIRA, 1994, p. 26).

Em consonância com esse panorama, os autores ressaltam que, em terras brasileiras,

> O que se observou foi a instalação de uma modernização conservadora, estatizante, reformista e higienista, cultuando a ordem como geradora do progresso; uma cultura taxonômica, hierarquizada, com as elites no topo determinando as normas e administrando a vida nacional, pública e privada (HERSCHMANN; PEREIRA, 1994, p. 150).

Relativo aos termos "moderno" e "modernidade" nas ideias pedagógicas produzidas pelos intelectuais brasileiros, na configuração do discurso educacional na segunda metade do século XIX, novos debates vão se firmando baseados em teorias e modelos já existentes fora do Brasil, ideias que chegaram até aqui a partir da circulação de compêndios e livros trazidos e traduzidos por intelectuais, por eventos da área, entre outros. Arlette Gasparello e Heloisa Villela (2006) ponderam que a década de 1860, por exemplo, foi marcada por grandes eventos internacionais, favorecendo intercâmbios culturais, além das exposições internacionais, que se tornavam "vitrines" para outros países exporem suas conquistas tecnológicas e inovações educacionais.

Como nos lembram as autoras, também o surgimento de livros traduzidos sobre ideias e práticas pedagógicas em outros países nutriu e alimentou a efervescência de novas ideias e propostas pedagógicas para a organização educacional brasileira, configurando uma "pedagogia moderna".

> Os processos de circulação, apropriação e reelaboração de novas ideias do que ficou marcada como a nova pedagogia, cujos princípios conformaram a organização dos vários níveis de ensino em sua estrutura curricular e pedagógica, bem como na formação de professores, tiveram como interferência fundamental a ação mediadora de diversos agentes culturais, como os intelectuais tradutores e os professores. Sob diversas formas e em diferentes níveis e âmbitos de atuação, como no magistério, na política e no jornalismo, tais mediadores culturais contribuíram na leitura diferenciada e reconstruída de teorias e práticas educacionais, seja na sala de aula, nos discursos e pareceres, nos comentários e análise crítica em artigos, revistas, jornais e livros. (GASPARELLO; VILLELA, 2006, p.4446).

A ideia do novo, do moderno aos poucos vai descortinando-se nos modos, tempos e espaços das escolas e também da Escola Normal Mineira, por meio de, por exemplo, currículos que propunham uma formação diferenciada para os futuros professores da província, divididos em matérias que iam além da velha fórmula de ensinar as quatro operações, escrever e ler. Nesses novos modelos curriculares, além de matérias como leitura de versos e prosas, geometria plana, História e Geografia do Brasil, entre outros, a pedagogia é incorporada para dar sustento à prática pedagógica.

É interessante considerar que o fato de esta estar incluída nos currículos das escolas normais na década de 70 dos oitocentos já é uma faceta do moderno na educação mineira, um processo de mobilização científica em busca de soluções para a educação. A escolarização da pedagogia como disciplina parece decorrente de um movimento que preconizava o uso de ideias inovadoras, uma pedagogia que pudesse auxiliar a prática do ensino, através dos métodos, metodologias específicas aos conteúdos da instrução, segundo as quais se propunha ensinar a partir de modelos.

AS ESCOLAS NORMAIS MINEIRAS E A PEDAGOGIA

As escolas normais ganham força nos discursos da segunda metade do século XIX, que versavam principalmente sobre a habilitação dos docentes, necessária aos profissionais responsáveis pela preparação de alunos e ponte para o mundo adulto civilizado. Os fatores confirmam a ideia de que, para uma nova escola, um novo professor devia ser formado, calcado no modelo ideal científico pedagógico da instrução, um modelo vinculado à pedagogia moderna.

Em Minas, a partir de 1870 as escolas normais tornaram-se espaços institucionalizados e privilegiados de formação de professores, concentrando práticas e teorias que definiam um novo perfil docente. O número dessas instituições espalhadas pela província era grande, se levado em consideração o movimento em outras províncias. Minas possuía 8 desses estabelecimentos, ainda no século XIX, nas cidades mineiras de Ouro Preto (1835), Campanha (1872), Diamantina (1879), Paracatu (1879), Montes Claros (1879), Sabará (1881), Uberaba (1884), Juiz de Fora (1884) e São João Del-Rei (1884). Estas eram destinadas não só a ministrar instrução profissional preparando novos mestres, mas ainda a propor concursos para aprovação ou não de pessoas ao magistério público. Filtravam-se através dos concursos ministrados por essas instituições os docentes não normalistas, de forma que os normalistas que as frequentavam e eram aprovados não necessitavam provar seus conhecimentos nos concursos, a não ser se disputassem a cadeira vaga com outro normalista.

A valorização dos saberes científicos escolarizados possibilitou a inserção de novas matérias e mais elaboradas na grade curricular das escolas normais, ampliação de outras já existentes e o aumento de novos conceitos, além da extensão do tempo de duração do curso normal, que antes se dava em dois meses. A organização dos currículos por matérias e cadeiras, modelo instituído nas Escolas Normais mineiras, também demonstrava um modelo mais moderno, bem como provavelmente preconizava uma preocupação com os futuros professores da instrução pública. Com isso, a pedagogia passa a compor o currículo dela, propondo novas teorias e formas de ser docente.

Em Marta Carvalho (2000, p. 112), pode-se perceber que, em período mais avançado, já no republicano, a pedagogia proposta nessas instituições escolares era ligada à arte de ensinar, cuja ideia central limitava a boa imitação de modelos e cuja prática da observação modulava a relação ensino-aprendizagem.

> A arte de ensinar, tal como a concebia essa pedagogia moderna, é, assim, pedagogia prática. Nessa pedagogia das faculdades da alma, ensinar é prática que se materializa em outras práticas; práticas nas quais a arte de aprender formaliza-se como exercício de competências bem determinadas e observáveis em usos escolarmente determinados. Como artes de saber-fazer-com, ensino e aprendizagem são práticas fortemente atreladas à materialidade dos objetos que lhes servem de suporte. As práticas que se formalizam nos usos desses materiais guardam forte relação com uma pedagogia em que tal arte é prescrita como boa imitação de um modelo (CARVALHO, 2000, p. 113).

A proposta da prática pela observação pode ser confirmada na província mineira, a partir do Regulamento 62 de 1872, onde ficou estabelecido que em anexo às escolas normais funcionassem escolas primárias, uma para o sexo feminino e outra para o sexo masculino, com a denominação de "escolas práticas", onde os alunos, futuros mestres, faziam exercícios práticos de ensino, a partir da observação de outros professores mais experientes e da própria prática, principalmente para dar suporte às teorias estudadas na matéria de pedagogia.

Em relação aos exercícios escolares, como base de estruturação do ensino na Escola Modelo, Marta Carvalho pondera que no modelo republicano,

> É em função desses exercícios que uma rotina escolar se estabelece; que o tempo se organiza como horário; que um percurso de aprendizagens se estabelece como programa disciplinar de estudos e como currículo; que as classes de alunos adquirem um perfil e que o espaço da sala de aula se estrutura. Na confluência dessas convicções e propósitos, o exercício escolar é dispositivo que permite alcançar um duplo objetivo: instruir e desenvolver as faculdades naturais da criança (CARVALHO, 2000, p. 112).

Em Minas, a reorganização do ensino, pautada na racionalidade científica e pedagógica, estabelecida a partir da reorganização do tempo e do espaço, e também na classificação de alunos, na determinação do período escolar, no planejamento do ensino, entre outros, possivelmente resultou em uma forma mais padronizada e homogênea de ensinar. Modelos baseados no domínio de novas técnicas e métodos de ensino eram tópicos de estudo na matéria de pedagogia, como veremos mais adiante.

Relativamente à legislação, no Regulamento 62 de 11 de abril de 1872, observa-se melhor definição e organização de outras matérias, com um curso normal ampliado, estabelecido em dois anos de duração e matérias divididas em cadeiras. Nesse regulamento, as matérias oferecidas constavam no 1º ano e na 1ª cadeira das seguintes: Gramática da Língua Portuguesa, Exercícios de Leitura de clássicos em prosa e verso, Exercícios de redação, Leitura refletida da constituição política do império, e, na 2ª cadeira, Aritmética, Sistema métrico, Noções elementares de geometria plana. Para o 2º ano, as cadeiras também se dividiam em duas: a 1ª cadeira constituída das matérias de Instrução moral e religiosa, Pedagogia e Legislação do ensino, a 2ª cadeira se dividia em Noções de Geografia, Geografia e História do Brasil, principalmente da província de Minas Gerais, e a matéria de música contando com 3 lições semanais.

Além da prática da leitura, da escrita e das quatro operações, no primeiro ano de formação, há a inclusão da geometria e do sistema métrico decimal e, no segundo ano, enfatiza-se a dimensão metodológica da prática pedagógica com a inclusão da matéria de pedagogia e legislação do ensino. Comparado à legislação anterior, esse currículo amplia muito os saberes exigidos ao futuro docente, pois a exigência dos regulamentos anteriores previa apenas o domínio de rudimentos da leitura, da escrita e do cálculo. A entrada da pedagogia no currículo começa a dimensionar um ensino mais ligado à arte de ensinar baseada em um modelo; vê-se que o conteúdo era legado a métodos para ensinar os diversos conteúdos e matérias da instrução escolar.

Um novo regulamento é instituído em 1879, o Regulamento n. 84, com um novo formato curricular, ampliando-se de 2 cadeiras para 5 cadeiras e redistribuindo as matérias, nos mesmos dois anos de duração do curso. A pedagogia continuou, nesse currículo, sendo ministrada no 1º ano. Comparado ao regulamento de 1872, as mudanças foram apenas de deslocamento de matérias em relação às séries e extensão de conteúdos. Nesse regulamento, houve, porém, um aumento na preocupação com a prática docente, pois os alunos e alunas mestres eram obrigados, em horários que iam além das lições de suas respectivas aulas, a exercitarem-se em aulas práticas, conforme determinado pelos respectivos professores, supervisionados por estes e não eram admitidos para os exames da matéria sem que apresentassem atestado do(a) professor(a) sobre o cumprimento desse dever, mais uma vez reforçando a ideia de "ensinar para ensinar".

No ano de 1883, novo regulamento e mais alterações. O currículo da Escola Normal foi balizado pelo Regulamento n. 100 e elas deveriam oferecer seus cursos em 3 anos, com carga horária mais extensa e ampliação das disciplinas ofertadas. As matérias foram distribuídas em oito cadeiras: Língua e literatura nacional, Aritmética e escrituração mercantil, Pedagogia, História sagrada, Instrução moral, religiosa e cívica, Geometria, Desenho linear e imitação, Geografia, Cosmografia, Geografia e História do Brasil, Francês, Ciências naturais, física e química agrícola e música. Como ressaltado pelo então Presidente da Província, a ampliação desse regulamento, abrangeu noções das ciências positivas e de conhecimentos úteis, proporcionando instrução mais geral e mais compreensiva, necessárias ao futuro mestre. A pedagogia se torna uma cadeira específica.

Com o objetivo de imprimir ao currículo um caráter mais científico, com conhecimentos mais complexos e mais modernos, sob a influência dos princípios comtianos e positivistas, a Lei nº 41, de 3 de agosto de 1892, propôs que o curso fosse estendido para 4 anos, e que as matérias ganhassem mais espaços no currículo, com aumento das lições semanais, bem como dos exercícios práticos.

Observando os regulamentos citados, pode-se constatar que, ao longo desse tempo, o interesse dos legisladores da província era de manter a centralidade na "requalificação" docente, e interesse cada vez maior por uma apropriação do saber científico, tendo como norte um trabalho que se aproximasse das teorias pedagógicas modernas do período, advindas muitas vezes da Europa e/ou norte-americanas e muito vinculadas à prática de sala de aula. Em todos os regulamentos apresentados, a pedagogia compunha e alicerçava a formação docente teórica e prática. Esta era o norte para a formação dos professores, já que abrangia um vasto conteúdo ligado à escola e à prática de ensinar.

OS CONTEÚDOS QUE COMPUNHAM A MATÉRIA DE PEDAGOGIA

Referindo-se à pedagogia nos currículos da Escola Normal, Liete Oliveira Accácio (2008) pontua que, em um currículo enciclopédico, esta se situava no curso de Ciências e Letras, sendo uma disciplina de ensino de embasamento teórico educacional para a formação dos professores. Nas Escolas Normais mineiras, a pedagogia, muitas vezes, era a única disciplina relacionada aos processos educativos que permaneceu durante seu funcionamento.

Nos programas das Escolas Normais mineiras, vários eram os conteúdos que compunham a matéria de pedagogia. Todos se vinculavam à escola, o melhor ambiente para o ensino, ao comportamento do aluno, do professor, bem como métodos e técnicas de ensinar. Havia uma preocupação grande em rever a prática já instalada pelos antigos professores, instituindo-se novos modelos, novas técnicas e métodos de ensino, como demonstra o programa de ensino da matéria de pedagogia da Escola Normal de Sabará, por exemplo, nos anos letivos de 1898 a 1899, que se compunha de vários pontos relativos à Metodologia Geral, Métodos gerais de ensino, Formas e Modos de ensino (individual, simultâneo, mútuo e misto), Método de ensino de leitura, Método de ensino de gramática, Método de ensino de ortografia, Método de ensino de Aritmética, Método de ensino de Geografia, Método de ensino de Física, entre outros. Observa-se ainda a centralidade em questões didáticas, avaliando-se métodos de alfabetização.

O programa era composto ainda de pontos sobre a escola, condições ideais de ensinar e aprender, sua localização, espaço físico, materiais necessários, iluminação, ventilação, entre outros. Como deveria ser a organização escolar, a classificação dos alunos, a divisão do trabalho e do tempo na escola, também era ponto do programa da matéria de pedagogia. Por um lado, pode-se notar que havia uma preocupação com a postura do futuro professor, pois o programa arrolava temas tais como "dignidade", "missão", "deveres e virtudes do professor"; por outro lado, essa preocupação pode estar ligada a uma forma de controle sobre seu futuro comportamento.

Nas provas pesquisadas da matéria de pedagogia feitas pelos alunos do curso, notou-se que havia uma preocupação em mostrar ao aluno-mestre a importância do ensino dos vários conteúdos (Geografia, Aritmética, Química e outros) sobre duas utilidades: a utilidade prática e a utilidade pedagógica. Com efeito, essa ação demonstra a preocupação com a aplicabilidade dos conteúdos e conforma-se com a modernidade do programa da disciplina.

De forma geral, os temas e conteúdos lecionados traduziam uma nova visão sobre a escola, sobre a arte de ensinar, sobre a infância, sobre métodos e metodologia e sobre o professor, ensinamentos que podem ser chamados de modernos, já que superavam modelos anteriores e eram baseados em ideias mais avançadas e no que havia de moderno no Brasil e fora dele, advindo de livros e compêndios utilizados pelos professores da matéria, ensinamentos pedagógicos atrelados ao "ensinar a ensinar" e ao ser professor.

A UTILIZAÇÃO DE LIVROS E COMPÊNDIOS: PRÁTICA MODERNA DE INSTRUIR

A pedagogia prática e moderna do ensinar a partir da própria prática e da boa imitação de modelos atrelava-se à materialidade como suporte, no período republicano, como bem pontuado por Marta Carvalho,

> se materializa em outras práticas; práticas nas quais a arte de aprender formaliza-se como exercício de competências bem determinadas e observáveis em usos escolarmente determinados. Essa pedagogia como arte confere aos impressos de uso escolar um papel e um lugar específicos (CARVALHO, 2001, p. 142).

As escolas normais mineiras também não fugiram a essa regra. A materialidade como suporte para a formação pode ser percebida a partir da circulação de livros, compêndios, apostilas produzidos pelos professores e revistas pedagógicas que fizeram circular as ideias modernas da época nessas instituições.

Nos programas da matéria de pedagogia das Escolas Normais mineiras estudados, verifica-se que, além das apostilas do professor, eram utilizados também compêndios para o estudo dos conteúdos e temas dessas apostilas. Como evidenciado por Gasparello (2006), os compêndios eram livros utilizados no século XIX, instrumentos fundamentais escritos principalmente por professores e que se constituíram em um "conjunto de dispositivos da forma escolar secundária em formação no Brasil." Estes traziam em seu bojo, uma compilação de textos, resumidos, "adequados ao programa a ser desenvolvido e em linguagem articulada com os objetivos e finalidades daquele ensino" (GASPARELLO,2006, p.7). Não se sabe ao certo, ainda, se os alunos deveriam possuir ou possuíam esses livros ou se estes faziam parte apenas de consultas do professor, para programação dos conteúdos e para as aulas. O que se tem é que nos programas consultados alguns nomes de livros e compêndios são listados como referências.

Pode-se citar como exemplo o compêndio de José Maria da Graça Affreixo e Henrique Freire, autores portugueses, denominado *Elementos de Pedagogia para servirem de guia aos candidatos ao magistério primário*. Era utilizado como consta no programa pelo professor substituto de pedagogia Francisco Antunes de Siqueira, em 1898 , na Escola Normal de Sabará. Esse compêndio publicado em Lisboa, em sua 5ª edição no ano de 1879, brochura de 136 páginas, traz em seus capítulos conceitos formulados como guia aos futuros docentes ou candidatos ao magistério primário de Portugal e tem como tópicos e capítulos temas pertinentes à docência, tais como a dignidade do cargo, qualidades e disposições necessárias, o que era escola, sua utilidade, local, edifício, educação, pedagogia, organização escolar, didática, metodologia, disciplina, prêmios e castigos, o método de ensino de diversas matérias, bem como todo o aparato necessário ao professor para ensinar e aprender, além de modelos portugueses de documentos necessários à escola, tais como mapa de horário, mapa de registro de matrícula e registro de frequência.

Logo nos prolegômenos desse compêndio, os autores definem a Pedagogia como um "conjuncto dos princípios que presidem á educação das creanças, e das leis que sobre esses princípios se formam" (AFREIXO; FREIRE, 1879, p. 7) e a dividem em teórica ou didática, e prática ou metodológica. Para a didática conceituam: "É a combinação dos princípios e leis, que todo o professor deve conhecer, para conseguir a instrucção dos seus alunos"; "tendo por objectivo as relações que ligam o professor e a escola ao corpo social, é genérica; e as questões que lhe dizem respeito sempre se subjeitam as condições de civilisação, em que a humanidade está, ou a que se propõe" (*ibidem*, p. 8). Para metodologia, os autores ponderam: "É a enumeração dos modos, methodos e processos empregados nos vários ramos de ensino" (*ibidem*, p. 7).

Aparentemente a proposta da obra é prescritiva, é ensinar ao futuro professor os princípios que presidiam a educação infantil e da mocidade, bem como a combinação desses princípios com as leis que os candidatos ao magistério deveriam saber, num momento determinado pela civilidade, final do século XIX. Sobre essa obra, Carlota Boto revela que "o compêndio assinala modelos e referências culturais postos como balizas para interpretação dos significados da pedagogia. Mais do que isso, são sugeridas táticas para empreender uma boa condução do alunado em sala de aula" (BOTO, 2007, p. 1).

Comparando os conteúdos dispostos no texto do compêndio com os programas elaborados pelo professor da matéria, com os pontos do diário de classe e com as provas feitas pelos alunos, asseguradamente os textos da matéria advinham desse material. Há uma similaridade muito próxima, principalmente em relação aos termos e vocabulários usados pelos autores no compêndio e nas provas dos alunos feitas ao final de cada etapa da matéria de pedagogia. Nesse sentido, ressalta-se que a Pedagogia utilizou-se de formas entendidas como modernas para a época, tendo como norte o modelo português.

Além dos compêndios, a circulação de impressos pedagógicos também pode ser considerada uma das estratégias modernas utilizadas em Minas para expandir ideias sobre a escola, a sua tarefa de civilizar, e em conformidade com uma possível "Pedagogia moderna", sob a égide de ensinar pelos modelos e exemplos. Esses impressos podem ser considerados guias do cotidiano, de acordo com Stela Andrade (2007), instrumentos que auxiliam a construção do conhecimento e que constroem representações do social.

Em relação ao uso de impressos na formação de professores, Boto recorda,

> A observação das atividades escolares e a própria ação do magistério seriam os fundamentos de normalização de um roteiro pedagógico voltado para prescrições diretas e imposições de condutas por suposto científicas, e de maneiras de atuar pretensamente inequívocas; sem exigir, portanto, maiores justificativas. É como se a pedagogia fosse um caleidoscópio universal e inconfundível de receitas para a ação em momentos específicos para os quais a arte estaria no acúmulo de experiência e no bom senso de se encontrar a resposta acertada para aquela referida situação particular (BOTO, 2007, p. 2).

Segundo Andrade (2007), a *Revista do Ensino* foi produzida em Ouro Preto por um professor do Liceu Mineiro, Alcides Catão da Rocha Medrado, no período de 1886 a 1889, circulava nas Escolas Normais mineiras e contribuíu para enfatizar alguns temas pedagógicos estudados pelos alunos. Temas gerais sobre educação, bem como reformas educacionais, regulamentos do ensino, resultados de exames e críticas sobre a instrução eram abordados nessa revista. Pela categorização feita pela autora: didáticas de ensino, políticas educacionais, estruturas de ensino, organização escolar, nota-se uma proximidade destes com os pontos da matéria de pedagogia lecionada nas Escolas Normais mineiras e, de forma incipiente, pode-se dizer que auxiliou na matéria e na formação dos professores. A "Exposição pedagógica da corte", evento pedagógico que acontecia no Rio de Janeiro, por exemplo, foi noticiada nos números 15, 16, 17 e 18 de março a julho de 1889 (ANDRADE, 2007, p. 11).

CONSIDERAÇÕES FINAIS

Entende-se neste estudo que, ao final do século XIX, dirigiu-se para as Escolas Normais e para os professores mineiros a responsabilidade de civilizar a população, por meio da educação. Numa sociedade que se urbanizava e com vistas à industrialização, buscaram-se na experiência estrangeira algumas soluções para a formação de professores, num movimento positivista em prol da ciência e da modernidade. A matéria de pedagogia incluída nos currículos dessas escolas mineiras por volta da década de 70 pode ter contribuído para que a formação dos futuros docentes tivesse caráter mais prático, pautada no ensinar, a partir de modelos, uma pedagogia mais científica, menos artesanal.

A preocupação com a prática de ensino pode ser constatada, entre outras coisas, nas várias alterações curriculares sofridas pelas Escolas Normais, na inclusão de matérias de cunho pedagógico, ampliação do curso, utilização de provas e exames para averiguação do saber dos docentes e futuros docentes, bem como em uma matéria que se pretendia moderna e que utilizava livros e compêndios que disseminavam conhecimentos sobre a organização da rotina das escolas.

Para sedimentar a concepção de pedagogia moderna, vinculou-se a esta técnicas, métodos, metodologia e modelos provavelmente utilizados na Europa e Estados Unidos, mas que, numa circulação de matrizes teóricas encontradas nos modelos pedagógicos, como nos sugere Gasparello e Villela (2006), evidenciava uma pedagogia brasileira científica, realista mais afinada com as questões do seu tempo.

A adoção de modernos métodos e técnicas pedagógicas pode ter revitalizado as escolas normais, transmitindo princípios que ajustavam o padrão da escola, dentro da ideologia da época. É importante refletir, no entanto, que a pedagogia ao mesmo tempo em que contribuiu para a formação teórica e prática dos professores, também participou da padronização e universalização do ensino, modificou conceitos e alterou estruturas anteriormente formadas.

A utilização de compêndios, aproximando os conteúdos da matéria com o que se tinha fora do país, fazia com que o futuro professor adquirisse técnicas para a sua formação. Os compêndios e os impressos pedagógicos reforçaram a prática pela observação e tiveram um papel prescritivo e modelar na formação dos futuros docentes.

O período focalizado demonstra modificações consubstanciais na formação de professores e a efervescência de ideias e modelos das práticas educativas utilizadas em outros países. A matéria de pedagogia, desde sua inclusão nos currículos das Escolas Normais mineiras até o final do século XIX, pode ter contribuído com uma renovação dos processos de ensino e aprendizagem com ideias e concepções ditas modernas para a época, procedimentos didáticos, disciplinares, doutrinários, de regras de ensino e da prática do professor.

A circulação, a reelaboração das ideias e ainda a apropriação destas colaborou possivelmente para caracterizar o que se chamou de "nova pedagogia" ou "pedagogia moderna". A preocupação com os espaços, tempos, modos, localização, disciplina e rotina da escola, demonstram que ideias sobre a escola que ainda não haviam sido contempladas na formação afloraram no período e possibilitaram mudanças significativas na educação mineira como um todo, provavelmente dando à matéria de pedagogia um *status* de instrumento de modernidade na formação de professores.

REFERÊNCIAS

ACCÁCIO, Liéte Oliveira. A escola normal que virou Instituto de Educação; a história da formação do professor primário no Rio de Janeiro. *In*: ARAUJO, José Carlos Souza; FREITAS, Anamaria Gonçalves Bueno de; LOPES, Antônio de Pádua Carvalho. *As Escolas Normais no Brasil*: do Império à República. Campinas: Alínea, 2008.

AFFREIXO, José Maria da Graça; FREIRE, Henrique. *Elementos de pedagogia*: para servirem de guia aos candidatos ao magistério primário. 5. ed. Lisboa: Livraria Ferreira, 1879.

ANDRADE, Stela Cabral de. Revista do ensino: estratégias de divulgação do campo educacional em Minas (1886-1889). Belo Horizonte, 2007. Disponível em: <http://www.fae.ufmg.br/portalmineiro/conteudo/externos/4cpehemg/Textos/pdf/5d_3.pdf>. Acesso em: 08 out. 2011.

ARAUJO, José Carlos Souza; FREITAS, Anamaria Gonçalves Bueno de; LOPES, Antônio de Pádua Carvalho. *As Escolas Normais no Brasil*: do Império à República. Campinas: Alínea, 2008.

ARAUJO, Marta M.; AQUINO, Luciene C. de.; LIMA, Thais Christina M. de. Considerações sobre a Escola Normal do Professor Primário no Rio Grande do Norte (1893-1938). *In*: ARAUJO, José Carlos Souza; FREITAS, Anamaria Gonçalves Bueno de; LOPES, Antônio de Pádua Carvalho. *As escolas normais no Brasil*: do Império à República. Campinas: Alínea, 2008.

BICCAS, Maurilane de Souza. *O impresso como estratégia de formação de professores(as) e de conformação do campo pedagógico em Minas Gerais*: o caso da Revista do Ensino (1925-1940). Tese (Doutorado) – Faculdade de Educação da Universidade de São Paulo São Paulo, 2001. 3 v.

BOTO, Carlota. A civilização escolar nas letras de um roteiro de pedagogia: formação impressa de professores. *In*: *Anais do 16º COLE*: Seminário 7 "Leitura, Escola, História". Campinas, 2007. Disponível em: <http://alb.com.br/arquivo-morto/edicoes_anteriores/anais16/prog_pdf/prog07_02b.pdf>. Acesso em: 12 out. 2011.

CARVALHO, Marta Maria Chagas de. A caixa de utensílios e a Biblioteca: Pedagogia e prática de leitura. *In*: VIDAL, Diana Gonçalves; HILSDORF, Maria Lucia Spedo (Org.). *Brasil 500 anos*: tópicas em historia da educação. São Paulo: EdUSP, 2001.

CARVALHO, Marta Maria Chagas de. Modernidade pedagógica e modelos de formação docente. *São Paulo em Perspectiva*, v. 14, n. 1, p. 111-120, 2000.

CHERVEL, A. *A história das disciplinas escolares*: reflexões sobre um campo de pesquisa: Teoria e Educação. Porto Alegre, 1990.

DURÃES, Sarah Jane A. Escolarização das diferenças: qualificação do trabalho docente e gênero em Minas Gerais (1860 1906). Tese (Doutorado) – PUCSP, 2002.

FARIA FILHO, Luciano M. de. A legislação escolar como fonte para a História da Educação: uma tentativa de interpretação. *In*: FARIA FILHO, Luciano M. de (Org.) *Educação modernidade e civilização*: fontes e perspectivas de análise para história da educação oitocentista. Belo Horizonte: Autêntica, 1998.

FARIA FILHO, Luciano M. de; VIDAL, Diana G. Os tempos e espaços escolares no processo de institucionalização da escola primária no Brasil. *Revista Brasileira de Educação*, n. 14, maio/ago. 2000.

GASPARELLO, Arlette M. Traduções, apostilas e livros didáticos: ofícios e saberes na construção das disciplinas escolares: "usos do passado". *In*: ENCONTRO REGIONAL DE HISTÓRIA, 12., ANPUH-RJ, 2006. Disponível em http://www.rj.anpuh.org/resources/rj/Anais/2006/conferencias/Arlette%20Medeiros%20Gasparello.pdf. Acesso em: 10 out. 2011.

GASPARELLO, Arlette M.; VILLELA, Heloisa de O. S. O discurso educacional no século XIX: a nova pedagogia em questão. *In*: CONGRESSO LUSO-BRASILEIRO DE HISTÓRIA DA EDUCAÇÃO, 6., Uberlândia, 2006. Disponível em: <http://www.faced.ufu.br/colubhe06/anais/arquivos/405ArletteGasparello_e_HeloisaVillela.pdf>. Acesso em: 10 out. 2011.

GOUVÊA, Maria Cristina S. de. A construção de um projeto de formação de professores: as escolas normais mineiras no período imperial. *In*: LOPES, Ana A. B. M. *et al.* (Org.) *História da Educação em Minas Gerais*. Belo Horizonte: FCH/FUMEC, 2002.

HERSCHMANN, Micael M.; PEREIRA, Carlos Alberto M. A invenção do Brasil moderno: medicina, educação e engenharia nos anos 20 e 30. Rio de Janeiro: Ed. Rocco, 1994.

LE GOFF, Jacques. *História e memória*. Campinas: Ed. Unicamp, 1990.

LEFEBVRE, Henri. *Introdução à modernidade*. Rio de Janeiro: Paz e Terra, 1969.

MONARCHA, Carlos. *Escola Normal da praça*: o lado noturno das luzes. São Paulo: Unicamp, 1999.

VILLELA, Heloisa de O. S. *Construtores de uma pedagogia a brasileira*: Felisberto de Carvalho e Francisco Alves, um encontro gerador. *In*: SEMINÁRIO BRASILEIRO SOBRE LIVRO E HISTÓRIA EDITORIAL, 1., CRB-UFF/PPGCOM, UFF/LIHED, Casa de Rui Barbosa, Rio de Janeiro, 2004.

EDUCAÇÃO E MODERNIZAÇÃO NO PENSAMENTO DE SÍLVIO COELHO DOS SANTOS EM SANTA CATARINA NA DÉCADA DE 1960

MARILÂNDES MÓL RIBEIRO DE MELO

As reflexões contidas neste texto objetivam identificar e analisar concepções sobre educação e modernização, no pensamento do intelectual Sílvio Coelho dos Santos. A faceta que nos instiga o intelectual é aquela que demonstra sua preocupação com a escola pública, que despontava na primeira metade do século XX como "um dos elementos mais importantes de construção do espaço público no Brasil", de acordo com o que afirmam Xavier e Faria Filho (2010, p. 8). Pretendemos mirar em Sílvio Coelho dos Santos, em seu percurso na cena pública catarinense. Para tanto, revisitaremos ideias contidas em suas publicações mais significativas, no que diz respeito ao campo educacional: *Educação e Desenvolvimento em Santa Catarina*, de 1968; *Um esquema para a educação em Santa Catarina*, de 1970; *Subsídios ao plano quinquenal de educação do Estado de Santa Catarina 1966-1970*, escrito em 1965, e artigos publicados nos boletins do Centro de Estudos e Pesquisas Educacionais (Cepe), Boletins do Cepe, entre outras produções. Buscaremos e analisaremos, nesses escritos, a materialização dos conceitos de educação e de modernização, iniciando, contudo com a exposição de condicionantes político-econômicas e educacionais presentes em Santa Catarina no período.

CONDICIONANTES POLÍTICO-ECONÔMICAS E EDUCACIONAIS EM SANTA CATARINA

Ao abordarmos o Estado de Santa Catarina, não podemos omitir a existência de dois grupos que figuravam na política estadual; duas principais forças pertencentes às elites locais, sempre presentes no cenário governamental. Trata-se das famílias Ramos e Konder-Bornhausen, que se alternava no poder e passavam, de acordo com as análises de Goularti Filho (2002, p. 29), "a imagem de inconciliáveis refugiando-se em partidos conservadores" no interior de "um estado ora liberal, ora planejador, porém sempre comandado por oligarquias com caráter estamental".

A experiência inicial de planejamento no estado ocorreu no governo de Irineu Bornhausen (1951-1956), por meio da organização do Plano de Obras e Equipamentos (POE). O nascimento e o crescimento do capital industrial ocorreram a partir de 1945 fundado na pequena produção e no mercado. Nas defesas de Goularti Filho (2002, p. 199), acontecia ainda sem a "infraestrutura social básica e os arranjos institucionais" aptos à diversificação, o que coagia "o estado a intervir na economia para facilitar o processo de acumulação". Nesse governo, a relação entre desenvolvimento, políticas econômicas e educacionais oferece os primeiros sinais, já que se iniciaram os estudos para a implantação da Universidade Federal no Estado de Santa Catarina (UFSC), com a doação dos terrenos que hoje compõem o *campus* dessa universidade. Contudo, de modo geral, no que se refere à educação, os resultados foram desalentadores.

A ampliação e a diversificação da base produtiva por meio de indústria de médio e grande porte no início dos anos 1960 sucede, como declara Goularti Filho (2002, p. 199), pela "concentração e centralização do capital". Celso Ramos (1961-1965), no período em que foi eleito governador, não mais exercia atividades latifundiárias. Não abandonou elementos de sua origem, mas revelou a face modernizante da oligarquia catarinense. Migrou para o mundo empresarial, fundou a Federação das Indústrias do Estado de Santa Catarina (FIESC) e tornou suas redes de sociabilidade mais complexas. Em seu governo teve início a "politização das relações econômicas e a estruturação da ossatura material e institucional do estado" (GOULARTI FILHO, 2002, p. 29), que permitiu consolidar o capital industrial e promover em parceria com o estado sua integração produtiva. Como presidente da FIESC, organizou o "Seminário Sócio-Econômico", entre os anos de 1959-1960, em parceria com Confederação Nacional da Indústria (CNI) e a Comissão Econômica para a América Latina e Caribe

(CEPAL). Esse seminário direcionou sua campanha para o governo do estado objetivando demarcar uma ideologia desenvolvimentista que conclamava a participação do povo catarinense, representando, segundo afirma Daros (1984, p. 38-39), "mais que um evento" relacionado à sociedade e a economia, mas "uma estratégia política, que se configurou posteriormente em proposta de governo". O seminário revelou que a carência de recursos humanos constituía-se em um ponto vulnerável para o desenvolvimento. Eleito pela coligação PDS/PTB (Aliança Social Democrática), ele executou suas propostas de governo por meio de Plano de Metas do Governo (PLAMEG I), aprovado pela Lei nº 2.772, de 21 de julho de 1961, deixando como legado ao governo posterior de Ivo Silveira (1966-1970) a função de executar o PLAMEG II. O PLAMEG, em suas duas etapas, justificava por meio da ciência a necessidade de planificar e de reconhecer as características das distintas regiões do estado para atendimento dos três blocos propostos: o homem, o meio e a expansão econômica, não necessariamente neste rol, visto que a ordem econômica é que estabeleceria a fisionomia do estado.

Com o golpe civil-militar, a função primordial do Estado capitalista era escolarizar e qualificar a força de trabalho em um regime de "ditadura sem hegemonia", em que um dos "braços" eram os militares e o outro era a propaganda. A importância da educação residia em sua função de instrumento de domínio, de coerção e repressão. A propaganda assumia o papel de difusora da ideologia da ditadura e de direção, de orientação cultural e intelectual, visto que o regime necessitava de bases de legitimação encontrada em um contingente de intelectuais (GERMANO, 1994).

Celso Ramos se posicionou acerca da mudança de regime, seguindo uma tendência nacional de apoio. Em um pronunciamento endereçado ao povo catarinense, Ramos afirma e justifica sua posição:

> Com a certeza e a tranquilidade de, neste momento histórico, poder interpretar o pensamento e a vontade da esmagadora maioria dos catarinenses, radicalmente contrária à sovietização da Pátria, solidarizo-me sem reticências no coração com as gloriosas forças militares que defendem a verdade democrática (Palácio do Governo em Florianópolis, 1º de abril de 1964. Celso Ramos, Governador).

Daros (1984, p. 18) afirma que "o governo [...] deixou de se preocupar com a participação popular no jogo político", que emergiram "novos atores sociais (os militares) que passaram a operar no sistema político" e que tal atuação requereu planos, visto que como corporação as Forças Armadas constituem uma burocracia de fundamentação técnica. Aguiar (2006, p. 70) considera que Ivo Silveira, ratificava "a necessidade dessa intervenção para salvar o Brasil ante a ameaça à democracia e devido ao caos econômico, social e político em que se encontrava o país".

O PLAMEG I, já em execução desde 1961, foi, de acordo com Melo (1990, p. 42), "um organismo que contava com assessorias especializadas para implementar no estado uma administração planejada" e seus objetivos se resumiam na "execução, aperfeiçoamento e atualização de obras e serviços públicos" e na "promoção de desenvolvimento econômico-social do estado" (SANTA CATARINA, 1961, p. 181). Goularti Filho (2002, p. 206) afirma que o plano "não foi apenas resultado do seminário ou do empenho pessoal do governador Celso Ramos, mas que também resultou de um novo padrão de crescimento gestado nos anos anteriores, e que estava prestes a se institucionalizar".

Para subsidiar o desenvolvimento, Celso Ramos articulou planos setoriais e, para atender aos reclames educacionais revelados pelo Seminário, foi reservado o quinhão de 11,6% do total programado para o período. Celso Ramos criou no ano de 1961 o Conselho Estadual de Educação (CEE), segundo esclarecem as análises de Valle (1996, p. 73), com a "expectativa de vir a ser, em nível estadual, o órgão propulsor de mudanças educacionais consideradas indispensáveis à concretização do projeto de desenvolvimento econômico". Valle (1996, p. 69) entende que a internacionalização da economia nos anos 1960, "exigiu da educação mudanças profundas e desencadeou uma nova organização do ensino". A implantação da Lei de Diretrizes e Bases da Educação Nacional (LDB nº 4.024/1961) e a criação dos conselhos estaduais, necessidade ressaltada por aquela lei, constituim-se num fenômeno retratado pela autora como burocratização na educação brasileira.

Lins (1999) considera que o PLAMEG I e o CEE, em certa medida, expandiram a percepção existente sobre a educação para elevá-la ao *status* de componente indispensável à modernização e ao desenvolvimento. Cunha (1980, p. 16) critica essa perspectiva de "atribuição à educação de papéis para o atingimento de certos fins", por se afastar do princípio científico do que seja desenvolvimento. Para ele, a relação educação-desenvolvimento pode expressar-se em diversos sentidos, podendo ser reconhecida "como uma variável, política estratégica capaz de intensificar o crescimento de renda, produzir a modernização ou construir uma sociedade justa" (1980, p. 16), ou seja, capaz de sofrer influências as mais diversas.

O CEE iniciou efetivamente seus trabalhos em 1962 e seus estudos primeiros, como elucida Lins (1999, p. 23), "resultaram na elaboração do anteprojeto do Sistema Estadual de Ensino que na Assembleia Legislativa foi convertido na Lei nº 3.191 de 8 de maio de 1963 e cujo artigo 176 criava a Faculdade de Educação" (Faed). Esta, naquele contexto, era uma unidade isolada de ensino superior, mas foi incorporada como a primeira unidade da então Universidade para o Desenvolvimento do Estado de Santa Catarina (UDESC), criada em 1965 e marcada como o instrumento em potencial para a formação de homens capazes de dinamizar o processo de modernização implantado no estado (AGUIAR, 2006).

O Centro de Estudos e Pesquisas Educacionais (Cepe) foi um órgão da Faed previsto no Sistema Estadual de Ensino com apoio na Lei nº 3.191, de 8 de maio de1963, em seus artigos 174 e 175. O Decreto nº 563, de 14 de agosto de 1963, em seu Título IV, estabelece como sua "finalidade o aperfeiçoamento do magistério primário e médio e a melhoria dos métodos e condições do ensino", objetivando pesquisar as condições culturais e escolares, bem como as tendências de desenvolvimento das distintas regiões do Estado, para a elaboração de uma política educacional aplicada à escola nova, em tese para atender às diversas realidades sociais.

No contexto em que Celso Ramos impulsionou a implementação da mentalidade de desenvolvimento, caracterizava o Cepe e a Faed a relação tensa entre ciência, formação profissional, pesquisa e extensão, além de conceder espaço para a intelectualidade catarinense atuar na cena pública estadual informando condições e políticas educacionais. A criação do Cepe abriu espaço para a atuação, dentre outros, de Sílvio Coelho dos Santos, que, naquele contexto, denominava-se como técnico da instituição. Santos nela atuou realizando pesquisas em educação fundamentadas em pressupostos teórico-metodológicos desenvolvidos pelas Ciências Sociais, tônica de sua formação.

Foi nesse cenário econômico, político, educacional que ele transitou entre a educação e a antropologia no começo de sua trajetória acadêmico-intelectual. Santos não possuía relações com a administração direta do estado no período em que atuou no Cepe, de 1963 a 1970, mas colaborou com seus trabalhos tanto no Governo de Celso Ramos (1961-1965), quanto no posterior, de Ivo Silveira (1966-1970). Sua inserção no Cepe ocorreu logo após seu retorno de uma expedição à Amazônia para explorar relações interétnicas do povo indígena Tikuna. Ele se envolveu no processo de organização e funcionamento do Cepe a convite do então Secretário de Educação, o professor Elpídio Barbosa, pois precisava de "outra atividade", inclusive até mesmo por questões salariais, de acordo com entrevista concedida a Teive e Dallabrida (02/06/1997).

Certamente também foi movido pela vontade de encontrar seu espaço num período em que nomes como Alcides Abreu e Osvaldo Ferreira de Melo projetavam-se, nos setores político e educacional, respectivamente. Assumiu, após a coordenação inicial da professora Maria da Glória Mattos, a direção do Cepe, quando reorientou os fins da instituição à prática da pesquisa em educação, questão estratégica, para consolidá-la. Essa vontade de assumir uma posição no campo em constituição se revela em um episódio: enviou no início dos anos 1970, uma carta ao então governador Colombo Salles (1971-1975). Nela, Santos pedia a exoneração das suas funções de Conselheiro Suplente do CEE, visto que o governador havia nomeado, "caneteando", pessoas "estranhas" ao CEE, fugindo à tradição de considerar os suplentes na nomeação de conselheiro titular. Santos afirma que naquele período era um educador em início de carreira, mas que já escrevia, publicava trabalhos e não tivera seu nome considerado. Comunicou sua decisão aos colegas e ao jornal *O Estado*, esperando que fizessem o mesmo, contudo ninguém o fez (entrevista a Teive e Dallabrida, 02/06/1997). Esse episódio demonstra que a trajetória intelectual se faz em concordância/discordância com os pares, no domínio e manejo das regras do jogo e do campo.

Santos enfrentou alguns percalços no período de mudança de regime. Seu livro *Educação e Desenvolvimento em Santa Catarina*, publicado em 1968, mas resultado do curso de pós-graduação no Museu Nacional em 1962, foi objeto de um incidente interessante: quando publicado, foi alvo de crítica "fortíssima de gente do governo" (SANTOS, 1994), isto é, de Ivo Silveira, segundo ele, por fazer interrogações de ordem política. O livro *Integração do índio na sociedade regional: o papel dos postos indígenas de Santa Catarina* também foi apreendido pela Polícia Federal em sua fase final de publicação pela editora da UFSC, em 1969. Fora apresentado anteriormente ao professor Florestan Fernandes, cassado pelo regime no período, como encerramento da disciplina Sociologia II, por ele ministrada na USP. Santos afirma que "houve uma denúncia" embora não soubesse "a origem e nem de onde ela partiu" e que tal livro tecia "críticas ao modo de funcionamento dos postos indígenas, que era uma unidade administrativa dentro da administração federal" (2006, p. 24).

A liberação do livro ocorreu quando Santos mobilizou sua rede de sociabilidade, que passou desde o professor Cabral, até o reitor da UFSC, Ferreira Lima, além de envolver seu pai, colega do pai de Ary de Oliveira, diretor da Delegacia da Polícia

Federal/SC naquele momento. Oliveira foi ex-comandante de um batalhão no qual Santos atuou como alfabetizador de soldados entre 1956 e 1957 em uma iniciativa da União Catarinense de Estudantes. Santos foi "convidado" por Oliveira para uma conversa, que fez questionamentos e delegou aos seus assessores uma leitura e um parecer a respeito. Todas as páginas foram carimbadas com um parecer positivo para a publicação, porém com circulação restrita. Santos entendeu que se fosse professor de uma instituição como a USP, a UnB ou UFRJ, sua carreira acadêmica teria se encerrado com a apreensão desse livro.

Santos atribuiu a apreensão do livro à deslealdade e rivalidade de colegas que também queriam publicar seus livros e que em grande parte aderiram ao lema "Brasil, ame-o ou deixe-o", *slogan* dos anos 1969-1974, inclusive "adesivando" seus automóveis. Ele relata esses episódios como justificativas de sua não adesão ao regime, identificando-se como uma pessoa aberta e que não tolerava perseguições de cunho político.

Santos descreve que, no regime ditatorial, a UFSC recebia muitos "estudantes" transferidos das cidades de Brasília, Rio de Janeiro, São Paulo, que eram taxados pelos alunos da universidade de espiões devido às condutas estranhas e a seus aspectos pouco característicos para um estudante. A UFSC também realizou um inquérito, denominado "Operação Barriga-Verde", sobre denúncias que levaram à demissão e aposentadoria compulsória de colegas e expulsão de estudantes. Santos afirma que escondeu na casa de seu pai muitos dos livros lidos durante o curso de especialização, por serem considerados subversivos.

Suas produções na década de 1960 constituíram-se nos esforços iniciais para se pensar a educação, um campo em configuração em Santa Catarina e sobre elas nos debruçaremos para compreender algumas ideias sobre educação e modernização, dialogando com Lydio Martinho Callado, Osvaldo Ferreira de Melo, que consideramos seus principais interlocutores na educação, de modo particular, no que se refere ao planejamento.

EDUCAÇÃO E MODERNIZAÇÃO EM TRÊS EXPRESSÕES

Santos, em seu escrito *Educação e Desenvolvimento em Santa Catarina*, assegurava que as questões pertinentes à compreensão dos problemas educacionais e do sistema de ensino catarinense sempre foram objeto de suas preocupações e que isso o levou a estabelecer contato permanente com as questões educacionais, por meio da aceitação do convite para compor o grupo de trabalho que estudava a implantação do Cepe.

Ele acreditava que, para compreender as situações educacionais no Estado, seria substancial analisar de maneira profunda e complexa o sistema educativo em vigor naquele contexto, o que permitiria compreender a organização da sociedade catarinense e, a partir daí, não fazer previsões, mas apontar tendências. Algumas experiências de pesquisa por ele vivenciadas já no ano de 1964 indicavam que a educação catarinense era um campo de disputas políticas e que havia conexões diretas, íntimas entre as atividades educacionais e os mecanismos político-partidários em vigor, que interferiam inclusive na nomeação de professores. Considerava ele que, para entender a educação, era necessário ter uma visão do que era a política catarinense no contexto e atender a três imperativos: abandonar o tradicionalismo, implementar a pesquisa e o uso da prática social do planejamento em educação.

Com a criação da CEPAL a temática do desenvolvimento emerge como central nas discussões no interior das Ciências Sociais na América Latina, conforme Blanco (2007). Esse autor afirma que "os problemas do desenvolvimento econômico latino-americano só podiam ser pensados em relação às características do sistema político, da estrutura social, do sistema de estratificação, da composição de suas elites políticas, econômicas, sociais e intelectuais" (2007, p. 104). Nesse espaço de diálogo mais próximo entre os campos das Ciências Sociais e da Economia e que interfere nas questões ligadas à educação, é que Santos se movia, realizando projetos e tecendo suas ideias em um campo em plena configuração: o educacional.

ABANDONO DO TRADICIONALISMO

A preocupação com o predomínio do tradicionalismo em educação instigou Santos a desenvolver a pesquisa A zona rural da Ilha de Santa Catarina, no ano de 1964, a fim de "traçar um quadro [...] de sua situação cultural, social e econômica" (SANTOS, 1971, p. 41). Ele objetivou compreender o grupo de açorianos em sua dinamicidade, aceitando que ninguém comporta em si todo um patrimônio cultural e que o meio tem um papel de indicar algumas características da cultura, quando se trata do aspecto de adaptação. O aspecto de adaptação é relevante, visto que a população do Estado se avolumou devido às imigrações ocorridas no fim do século XIX e na primeira metade do XX, com os italianos, alemães e os japoneses, além dos açorianos.

A vida comunitária era caracterizada pela família nuclear como pilar; pela coesão por vínculos tradicionais de consanguinidade e afinidade; por uma ordem social individualista, com relações sociais parciais que se davam ao sabor dessas consanguinidades e semelhanças. Essas características, pela necessidade do desenvolvimento da especialização das funções dos indivíduos na sociedade, revelavam-se como impeditivo ao desenvolvimento da educação e da modernização, posto que ambas possuíssem características agregadoras. A existência de cabos eleitorais donos de vendas, de terras, de embarcações e redes, de caminhões, subjugava as populações "de maneira que a mobilidade social" era limitada (SANTOS, 1971, p. 47).

O papel da educação escolar se restringia a "socializar primariamente as populações" e a escola emergia como um lócus no qual as crianças eram "introduzidas no domínio rudimentar da leitura e escrita" (SANTOS, 1971, p. 48), função insuficiente em uma sociedade que implementava ações modernizadoras. Callado (1974) entende que o processo educativo deveria em tese atualizar sua filosofia, métodos, técnicas, estrutura e fins com o intuito de responder às necessidades específicas exigidas pelos contextos sociais.

Para Santos (1970a, p. 19), "a potencialidade dos recursos humanos", em Santa Catarina, não atingiria seu máximo, enquanto o homem fosse "alvo de um processo de política de clientela, que além de aliená-lo" o desumanizava. Era fato que a educação tinha funções específicas desde o momento que o processo de desenvolvimento fosse provocado. As dificuldades residiam no ajustamento entre a educação e as propostas desenvolvimentistas. Melo (1969, p. 3) coadunava-se com essas ideias, pois pensava o sistema de ensino catarinense como "incondizente com as solicitações tecnológicas do mundo moderno". Estava presente no discurso daquele contexto que, sem o ajuste tanto das questões educacionais quanto de desenvolvimento, ambas se inviabilizariam, visto que havia interesses de toda ordem e não unicamente estaduais. Esses fatores, na perspectiva de Santos, não ofereciam condições para que o sistema de ensino suportasse o seguimento dos planos de desenvolvimento econômico e social implantados pelo Estado. A educação que era

> oferecida pelo sistema tradicional [era] seletiva e destinada a dar aos jovens educandos uma visão do mundo incoerente com os objetivos da sociedade dinâmica, complexa e democrática que aos poucos [ia] se instalando no Estado e no País" (SANTOS, 1968, p. 21).

Dessa maneira a educação era mais um obstáculo que uma agência capaz de promover mudanças.

Melo (1969, p. 4) enfatiza a temática da precariedade quanti-qualitativa do ensino. Para ele, tal questão se ratificava pela assustadora evasão de jovens e crianças das escolas primárias, sobrepostas por ginásios também seletivos e obsoletos e pelo falso pretexto democratizador que conduzia uma juventude despreparada culturalmente ao ensino superior. Com esse argumento, Melo justifica que a presença desses jovens no ensino superior enfraqueceria a qualidade do ensino nesse nível.

Era imprescindível que o sistema educacional sofresse uma reforma urgente, que deveria ser iniciada pela Secretaria de Educação, reforma já protelada no projeto mais amplo, quando o PLAMEG I foi instalado em 1961. Em vez de reformar-se a máquina administrativa, foi criado o Gabinete do Planejamento, uma autarquia pretensamente despolitizada, destinada a cumprir a programação estabelecida pelo plano, visto que os antigos órgãos da administração estadual estavam condicionados aos tradicionalismos, fixados na política da clientela e impotentes quanto à realização de ações sistemáticas e coerentes. Assim, não houve ruptura com o modo de administrar anterior.

Para atender a relação entre educação e modernização, era preciso que a educação oportunizasse à população a participação efetiva naquele contexto histórico modernizador, pautado na industrialização e no capitalismo, que se afirmava em oposição a contextos e estruturas tradicionais. No caso catarinense, o sistema econômico e social em grande medida ainda era agrário e rural.

As dificuldades que envolviam a educação eram conhecidas por meio de experiências e vivências pontuais, o que impedia sua ordenação e sistematização. Questões isoladas não admitiam uma visão global dos problemas que perpassavam o setor educacional. Desse modo, as medidas tomadas pelos administradores da educação eram sempre de acordo com sua "visão de mundo", solucionando problemas momentâneos e isolados. Era urgente elaborar um plano integral para o ensino catarinense. Santos prescreve o que era necessário, segundo suas perspectivas, à modernização da educação do ensino primário, naquele contexto:

> a) adequar os currículos à realidade; b) redistribuir as unidades escolares, prevendo a eliminação progressiva das escolas isoladas (devido ao baixo rendimento dessas unidades) e c) reformular os cursos de formação de professores, visando adequar a formação dos novos mestres e,

> simultaneamente, criar ambientes necessários à programação de "reciclagem" para os professores em exercício (1970, p. 21).

Outras medidas atreladas a essas exigências eram: institucionalizar uma filosofia da educação fundada nas expectativas de progresso econômico e social defendidas no contexto; desburocratizar a máquina administrativa da educação; eliminar a influência política do sistema educacional; implantar classes preparatórias ao primário, a fim de diminuir os altos índices de reprovação ocorridos na 1ª série; não se dedicar a resoluções unicamente de problemas de curo prazo; não se limitar à educação primária e estender-se ao ensino médio do 1º ciclo que deveria ser unificado (SANTOS, 1970). Entre as principais mudanças a serem tomadas quanto ao ensino médio de 1º ciclo, ele defendia:

> a) a implantação gradativa de ginásios polivalentes em substituição aos vários tipos de ginásios (secundário, normal, agrícola, industrial e comercial) em atuação; b) a formação em regime universitário de dois anos do professor polivalente; c) a adequação dos currículos às realidades regionais; d) a implantação de ginásios menores (dois anos) nas localidades que não tenham condições para possuir o ginásio completo; e) a supressão dos convênios com estabelecimentos particulares de ensino; f) fixação de programa que oriente a criação e a construção de novos estabelecimentos, dando-se prioridade àqueles que se localizam em áreas que sejam pontos de convergência das populações vizinhas (1970, p. 22-23).

Já Melo (1969, p. 6) sobrecarrega a função da educação, dando-lhe uma perspectiva salvífica quando afirma que ela conduziria a uma só língua, impulsionaria os mesmos valores, eliminaria os preconceitos e egoísmos, elevaria a capacidade de aprendizagem, despertando potenciais e conduzindo a "formação do homem integral, capaz de um adequado comportamento econômico, cívico, ético e político, inclusive com domínio de uma tecnologia adaptada aos nossos problemas".

Como isso ocorreria se as relações tradicionalistas extrapolavam os círculos familiares para ganhar força no espaço público, até as instâncias administrativas? Isso dificultava caminhar a passos mais largos, de acordo com Santos, no que dizia respeito a uma educação integradora e inclusiva e a um Estado modernizado. Santos assume o debate sobre o imprescindível abandono do tradicionalismo, sinalizando as condições e propondo resoluções possíveis que poderiam, segundo um discurso presente no contexto daquele momento, elevar socialmente um contingente de crianças e professores catarinenses fadados à manutenção nos seus lugares sociais, caso a condições educacionais permanecessem fincadas no tradicionalismo.

"Modernizar" tornava-se expressão do abandono das relações tradicionalistas que imperavam no contexto da década de 1960. Para Santos, o maior problema a ser enfrentado era a questão da cultura, visto que ela, em última análise, era determinante para "as relações de uma população, sejam essas referentes à aceitação de um novo valor cultural, uma reestruturação social ou uma modificação tecnológica" (1971, p. 45). A modernização, em primeira perspectiva, exigia uma desvinculação do tradicionalismo, especialmente aquele expresso pelas relações de mando e obediência que caracterizavam a sociedade catarinense na década de 1960, quando ocorre no estado o *boom* educacional, que faz a educação despertar interesses, pois ela teria objetivos políticos, sociológicos, culturais psicológicos e econômicos a cumprir, como "um fator muito ponderável de mobilidade numa sociedade que se transforma rapidamente", de acordo com as defesas do contexto (MELO, 1969, p. 14).

IMPLEMENTO À PESQUISA EDUCACIONAL

A experiência em realizar pesquisas, adquirida em sua formação antropológica, fez com que Santos pensasse as questões relativas à educação em relação estreita com a prática da pesquisa científica. Educação torna-se, então, par da pesquisa. Assim, modernizar era realizar "uma análise profunda e complexa do sistema de ensino em vigor e da própria organização da sociedade estadual" (SANTOS, 1968, p. 13), o que Santos realizou durante os anos na direção do Cepe. Melo (1974, p. 1) reafirma a importância da prática da pesquisa ao admitir que só ela traria "respostas adequadas e seguras" e que estas deveriam "ser procuradas à base de um plano de pesquisas profundas e contínuas".

Santos reconhecia que os administradores estaduais demonstravam preocupação com o sistema de ensino, ao proporcionarem o desenvolvimento de pesquisas e debates objetivando "equacionar problemas e encontrar soluções" (SANTOS, 1968, p. 17). Ele defendia que as políticas voltadas ao campo da educação eram extremamente complexas e precisavam ser travadas discussões amplas, diagnóstico das realidades, ordenamento e sistematização das situações, até então pensadas isoladamente sem qualquer "planejamento integral do ensino" (SANTOS, 1968, p. 17). A percepção panorâmica da situação educacional se daria unicamente por meio da realização de pesquisas, que era a "própria razão de ser" (SANTOS, 1970a, p. 16) do aparato educacional criado (Cepe/Faed/UDESC). A pesquisa educacional apresentava-se como requisito à educação no cumprimento de seu objetivo de transformar as mentalidades tradicionais em mentalidades modernas, pela modificação da compreensão do que era a educação.

Como diretor e pesquisador durante sua liderança no Cepe, o que se deu de 1963 a 1970, desenvolveu nove pesquisas de menor alcance. Posteriormente, três pesquisas significativas permitiram a produção de um *survey* sobre os problemas e as condições educacionais em Santa Catarina. São elas: *Sobre as condições do Processo Educacional em Santa Catarina*, realizada em 1966, serviu como suporte científico para a implantação do Plano Estadual de Educação (PEE 1969-1980). Este foi o de maior envergadura no reconhecimento da realidade educacional catarinense. Realizada em 1967, a pesquisa *Expansão da escolaridade primária até a 6ª série* surgiu da necessidade revelada pelos dados da primeira pesquisa e pela investigação urgente e profunda da opção feita pela extensão da escolaridade primária até a 5ª e a 6ª séries e para detectar os problemas decorrentes dessa medida. A terceira pesquisa *Evasão Escolar e Repetência nas Comunidades Pesqueiras de Santa Catarina*, realizada também em 1967, tratou dos problemas da evasão escolar e da repetência em comunidades que viviam da pesca no Estado. Essas pesquisas constituem, ainda hoje, referenciais para estudos sobre a educação catarinense, não somente no período, mas também, para balizar estudos comparativos.

A realização dessas pesquisas foi fecunda, pois se investiu também na realização do "Curso sobre Técnicas em Pesquisas Educacionais", que preparou, inicialmente, doze entrevistadores em dez aulas por ele ministradas. Fez, também, levantamento do acervo bibliográfico existente sobre a temática educacional na Faed e no CEE e enviou sete equipes de pesquisadores à Região Oeste do Estado, para percorrerem as regiões escolares e fazerem levantamentos de dados educacionais. Enquanto essas equipes percorriam a região, Santos orientava um grupo de técnicos no trabalho de tabulação dos dados coligidos, organizando e esquematizando as matrizes para a elaboração dos relatórios que abordaram dez itens aglutinadores. Ainda, no ano 1966, foi realizada uma pesquisa para verificar o número de crianças matriculadas nas escolas catarinenses entre os anos de 1925 e 1934 e, também, o número de estabelecimentos escolares até 1935.

Para fundamentar teoricamente todas as discussões e as análises das pesquisas realizadas, Santos mobilizou, no Cepe, a aquisição de 2.200 livros de diversos pensadores das áreas sociológicas e antropológicas que debatiam sobre o tema educação e abriu espaço para os integrantes de sua equipe de pesquisa publicarem, nos boletins do Cepe, resenhas de livros lidos e artigos que estavam relacionados a temas ligados à problemática educacional no Estado. A prática da pesquisa em educação, para além do controle estatístico gerado pela pesquisa quantitativa, permitiu a compreensão da realidade educacional, revelando "fatores qualitativos" que "somente de modo indireto influenciam o desenvolvimento do ensino" (SANTOS, 1970b, p. 3).

Acerca da relevância da prática da pesquisa em educação, diz o intelectual que "todo sistema de ensino, embora controlado estatisticamente, deve ser alvo de estudos e pesquisas que visam o seu real entendimento e avaliação, perante os objetivos perseguidos pela sociedade" (SANTOS, 1970b, p. 3). E ainda afirma:

> a pesquisa que devemos entender, ao abordar o sistema de ensino, pode enfocar isoladamente aspectos pedagógicos, sociais, culturais, econômicos ou sanitários. Pode ter características interdisciplinares. Pode ser destinada a entender parte ou totalidade do sistema. Pode ser de cunho utilitário ou teórico (SANTOS, 1970b, p. 4).

Para ele, quanto maior interdisciplinaridade houver na prática da pesquisa, com cada ciência seguindo seus parâmetros teórico-metodológicos, mais ampla será a visão sobre os fenômenos e maior focalização multidimensional. Essa percepção da necessidade de interdisciplinaridade impulsionou Santos a estreitar as relações entre o Cepe e o curso de pedagogia, convidando alunos(as) para participarem de projetos de desenvolvimento – como uma espécie de iniciação à prática científica – de pesquisas, na convicção da importância dessa prática na formulação do planejamento da educação como expressão de modernização. É sobre esse aspecto que pensaremos a seguir.

PRÁTICA SOCIAL DO PLANEJAMENTO EM EDUCAÇÃO

Depois da compreensão e análise da situação educacional, econômica e social – por meio de pesquisas – era mister a "utilização da técnica do planejamento para facilitar o controle e a solução dos problemas" (SANTOS, 1970a, p. 7). O planejamento despontava como técnica social científica praticada entre os países em condições vantajosas de desenvolvimento, em relação aos países periféricos. Esse planejamento deveria estar voltado plenamente às realidades regionais e estaduais, ser flexível e reajustável no aspecto de corrigir insuficiências emergentes durante seu processo de execução, segundo Melo (1974). A prática científica do planejamento, no contexto em que Celso Ramos assumiu o governo catarinense, era disseminada em todo o território nacional como uma forma de governar sem onerar os cofres públicos em aplicações desnecessárias, visto que as pesquisas "tendem a atuar como infra-estrutura de todos os projetos e planos que se formulam para garantir um crescente progresso" (SANTOS, 1970b, p. 3).

Planejar, como uma atividade-meio, implicava em, além de fixar metas e programar os recursos existentes, elaborar planos globais de desenvolvimento, ou seja, racionalizar a coisa pública. Mas não somente isto; para Santos, era imprescindível analisar as "perspectivas econômicas do Estado, além de se considerar suas tendências quanto à demografia, à urbanização, o avanço tecnológico, os meios de comunicação" (1970a, p. 18). Seria "necessário levar em conta, também, que o Estado não é um todo isolado da Nação e que esta como um todo, além de pressionar o Estado quanto às várias decisões, sofre compulsões, de outras sociedades nacionais" (1970a, p. 18). Melo (1974, p. 7) considerava o planejamento como uma técnica, instrumento para consecução de metas e, portanto, suscetível "ideologicamente [aos] seus agentes e respectivos objetivos".

O planejamento da educação contribuiria para não se focar mais a resolução de problemas momentâneos, mas (e principalmente) para dirimir resoluções por familiaridade ou experiência de administradores com visão parcial da realidade educacional. Isso desqualificava a máquina administrativa do Estado, na qual temas caros à educação, como evasão, repetência, currículo, articulação entre os diferentes níveis de ensino, gastos com educação, entre outros, figuravam como coadjuvantes, diante do brilho do modo tradicional de trato com a educação pública. Portanto, o planejamento não poderia "ser deixado à margem pelos administradores, já devido à preocupação em usar da melhor maneira os recursos disponíveis, já devido à complexidade dos problemas que a nossa geração cabe enfrentar e solucionar" (SANTOS, 1970a, p. 18).

No ideário de Santos, era preciso haver uma mudança de atitude por parte dos componentes da máquina administrativa, "outra maneira de ver, de sentir" as questões públicas. Era mister uma familiaridade científica, dada pelos resultados de pesquisas, verdadeira lente capaz de mostrar os problemas e indicar as medidas apropriadas à modernização do sistema de ensino. Segundo o que Santos defendia, as maiores possibilidades de a educação cumprir sua função estavam no ato de planejar e, desse modo, os educadores não poderiam furtar-se a essa prática, se desejassem "efetivamente ajustar o sistema de ensino às expectativas de desenvolvimento" (1970a, p. 13). A educação deveria ser propulsora do desenvolvimento, sem que toda a carga de responsabilidade lhe fosse imputada. Deveria harmonizar a transição do desenvolvimento econômico e social, e isso, no entendimento de Santos, era impossível sem "a técnica da planificação" (SANTOS, 1968, p. 20).

A emergência de uma sociedade industrial, capitalista e modernizada só se afirmaria, segundo o pensamento desse intelectual, com mudanças severas nos contextos sociais e culturais tradicionais, o que se daria com o uso dos instrumentos oferecidos pela ciência. A modernização, o desenvolvimento e a dinamização da sociedade e da educação implicava romper com a organização social tradicional vigente no Estado, isto é, desmantelar a relação político-partidária imobilizadora, para construir uma relação especializada no trato com as questões públicas. Essa transformação permitiria superar o descompasso existente entre a necessidade de trabalho especializado e a deficiência do sistema de ensino catarinense. Isso se daria com o uso dos instrumentos oferecidos pela pesquisa científica. A prática social do planejamento era a

> intervenção racional para melhor controlar os investimentos realizados pelo Estado, implica numa verdadeira mudança nos padrões tradicionais de administração pública, pois que estes acham-se inteiramente viciados por uma máquina político-eleitoral, à qual não interessam mudanças que coloquem em risco sua existência (SANTOS, 1968, p. 57).

A planificação sistemática seria o veículo de deslocamento da população das relações tradicionais nos aspectos sociais, políticos ou econômicos, provocando integração e harmonização em uma sociedade catarinense dinâmica, complexa e completa que se delineava no Estado e no país. Assim a interface entre os três imperativos: abandono do tradicionalismo, implementação da pesquisa em educação e o uso da prática social do planejamento possibilitaria talvez não uma ruptura, como ato inaugural com as práticas habituais, mas como a inserção de novos elementos que, aos poucos, fariam ruir as "velhas" mentalidades, em um campo no qual os recursos de todas as ordens são parcos.

REFERÊNCIAS

AGUIAR, Letícia Carneiro. *O curso de Pedagogia em Santa Catarina*: a história da sua criação no contexto do projeto desenvolvimentista da década de 1960. Tese (Doutorado) – Programa de Pós-Graduação em Educação, Universidade Federal de Santa Catarina, Florianópolis, 2006.

BLANCO, Alejandro. Ciências sociais no Cone Sul e a gênese de uma elite intelectual (1940-1965). Tradução de Luiz Carlos Jackson. *Tempo Social – Revista de Sociologia da USP*, v. 19, n. 1, p. 89-114, jun. 2007.

CALLADO, Lydio Martinho. Prefácio da 2ª edicão. *In*: *Teoria e prática do Planejamento Educacional*. Porto Alegre: Globo, 1974.

CUNHA, Luis Antônio. *Educação e desenvolvimento social no Brasil*. 7. ed. Rio de Janeiro: Francisco Alves, 1980.

DAROS, Maria das Dores. *Plano Estadual de Educação*: concretização das orientações políticas da educação. Dissertação (Mestrado) – Universidade Federal de Santa Catarina, Florianópolis, 1984.

GERMANO, José W. *Estado Militar e Educação no Brasil*. São Paulo: Cortez, 1994.

GOULARTI FILHO, Alcides. *Formação econômica de Santa Catarina*. Florianópolis: Cidade Futura, 2002.

LENZI, Carlos Alberto Silveira. *Partidos Políticos de Santa Catarina*. Florianópolis: UFSC; Lunardelli, 1983.

LINS, Zenilda Nunes. *Faculdade de Educação*: projeto e realidade. 2. ed. ampl. e atual. Florianópolis: UDESC, 1999.

MATTOS, Fernando Marcondes de. *Industrialização catarinense*: análise e tendências. Florianópolis: UFSC, 1968.

MELO, Osvaldo Ferreira de. *Teoria e prática do Planejamento Educacional*. 2. ed. rev e ampl. Porto Alegre: Globo, 1974.

MELO, Osvaldo Ferreira de. *Teoria e prática do Planejamento Educacional*. Porto Alegre: Globo, 1969.

MELO, Osvaldo Ferreira de. UDESC: 25 anos de uma estratégia modernizadora. *In*: *Idealização e construção da história*: UDESC 1965-1990: Universidade Federal da Santa Catarina. Florianópolis: UDESC, 1990. 64 p.

RAMOS, Celso. Arquivo Público do Estado de Santa Catarina: ao povo catarinense. Florianópolis, 1º de abril de 1964. Discursos de Celso Ramos, Governador do Estado. cdt.

Encadernado com (G. d. 1963/64) S. cx. SANTA CATARINA. Governo de Celso Ramos. Trabalho do encontro dos Governadores (Separata da Mensagem) Florianópolis, 1961.

SANTA CATARINA. Governo de Celso Ramos. Trabalho do encontro dos Governadores (Separata da Mensagem) Florianópolis, 1961.

SANTOS, Sílvio Coelho dos. Um nome a ser lembrado: Silvio Coelho dos Santos. *Revista de Ciências Humanas*, Florianópolis, n. 39, p. 9-35, abr. 2006.

SANTOS, Sílvio Coelho dos. *Entrevista concedida ao professor Dr. Norberto Dallabrida/ UDESC*. jun. 1997.

SANTOS, Sílvio Coelho dos. A zona rural da Ilha de Santa Catarina. *In*: *Ensaios sobre sociologia e desenvolvimento em Santa Catarina*. Florianópolis: Edeme, 1971.

SANTOS, Sílvio Coelho dos. *Um esquema para a educação em Santa Catarina*. Florianópolis: EDEME, 1970a.

SANTOS, Sílvio Coelho dos. Da importância da pesquisa na formulação de planos educacionais. *Mensário Informativo do Cepe*, n. 25, maio/jun. 1970b.

SANTOS, Marcílio Dias dos. O Cepe na estrutura da faculdade de educação. *Mensário Informativo do Cepe*, n. 26, p. 3, set./out. 1970c.

SANTOS, Sílvio Coelho dos. *Educação e Desenvolvimento em Santa Catarina*. Florianópolis: Ed. UFSC, 1968.

SILVA, Valdir Alvim. *Poder político e políticas públicas: inventário político do poder oligárquico em Santa Catarina*: uma historia de dominação de classe. Dissertação (Mestrado em Administração) – Universidade Federal de Santa Catarina, Florianópolis, 1996.

VALE, Ione Ribeiro. *Burocratização da educação; um estudo sobre o Conselho Estadual de Educação do Estado de Santa Catarina*. Florianópolis: Ed. UFSC, 1996.

XAVIER, Maria do Carmo; FARIA FILHO, Luciano Mendes de. Apresentação. *In*: *Clássicos da Educação Brasileira*. Belo Horizonte: Mazza, 2010. v. 1. (Coleções Pensar a Educação, Pensar o Brasil).

DESENVOLVIMENTISMO E POLÍTICAS EDUCATIVAS NO BRASIL NOS ANOS 1950-1960: TRANSNACIONALIZAÇÃO E MODERNIZAÇÃO

MARIA DAS DORES DAROS

A discussão sobre a contribuição da educação para o desenvolvimento nacional marcou a elaboração das políticas educacionais no Brasil no período 1950-1960. A aposta na educação, não só como fator de transformação da mentalidade social, mas simultaneamente como motor e consequência do desenvolvimento, induz a perscrutar as diferentes retóricas, levando em consideração tanto as diferentes posições quanto as semelhanças e as dissonâncias relacionadas com a temática. Considerando a imprensa periódica pedagógica como importante fonte de informações para a história da educação, elegeu-se, para mapear esse debate, a *Revista Brasileira de Estudos Pedagógicos – RBEP* –, por conter inúmeros artigos tanto de autores brasileiros quanto de estrangeiros, que discutem relação da educação com o processo de desenvolvimento.

Procurou-se por artigos que tratassem da relação entre educação e desenvolvimento econômico nos projetos educacionais em disputa no Brasil naquele momento.

Na revista que elegemos como fonte documental de nossa análise, foram publicados os documentos da Organização das Nações Unidas para a Educação, a Ciência e a Cultura – UNESCO – que contêm as recomendações das Conferências Internacionais de Instrução Pública realizadas entre 1946 e 1962. Foram feitas, na oportunidade, várias recomendações aos Estados representados. Também foi publicado na mesma edição da *RBEP* o documento da UNESCO para servir de base de avaliação das metas educacionais para a América Latina. Nele, se descreve a situação educacional de vários países e se projetam as necessidades para 1970 (os dez anos seguintes). As metas estabelecidas eram atender a 100% no ensino primário e a 30% no ensino secundário dos respectivos grupos etários. No ensino superior, os avanços dependeriam das metas alcançadas no ensino secundário (*ibidem*, p. 58-85).

Além do documento, a revista publica a bibliografia analítica dos documentos, entre eles alguns de responsabilidade da Comissão Econômica para a América Latina – CEPAL –, apresentados à conferência, com menção de um documento preparado pelo Centro Brasileiro de Pesquisas Educacionais – CBPE – e, de outro, elaborado por João Roberto Moreira, técnico do INEP/MEC, entre outros, nos quais são indicados os problemas principais do sistema educacional brasileiro e suas necessidades para o desenvolvimento econômico.

A UNESCO, criada em 1945, faz parte de um vasto sistema de organizações internacionais de natureza intergovernamental como a Organização das Nações Unidas – ONU –, a Organização para a Cooperação Econômica – OECE –, a Organização para a Cooperação e Desenvolvimento ou Econômico – OCDE –, o Fundo Monetário Internacional – FMI – e o Banco Mundial. Essas organizações, entre outras, passam a desempenhar um papel determinante "na afirmação do projeto de desenvolvimento, em que, a par da inovação tecnológica, a educação (enquanto formação de recursos humanos) constitui um dos pilares fundamentais" (STOER, CORTESÃO & CORREIA, 2001, p. 121). Realizou-se, nesse período pós-Segunda Guerra, por meio dessas organizações, "um esforço para estabelecer uma racionalidade científica que permitisse formular leis gerais capazes de guiar, em cada país, a ação reformadora no campo da educação" (TEODORO, 2001, p. 127). Entre os esforços citados, há um elevado número de conferências, missões e assistências técnicas a inúmeros países, entre os quais, o Brasil. Nos anos sessenta do século XX, a UNESCO firmou com o Ministério de Educação e Cultura do Brasil – MEC – um convênio para assessorar os estados na organização de seus sistemas de ensino, colocando à disposição seus peritos, para orientar a prática do planejamento e a organização da educação. O convênio MEC/UNESCO resultou em assistência de peritos estrangeiros a vários estados do Brasil, entre os quais, Santa Catarina.

A partir da realidade política brasileira, questiona-se como se articularam as propostas educacionais com as ideias transnacionais protagonizadas pelos organismos internacionais. Embora as leis e a organização do sistema educativo brasileiro resultem da ação do governo, elas seguem na esteira de um pensamento mais global e de uma estratégia de desenvolvimento definida em função de conveniências de uma sociedade capitalista.

Também será analisada a predominância das organizações internacionais nos anos de 1960 como veículos das teorias da modernização, embasadas na teoria do capital humano e na defesa da planificação educacional. As teorias da modernização creem na relação positiva entre ensino e desenvolvimento econômico, pois as transformações necessárias ao desenvolvimento se consubstanciam na necessária passagem da sociedade tradicional para a moderna, ou seja, para a sociedade urbano-industrial (GERMANI, 1971, p. 101). Essa passagem se faz pelas transformações das instituições, o que, em última análise, se dá pela mudança de atitude dos indivíduos. Daí a necessidade de investir não só no capital físico, mas também no "capital humano" (SHUTZ, 1963).

As teorias da modernização, segundo Azevedo (2000), constituem a base do modelo mundial de educação, quando, após a Segunda Guerra Mundial, com os processos de descolonização, ocorreu uma ampliação do privilégio da cidadania aos povos e raças não-brancos e uma expansão da ideia de igualdade dos direitos humanos. A modernização irradiada pelas Nações Unidas assentava-se, então, no pressuposto dos benefícios econômicos específicos da educação e beneficiou-se da "rápida expansão da teoria do capital humano, que apoiou a extensão dos sistemas educativos nacionais e reforçou a emergência do moderno sistema mundial" (AZEVEDO, 2000, p. 158).

Nas Conferências de Instrução Pública da UNESCO, a maior ênfase estava na preocupação com a universalização da educação primária, obrigatória e gratuita, com a diversificação da educação secundária e sua progressiva gratuidade, bem como em sua articulação com o ensino primário e, ainda, na necessidade de facilitar o acesso ao ensino superior. Essas questões constituem a preocupação principal dos autores da *RBEP* quando discutem a relação de educação com desenvolvimento. Embora estejam ligados à problemática educacional do Brasil, muitos deles também faziam parte de redes de autoridades político-administrativas e de especialistas que se formaram por iniciativa da UNESCO para discutir e propor reformas educacionais, principalmente para a América Latina. Especialização que os legitima como intelectuais, ou seja, como atores do político (SIRINELLI, 2003, p. 243).

Este trabalho propõe-se justamente discutir como as teorias da modernização e a teoria do capital humano nos anos 1950 e 1960 reforçam a crença no planejamento da condução racional das políticas públicas para a modernização do Brasil, no envolvimento de intelectuais na discussão e implementação das políticas educacionais e em sua vinculação aos organismos internacionais.

A EDUCAÇÃO COMO CAMPO DE TRANSNACIONALIZAÇÃO E MODERNIZAÇÃO

A educação que se pensa e se organiza no Brasil participa de um sistema civilizacional fortemente relacionado com a ordem econômica capitalista. Assim, e reconhecendo que todos os países têm sistemas educativos com particularidades decorrentes das dinâmicas econômicas e culturais próprias a cada um e processos e protagonismos políticos singulares, devemos ter em consideração que a educação que se discute e se concretiza no Brasil está sujeita a lógicas transnacionais que a condicionam fortemente. Embora as leis e a organização do sistema educativo brasileiro resultem da ação do governo, elas seguem na esteira de um pensamento mais global e de uma estratégia de desenvolvimento definida em função das conveniências de uma sociedade capitalista.

Cortesão e Stoer (2001, p. 388), ao analisar a realidade socioeconômica portuguesa, identificam diferentes tipos de transnacionalização educativa e indicam que fortes pressões externas mais ou menos explícitas estiveram presentes em vários países, na primeira metade do século XX, por influência do Banco Mundial, do FMI, da OCDE, da UNESCO e de outros organismos internacionais. Claro, são sobretudo importantes "as pressões que se fizeram sentir, em relação à modernização, para que tivesse lugar o desenvolvimento da escola de massas" (*ibidem*, p. 389). Também são exemplos dessas pressões a extensão da escolaridade obrigatória, recomendada pela UNESCO, sugerindo que "uma primeira etapa de 8 a 9 anos de educação geral [...] abranja a educação primária e o primeiro ciclo ou o ciclo básico de instrução média" (Conferência sobre Educação e Desenvolvimento Econômico e Social na América Latina, publicada na *RBREP*, n. 87, p. 56, 1962).

No Brasil, a ampliação da escolaridade obrigatória para oito anos foi consolidada nas mudanças efetivadas na Lei nº 5.692/1971. Na verdade, já eram sentidas como necessárias à expansão das relações que deviam promover a consolidação e o crescimento das sociedades que valorizavam a iniciativa privada, os valores burgueses, a circulação do capital e dos produtos, o aumento do consumo.

Referindo-se a Dale (1999), os já citados autores discutem os efeitos sobre as políticas educacionais nacionais dos mecanismos da globalização existentes desde as décadas de 1950 e 1960 e que resultaram da intervenção dos organismos internacionais: a realização de empréstimos e o ensino de formas (normalizadas) de fazer planejamento educacional (STOER, CORTESÃO, 2001, p. 372). Entre os efeitos da globalização sobre a política educativa, encontra-se a ideia de que seu *locus* de viabilidade é externo (abrangendo tanto os objetivos como os processos da política educativa), e que sua origem não pode ser encontrada em nenhum Estado/nação específico. Para os autores, Dale (2001) compara duas concepções da relação educação e globalização: a primeira é a de cultura educacional mundial comum, baseada em valores ocidentais, que explica o desenvolvimento dos sistemas educativos nacionais e das categorias curriculares pela utilização de modelos universais de educação, Estado e sociedade, mais do que por fatores nacionais distintos; a segunda sustenta que é a natureza mutável da economia capitalista mundial que constitui a força principal da globalização e que procura estabelecer a sua influência sobre os sistemas educativos, ainda que intensamente mediados pelos sistemas educativos nacionais. Para Stoer (2002, p. 36), Dale indica que é o imperativo econômico que assume o papel principal no processo de globalização da educação e não as dimensões culturais e normativas.

Sem discutir o mérito e as limitações dessas duas propostas teóricas de análise das relações entre os processos de globalização e as mudanças em educação, exploraremos a hipótese de um processo de globalização cultural de longa duração (que inclui a expansão da forma política do Estado-nação), para compreender a relação entre educação e desenvolvimento no Brasil, tendo como principais atores, nas décadas de 1950 e 1960, organizações internacionais como a UNESCO, sem deixar de considerar a forte presença da OCDE e da CEPAL, entre outras.

A criação de organizações internacionais de natureza supranacional como a UNESCO deu um forte impulso à internacionalização das problemáticas educacionais. As conferências, missões e assistência técnica e financeira oferecidas a inúmeros países, entre os quais o Brasil, faziam parte do "esforço para estabelecer uma racionalidade científica que permitisse [...] criar vastas redes de conctatos, de financiamentos e de permuta de informações e conhecimentos entre autoridades político-administrativas de âmbito nacional, actores sociais experts e investigadores universitários" (TEODORO, 2001, p. 127)". Essas redes, para o autor, centraram-se em torno de vários aspectos essenciais, sendo um deles a ideologia do progresso, centrada na equação *educação é desenvolvimento*, ou seja, na crença de que a expansão e a melhoria dos sistemas educativos assegurariam o desenvolvimento socioeconômico.

No Brasil, o processo de redemocratização após a queda do Estado Novo, em 1945, reforça as bases do nacional-desenvolvimentismo, ideologia que atinge seu auge com o governo de Juscelino Kubistscheck (1956-1961). O Plano de Metas de seu governo definiu os pressupostos básicos da educação para o desenvolvimento, aproximando as diretrizes educacionais das recomendações e dos incentivos financeiros provenientes dos citados organismos internacionais.

As recomendações educacionais do Plano de Metas eram semelhantes às do Informativo n. 49, da Conferência sobre Educação e Desenvolvimento Econômico e Social na América Latina patrocinada pela UNESCO, realizada em 1962 em Santiago do Chile. A noção de desenvolvimento baseava-se na crença "da superação do atraso relativo por meio da remoção dos obstáculos ao desenvolvimento por meio de graus variados de intervenção governamental, de classes ou grupos sociais, sobretudo das elites econômicas e sociais. [...] Neste sentido provocou a substituição da ideia de ausência pelo tema dos pré-requisitos para o desenvolvimento" (XAVIER, 2007, p. 79).

No período, o tema predominante no meio intelectual brasileiro era o da mudança social, ancorada na percepção dualista da nossa realidade. ok Estes foram os anos do desenvolvimentismo, forma de teorizar a industrialização, elaborada pela CEPAL e divulgada no Brasil, visando a colocar o Estado a serviço de um acelerado crescimento econômico, objetivo "inseparável de uma meta política emancipadora, segundo a qual a cidadania política deveria ampliar-se à medida que a modernização econômica promovesse a independência nacional" (PÉCAUT, 1990, p. 101). A ênfase na justiça social e na construção de uma sociedade democrática enfatizava o desenvolvimento industrial e o planejamento como um modelo de gestão racional (BOMENY, 1990).

A crença na relação positiva entre o ensino e o desenvolvimento econômico (STOER, 1982), embasada nas teorias da modernização, credita as transformações necessárias ao desenvolvimento à inevitável passagem da sociedade tradicional para a moderna, ou seja, urbano-industrial. Tal passagem se faz pelas transformações das instituições, o que, em última análise, ocorre pela mudança de atitude dos indivíduos. Nos anos de 1950, a análise da dimensão econômica da educação "atribuía à educação escolar a tarefa de formar as habilidades requeridas pelo 'mundo moderno': difundir os avanços tecnológicos e o progresso material e preparar os sujeitos para a vida democrática" (XAVIER, 2007, p. 76).

Esperava-se, portanto, que a educação preparasse tecnicamente para as atividades industriais e divulgasse atitudes adequadas à nova sociedade. As teorias da modernização apoiavam-se, segundo Kowarick (1977), numa concepção de mudança social, que buscou inspiração na análise funcionalista. Para a análise funcionalista, a sociedade é normalmente equilibrada e a "mudança num elemento deve, por hipótese, acarretar transformações em outros, provocando uma sequência de ajustamentos recíprocos que mantém o todo social integrado" (KOWARICK *et al.*, 1977, p. 44-5). Dentro da premissa básica do equilíbrio social, a teoria da modernização montou um arcabouço para definir os desajustes decorrentes da industrialização e urbanização. Entende, por esse enfoque, que a sociedade em transição, ou em desenvolvimento, se desequilibraria momentaneamente até atingir o equilíbrio quando alcançasse o estágio moderno, quer dizer, a industrialização.

As teorias da modernização se baseiam numa visão de etapas, que os países subdesenvolvidos deveriam vencer, a exemplo dos países industrializados avançados. Mas a passagem por estas etapas, isto é, por diferentes estágios históricos, não se dá de maneira global. Admitia-se que a sociedade não se desenvolveria igualmente em todos os setores, coexistindo setores mais avançados com setores mais atrasados dentro de uma mesma sociedade. Ao centralizar-se nos indivíduos, ou grupos, os atrasos e avanços relativamente à modernização se explicariam pelas atitudes e comportamentos que os indivíduos ou grupos teriam em relação aos parâmetros exigidos pela sociedade urbano-industrial.

Sendo este um processo "desorganizador do quadro social", geraria "desajustes tanto em nível das normas, como das condutas sociais. Desajustes definidos em função de um padrão normal tido como inerente e próprio de uma caracterização genérica e abrangente de cultura industrial" (KOWARIK, 1977, p. 47). Para o autor citado, o "padrão normal" é estabelecido como um padrão ideal de comportamento e, sendo padrão concreto, parte do pressuposto de que a sociedade, "por uma espécie de predisposição metafísica, tende a generalizar os padrões de modernidade" (KOWARICK *et al.*, 1977, p. 51), pois ~~. Isso~~ porque a teoria da modernização concebe a sociedade tradicional como um estado inicial de um processo contínuo que tem na sociedade moderna o ponto final da evolução social.

A modernização é também colocada como internalização das qualidades empresariais, aceitação de novas ideias, existência de habilidades técnicas, etc. Para tal fim, espera-se que a educação desempenhe papel importante, ajudando, além de mudar seu conteúdo com a "evolução do ensinamento técnico e científico" (GERMANI, 1973, p. 101), a interiorizar "as atitudes correspondentes ao novo marco normativo da sociedade, ou seja, atitudes empresariais, motivações adequadas ao trabalho industrial, etc." (GERMANI *et al.*, p. 92).

Por outro lado, a modernização pressupõe que as sociedades se tornem cada vez mais abertas, ampliando-se a mobilidade social, baseada principalmente no "binômio renda-ocupação, quando o primeiro termo resulta do segundo, e este é passível de ser adquirido pela universalização do processo educacional" (KOWARICK *et al.*, 1977, p. 52).

A difusão do discurso da modernização se valeu de uma gama de organizações internacionais, que se converteram em espaços de produção e circulação de discursos e intervenções no âmbito da educação, baseados em conhecimentos gerados pelos próprios organismos internacionais como a UNESCO, criada com a finalidade de levar a cabo políticas específicas no campo da educação. Nesses espaços, estavam presentes vários intelectuais brasileiros envolvidos no projeto de modernização da sociedade.

INTELECTUAIS E EDUCAÇÃO

Estudos como os de Pécaut, Miceli, Schwartzman, Bomeny, Vieira apontam, no contexto intelectual brasileiro, os fins do século XIX e os três primeiros quartéis do século XX como o período de intensificação da intelectualidade na cena pública.

Os estudos investigam a prática social dos intelectuais nos processos de produção, veiculação e recepção do discurso sobre a relação entre educação e modernidade (concebida como a ação edificante da razão que, pela ciência, a tecnologia, a instrução e as políticas sociais universalizam um modo de pensar e sentir a realidade). Ou seja, segundo Vieira (2007, p. 382), investiga-se o papel social assumido pelos intelectuais: a relação entre os agentes, as correntes de pensamento e o seu meio social Para o autor, o intelectual moderno, aquele que se empenhou na expansão dessa visão de mundo caracteriza-se a partir de três aspectos principais: 1) definição de uma identidade, ou seja, de um sentimento de pertencimento a um estrato ou grupo social específico (*intelligentsia*), caracterizado por sua competência, familiaridade e/ou formação para lidar com a cultura, seja ela artística, filosófica, científica ou pedagógica; 2) sentimento de missão social, isto é, empenho e engajamento político; 3) por fim, defesa da centralidade da questão educativo-formativa no projeto moderno de reforma social.

Daniel Pécaut, no livro *Os intelectuais e a política no Brasil: entre o povo e a nação*, analisa três gerações de intelectuais: a de 1925-1945, a de 1954-1964 e a de 1964-1968. Os intelectuais da geração 54-64, segundo o autor, acreditavam que o povo brasileiro já estava politicamente constituído e eles não precisavam mais reivindicar um lugar junto à elite, pois sua legitimidade decorria de se pensarem intérpretes das massas populares. No entanto, para Pécaut, a geração de intelectuais do período anterior, 1925-1945, caracterizava-se por se preocupar com o problema da identidade nacional (latente) e das instituições. Considerava que o povo brasileiro ainda não estava politicamente constituído e acreditava ser necessário agir de cima, como elite esclarecida e assim dar forma à sociedade e a seu povo. Os intelectuais brasileiros acreditavam no poder redentor da escola e se instituíam (eles próprios), engajados e cosmopolitas, como intérpretes do povo e da nação. Católicos, protestantes, liberais, conservadores, integralistas, comunistas, em diferentes contextos e lugares sociais, compartilhavam as mesmas convicções sobre o papel das elites intelectuais na construção da nação. O intelectual brasileiro se entendia como interlocutor privilegiado do Estado nos termos colocados por Mannheim: ocupava uma posição peculiar entre as classes sociais e não acima delas e, portanto, poderia realizar a síntese das perspectivas parciais. As ~~Essas~~ análises mostram que, no início do século XX, os intelectuais partilhavam do entendimento e da perspectiva de Mannheim quanto aos seus desígnios como responsáveis pela formação das novas elites dirigentes. Na interpretação do autor (*idem*, 1982), os intelectuais são responsáveis pela condução da nação, mesmo não constituindo uma classe, mas estando entre as classes, formando a única camada capaz de realizar a síntese do pensamento social desejável. Daros (1984, p. 8), com base nesse mesmo autor, indica que se trata de "definir os aspectos da vida social passíveis de controle", por meio da manipulação de técnicas sociais com o fim de garantir a ordem social e influenciar adequadamente o comportamento e os costumes dos homens. Assim, os projetos educacionais podem ser pensados destacando-se o papel dos educadores, que, entre outros grupos de intelectuais (MICELI, 1975), buscavam legitimar sua esfera de atuação pela valorização de seu capital escolar e pelo reconhecimento político por meio da atuação junto ao Estado.

Os projetos de reconstrução nacional defendidos pelos intelectuais, especialmente os educadores (DAROS; MELO, 2006), objetivavam estruturar o campo cultural e abrir uma via de ação para a atuação política desses atores. Iniciativas como as reformas de ensino, a criação de instituições modernas de ensino e pesquisa (DAROS; SCHEIBE; DANIEL; 2005; 2006), a proximidade com organismos internacionais e a defesa do planejamento como forma racional de condução da coisa pública estão presentes no debate dos projetos educacionais.

Como se sabe, ao longo da história republicana coexistiam diferentes projetos de reconstrução do Brasil que disputavam legitimidade junto ao Estado, explicitando o jogo de interesses e as convicções dos agentes envolvidos. Nesse processo, a educação condensa expectativas de controle e organização social e política e o sistema escolar é percebido como um valioso recurso de poder. O controle do sistema educacional torna-se alvo de uma acirrada disputa, o que se evidenciou nos projetos que se manifestaram de forma mais nítida nos anos de 1930-1940. Assim, o envolvimento dos intelectuais brasileiros num projeto de modernização da sociedade implicava a mobilização em torno das reformas de ensino. Modernização indicava principalmente um projeto de industrialização que, por sua vez, pressupunha organizar as atividades sociais com funções objetivas, com as quais os dirigentes do processo da racionalização da sociedade definiam papéis e traçavam objetivos. A racionalização científica clamava por mudanças de parâmetros de análise social, a qual procura nas ciências sociais o suporte teórico e metodológico para interpretar os fenômenos sociais.

DISCUSSÃO SOBRE DESENVOLVIMENTO E EDUCAÇÃO: AS RECOMENDAÇÕES DA UNESCO E DA CEPAL

Embora presente como preocupação governamental desde os anos de 1930, é no governo Juscelino Kubitschek (1956-1961) que se retomam as questões relacionadas ao desenvolvimento, que resultam na construção de um amplo projeto nacional de desenvolvimento capitalista assumido como política de governo (IANNI, 1979, p. 156).

A política desenvolvimentista e o acelerado processo de crescimento e desenvolvimento e diversificação do sistema produtivo que marcaram a década de 1950, aliados à crescente valorização das Ciências Sociais como referência às pesquisas na área da educação, foram significativamente ampliadas com a presença do Centro Brasileiro de Pesquisas Educacionais – CBPE –, criado durante a administração de Anísio Teixeira, e vinculado ao Instituto Nacional de Estudos e Pedagógicos.

Em 1953, Anísio Teixeira propôs, em colaboração com a UNESCO, a instalação de um Centro de Altos Estudos Educacionais, embrião do que viria a ser o Centro Brasileiro de Pesquisa Educacionais – CBPE –, e a rede de Centros Regionais, implantados no Rio de Janeiro, São Paulo, Minas Gerais, Pernambuco, Bahia, Paraná e Rio Grande do Sul.

As recomendações das Conferências Internacionais de Instrução Públicas realizadas pela UNESCO certamente influenciaram a montagem de instituições de pesquisa como o CBPE, bem como ajudaram na definição de projetos de pesquisa na área de ciências sociais como embasamento para a definição das políticas educacionais, com ênfase sobre a temática da educação e economia.

Nos diversos números da *Revista Brasileira de Estudos Pedagógicos – RBEP*, fonte documental de nossa análise, foram publicados os documentos da UNESCO contendo as recomendações das Conferências de Instrução Pública realizadas entre 1946 e 1962, num total de doze. Normalmente realizadas em Genebra, em 1962 o escritório regional para a América Latina realizou em Santiago do Chile a Conferência sobre Educação e Desenvolvimento Econômico e Social na América Latina (*RBPE*, n. 87, p. 55-105, 1962), na qual se fizeram várias recomendações para os Estados representados.

Destaca-se, entre as recomendações, a urgente necessidade de pôr em prática uma reorientação profunda da estrutura escolar dos países latino-americanos. A meta para o ensino primário ratificava as recomendações das reuniões interamericanas de 1956, 1958 e 1961, que eram de atender a 100% do grupo etário correspondente (5 a 14 anos) até o ano de 1970. Para o ensino secundário, a meta era atingir 30% do grupo etário (15 a 19 anos). O atendimento ao ensino superior dependeria do que fosse atingido no ensino secundário (*RBEP* n. 87, 1962, p. 58-85). Além da ampliação da escolaridade básica de 8 para 9 anos, a UNESCO recomendava uma segunda etapa de formação profissional de nível médio (de 2 a 4 anos), e uma terceira, especializada, profissional ou científica, de nível superior. Esse conjunto de recomendações evidencia o modelo proposto pela organização: educação primária universal; grande importância à expansão do médio secundário e superior, além da educação de adultos.

São também referenciadas na *RBEP* as funções indicadas pela Comissão Econômica para América Latina – CEPAL – para os sistemas de economia moderna necessários a um rápido progresso econômico, destacando a influência recíproca entre o fator econômico, o social e os sistemas escolares. O economista argentino Raul Prebish ocupou o cargo de secretário executivo da CEPAL entre 1950 e 1963. Recrutou um notável conjunto de economistas e cientistas sociais, entre os quais o brasileiro Celso Furtado e o mexicano José Medina Echeverria. Para Sauter, Prebish cunhou o conceito de capitalismo dependente e periférico "que, para muitos especialistas de seu tempo, foi considerado como um modelo latino-americano próprio, com enorme circulação/aceitação internacional, além de considerável aceitação de parte dos organismos internacionais" (SAUTER, 2011, tradução nossa).

A CEPAL apresenta na Conferência de Santiago do Chile de 1962 documento em que expõe a reciprocidade de influências dos fatores econômicos e sociais e os sistemas escolares da América Latina, mostrando em que medida a situação educacional se condiciona à demografia, à economia e à estrutura da própria região (*RBEP*, n. 87, p. 86) . Chama também a atenção no rol de documentos apresentados à conferência um relatório de autoria de Anísio Teixeira, diretor do INEP, elaborado pelo Centro Brasileiro de Pesquisas Educacionais – CBPE – para a conferência de Santiago, e outro, elaborado por João Roberto Moreira.

Evidencia-se não apenas nesses, mas também em outros documentos apresentados por vários países, como a problemática educacional estava internacionalizada naquele momento, além do papel protagonista da UNESCO e de outras organizações internacionais, como a CEPAL, não só no campo financeiro, mas também na ajuda técnica para a definição das prioridades educacionais entendidas, como fundamentais para o desenvolvimento.

EDUCAÇÃO, PROGRESSO TÉCNICO E DESENVOLVIMENTO ECONÔMICO

O editorial "Educação e Desenvolvimento Econômico"(*RBEP, N.87)* enfatiza a incorporação no pensamento doutrinário de uma relação insuspeita entre educação e desenvolvimento, bem como de progresso técnico e de capital humano.

O progresso técnico (de acordo com o referido texto), aumentando a eficiência da produção, cria oportunidades de investimentos em ritmo mais acelerado. O problema do desenvolvimento econômico passou a ser considerado não como criação de riquezas, mas como o de criação da capacidade de criar riqueza (*Revista Brasileira de Estudos Pedagógicos*, n. 87). Esta, como sublinhava o editorial, seria "o produto do capital humano" (*RBPE*, n. 87, p. 5, 1962). Na verdade, a opinião aí veiculada assentava-se nos estudos feitos nos Estados Unidos por Theodore W. Shuttz, que mostrava o efeito do aumento da produtividade causado pelas pessoas educadas.

Jaime Abreu, coordenador da Divisão de Estudos e Pesquisas Educacionais do Centro Brasileiro de Pesquisas Educacionais – CBPE –, propõe, no artigo "O ensino primário e médio na Conferência de Santiago"(RBEP, n.87), fazer um balanço crítico da tomada de consciência do problema latino-americano do ensino elementar e médio "em si mesmo" e em suas implicações socioeconômicas. Lembrando que a meta da universalização do ensino primário ratificou recomendações anteriores das reuniões interamericanas de 1956, 1958 e 1961, Abreu indica que, nessa recomendação, para além da contribuição econômica, também está presente o aspecto político cultural de direito humano universal à educação. No entanto, acaba concordando com Raul Prebisch, que, em palestra proferida na conferência, advertia que "progredir resolutamente em educação, sem fazer o mesmo em relação ao desenvolvimento econômico, geraria apenas novos elementos de frustração e tensão social". Concluía que, sem a cooperação internacional, adicionada a um ponderável esforço nacional, o Brasil não teria a quantidade e a qualidade da educação exigida para o "elevar ao nível dos países industrializados, desenvolvidos" (*RBPE*, n. 87, p. 43, 1962).

Os argumentos utilizados na *RBPE*, publicada sob a responsabilidade do Instituto Nacional Estudos Pedagógicos, traduzem o momento por ele vivenciado. Ao enfatizar questões pertinentes ao planejamento da política educacional, os autores dos artigos analisados evidenciam uma preocupação não só com a adequação das proposições, mas também com o financiamento e o acompanhamento dos projetos educacionais. Se, por um lado, estão de acordo com as recomendações da UNESCO e da CEPAL, que naquele momento exerciam influência decisiva na definição e no financiamento das políticas educacionais de países como o Brasil, por outro, buscavam equacionar, em termos concretos, a execução das políticas, tendo em vista que, naquele momento, o INEP era uma instituição relevantíssima na orientação da político-educacional brasileira.

As discussões presentes na *RBEP* nem sempre estão tão diretamente ligadas a questões econômicas. No artigo "Educação e Desenvolvimento" (*RBEP*, n. 81, 1961), Anísio Teixeira parte da argumentação de que nada se pode dizer sobre educação e desenvolvimento sem responder a questões que, segundo sua apreciação, são fundamentais: que elite dirige o desenvolvimento? Com que propósito o dirige? E em que velocidade quer marchar?

Afirma que tanto as decisões básicas quanto as do método de distribuição da força de trabalho, do sistema educativo e da velocidade da industrialização dependem do tipo de elite que dirige o desenvolvimento. Tendo por referência o trabalho *Industrialism and Industrial Man*[6] (Harvard University, 1960), advoga que a elite de

[6] Relatório de autoria de Jonh T. Clark Kerr , Frederick H. Harbinson Dunlop e Clarles A. Myer da Harvard University Press , Cambridge, Mass. U.S.A, 1960 ,apresentado ao Encontro Regional de Educadores Brasileiros. (*RBEP*, n. 81, p.73, 1961).

classe média, por ser a mais aparelhada em ideias específicas relativas à nova ordem industrial, é que deve conduzir o processo de desenvolvimento (*RBEP*, n. 81, p. 85, 1961). No entanto, segundo sua avaliação, a América Latina se havia radicalizado em extremos entre direita e esquerda. Para ele, o Brasil estava longe da formação do cidadão indispensável ao funcionamento da democracia liberal, enquanto o desenvolvimento estava muito mais sob a influência do espírito dinástico e paternalista herdado do Estado Novo, além de também receber a propulsão do combustível nacionalista.

Conclui, de forma pessimista, embora adequada ao momento político vivenciado pelo Brasil no início dos anos de 1960, que, antes de se estabelecer "um ambiente de maior nitidez e claridade política e melhor definição da doutrina democrático-liberal, pouco se pode fazer pela educação nacional" (*ibidem*, p. 91).

Já no artigo "Educação para o Desenvolvimento", publicado na mesma *RBEP* (n. 81, 1961), Lourenço Filho enfatiza que as relações entre educação e progresso técnico há muito tempo já eram preocupação de pensadores sociais, filósofos, sociólogos e educadores. Indica Rui Barbosa como responsável por uma visão histórica de ordem geral e particularmente aplicada ao caso brasileiro. Ressalta, no entanto, que só recentemente a relação entre educação e progresso técnico deixou de ter a forma de vagas proposições para se concretizar em dados objetivos e índices numéricos. Revela ainda que presidiu uma reunião preparatória no Rio de Janeiro com especialistas e técnicos das Nações Unidas que resultou no Programa da Conferência Interamericana de Desenvolvimento Econômico e Social, a se realizar em março de 1962. Nessa reunião preparatória, foi elaborada uma compreensão mais restrita de educação para o desenvolvimento. A "preparação profissional adequada com relação aos contingentes da população ativa apresenta-se como um dos principais encargos que socialmente se deverá atribuir a determinado sistema educacional". A compreensão, em sentido mais amplo, foi adotada pela UNESCO na referida conferência (*RBEP*, n. 81, 1961, p. 39).

Citando Theodore W. Schutz e Colin Clark, Lourenço Filho evidencia a relação entre estrutura profissional, produtividade e renda, de uma parte, e recursos educacionais, de outra, para concluir que "não há um só ramo de ensino que não interesse ao desenvolvimento, por isso que todos, sem exceção, envolvem problemas que lhe dizem respeito" (*RBEP*, n. 81, p. 66, 1961).

A temática do desenvolvimento também era tratada nas páginas da *RBEP* por autores estrangeiros. Frank Bonilla, em trabalho preparado para a conferência "Educação e Desenvolvimento", realizada na Califórnia em junho de 1962, destaca a fé dos latino-americanos na educação como instrumento para a realização rápida das mudanças desejadas na ordem política e social. Demonstrando ser profundo conhecedor da realidade política e educacional do Brasil, destacando inclusive o trabalho do Instituto Superior de Estudos Brasileiros (ISEB) – "instituição em certa medida única no mundo" –, ele entende que o sistema educacional deverá ter, no Brasil, importante papel na procura de soluções democráticas para os problemas existentes.

Como se pode perceber, os artigos analisados chegam a olhar para além da mera relação entre educação e desenvolvimento econômico. Embora tal aspecto seja bastante sublinhado e constitua um pressuposto praticamente onipresente, não há dúvida de que, em certos autores, emerge uma preocupação humanista ou uma visão que persegue um ideal de formação com vistas ao exercício de uma cidadania democrática. A rentabilidade econômica é considerada mais importante na retórica mais progressista, mas não como independente do projeto político a traçar. Sente-se em alguns autores preocupação com o rumo das sociedades latino-americanas, principalmente no sentido de que as políticas de educação sirvam apenas aos interesses de determinadas elites dos diferentes países, mantendo ou reforçando assimetrias sociais.

CONSIDERAÇÕES FINAIS

Nossa intenção, com o presente texto, foi indicar como os discursos sobre a articulação da educação com o desenvolvimento evidenciam que tal relação constituía um dos aspectos marcantes no contexto da discussão sobre o estabelecimento das políticas educativas no Brasil dos anos 1950-1960. Os autores dos artigos publicados na *RBEP* se debruçam, em primeiro lugar, sobre questões mais restritas da política educacional em sua articulação com a temática do desenvolvimento econômico. De fato, na base dos escritos de Shultz, Clark, entre outros, estão relações de clara dependência entre educação e desenvolvimento, marcadas pelos interesses da economia capitalista (ABREU, 1962, 1963; LOURENÇO FILHO, 1961). Discutem, nessa perspectiva, as necessidades educacionais para a industrialização preconizada, tais como ampliação da escolaridade em geral, as opções para o ensino médio técnico e o universitário, pois sempre se pressupõe uma preocupação com uma formação adequada a uma sociedade mais urbanizada e mais industrializada que, obviamente, necessitava da cultura escrita, da ampliação da escolaridade primária, de uma mão de obra mais qualificada.

Na verdade, embora fosse evidente a preocupação a respeito dessa articulação, também se discute a temática da educação e desenvolvimento em sua relação com a manutenção das instituições democráticas. Para que de fato se possa dizer que se promove o desenvolvimento, alguns autores chegam a advertir que deve haver maior preocupação com o equilíbrio nas relações humanas, políticas e sociais, pois as instituições democráticas dependem "da formação do cidadão para o funcionamento da democracia liberal" (LOURENÇO FILHO, 1961, p. 37; TEIXEIRA, 1962, p. 86).

Não há dúvida a respeito de uma retórica generosa em alguns autores, que, embora no marco da democracia representativa, os induzia a defender um sistema aberto de classes, de valores igualitários no que toca o exercício de direitos e, enfim, "uma participação ativa de todos os cidadãos na direção dos negócios públicos por um sistema de representatividade de governo" (LOURENÇO FILHO, 1961, p. 44).

Assim, ainda que inscrevendo suas ideias num sistema político capitalista e no quadro de um regime democrático liberal, alguns autores brasileiros demonstram inquietação sobre a forma e o significado do desenvolvimento, temendo que ele não contemple a ideia de progresso social e que apenas se restrinja a servir a um *status quo* econômico. Nas páginas da *RBEP*, repercute, por exemplo, a necessidade de discutir o processo de tomada de decisão quanto ao desenvolvimento que se deve ter em consideração, indagando sobre que forças sociais deviam intervir na definição do projeto de desenvolvimento e quem se beneficiaria dele, ou seja, como os lucros e os custos do desenvolvimento podiam ser distribuídos (TEIXEIRA, 1962; BONILLA, 1962).

O discurso desses autores fundava-se nos mesmos pressupostos em que assentavam as sociedades ocidentais mais desenvolvidas e servia bem à lógica de expansão do sistema econômico inerente a tais países, dentro de uma perspectiva de democracia liberal. No Brasil, segundo o que se reflete nas discussões que transparecem na *RBEP*, seguia-se fundamentalmente o que se inscrevia no âmbito das orientações da UNESCO. Mesmo quando os discursos se apresentam mais generosos - colocando muita ênfase numa universalização da educação primária, obrigatória e gratuita, propondo a diversificação da educação secundária e sua progressiva gratuidade, sua articulação com o ensino primário e a necessidade de facilitar o acesso ao ensino superior - eles estão apenas querendo forçar o investimento em aspectos que deveriam acelerar o desenvolvimento e dar maior consistência ao esforço de modernização do país, para que ele pudesse participar da ordem das sociedades que lideravam a modernidade. Embora vários desses autores estivessem ligados à problemática educacional do Brasil, eles faziam parte das redes de autoridades político-administrativas e de especialistas formadas por iniciativa da

UNESCO para discutir e propor reformas educacionais e, portanto, participaram da consolidação de uma cultura educacional mundial comum, posteriormente divulgada pelos organismos transnacionais e por eles próprios.

Vale lembrar que Anísio Teixeira exerceu cargo de Conselheiro de Educação da Comissão Preparatória da UNESCO a partir de 1945 e que coube a Lourenço Filho coordenar um grupo de técnicos e especialistas das Nações Unidas que, em reunião preparatória no Rio de Janeiro, elaboraram o programa a ser adotado pela UNESCO na Conferência sobre Educação e Desenvolvimento Social, posteriormente realizada em Santiago do Chile, em março de 1962.

Nessa conferência, além de Anísio Teixeira ter ainda apresentado um documento sobre valores reais e professados em política educacional a partir da constatação da existência no sistema educacional brasileiro de normas e padrões abandonados, por obsoletos e anacrônicos, nos sistemas europeus, outro colaborador do CBPE, João Roberto Moreira, em conjunto com outros autores, apresentou um trabalho denominado "Brasil: Inventário de las necessidades de educación para el desarrolho econômico y social" (RBEP, 1962, p. 91), no qual avalia as necessidades educacionais para o desenvolvimento econômico. Ora, João Roberto Moreira havia sido convidado para assumir um cargo na UNESCO no Chile e "partilhava e conhecia os projetos dos organismos internacionais com relação aos encaminhamentos que deveriam ser dados à educação, não só no Brasil, como em outros países latino-americanos" (DANIEL, 2007, p. 69). É possível compreender que as conferências constituíssem redes de sociabilidades, assim como as revistas, "pelas posições tomadas, os debates suscitados, e as cisões advindas [...] um lugar precioso para a análise do movimento das idéias" (SIRINELLI, 2010, p. 249).

Os elementos aqui analisados identificam os protagonistas que contribuíram para a consolidação de "uma cultura educacional mundial comum" por sua atuação em vários espaços transnacionais de discussão, nomeadamente as conferências promovidas pela UNESCO. Eles, juntamente com outros, ajudaram, por um lado, a elaborar modelos universais de educação e, por outro, se empenharam em acrescentar perspectivas mais pessoais sobre as questões nacionais. Mas o que mais interessa sublinhar é que os autores brasileiros mencionados tinham uma grande influência na formação do discurso educacional brasileiro, pois muitos deles ocupavam postos-chave na esfera governamental brasileira e gozavam de grande prestígio nacional e internacional. Por sua vez, partilharam de uma visão de mundo fomentada por organizações internacionais como a Unesco e protagonizaram a difusão de ideias transnacionais caras ao modelo de modernização pretendido pelos países de economia capitalista e democracia representativa. Seus olhos, independentemente das diferentes opiniões individuais, estão na modernidade exibida ao mundo pelos países ocidentais mais desenvolvidos.

REFERÊNCIAS

ABREU, J. O ensino primário e médio na Conferência de Santiago. *Revista Brasileira de Estudos Pedagógicos*, v. 38, n. 87, p. 34-43, 1962.

BOMENY, H. *Os intelectuais e a política*. Rio de Janeiro: Zahar, 2001.

BONILLA, F. A educação e o desenvolvimento político no Brasil. *Revista Brasileira de Estudos Pedagógicos*, v. 38, n. 88, p. 45-63, 1962.

CORTESÃO, L.; STOER, S. R. Cartografando a transnacionalização do campo educativo: o caso português. *In*: SANTOS, B. de S. (Org.). *Globalização*: fatalidade ou utopia. Porto: Afrontamento, 2001. p. 369-408.

DALE, R. Globalização e educação: demonstrando a existência de uma "cultura de educação mundial comum" ou localizando uma "agenda globalmente estruturada para a educação?". *Educação, Sociedades & Culturas*, n. 16, p. 133-169, 2001.

DANIEL, L. S. João Roberto Moreira: *A ciência como instrumento de construção do ideal de modernidade*. Tese (Doutorado) – Programa de Pós-Graduação em Educação Universidade Federal do Paraná, Curitiba, 2009.

DOCUMENTOS da Conferência sobre Educação e Desenvolvimento Econômico e Social na América Latina. *Revista Brasileira de Estudos Pedagógicos*, v. 38, n. 87, p. 55-106, 1962.

EDUCAÇÃO e Desenvolvimento Econômico: relatório brasileiro. (Documento apresentado à Conferência sobre Educação e Desenvolvimento Econômico e Social na América Latina. 242 p. mimeogr.) (CBPE). *Revista Brasileira de Estudos Pedagógicos*, v. 38, n. 87, p. 105, 1962.

GARRIDO, J. L. G. *Fundamentos de educacion comparada*. Madrid: Dykinson, 1991.

GERMANY, G. *Política e Sociedade numa época de transição*. São Paulo: Mestre Jou, 1973.

IANNI, O. *Estado e Planejamento Econômico no Brasil (1930-1970)*. Rio de Janeiro: Civilização Brasileira, 1979.

KOWARICK, L. *Capitalismo e marginalidade na América Latina*. Rio de Janeiro. 1977.

LOURENÇO FILHO, M. B. Educação para o desenvolvimento. *Revista Brasileira de Estudos Pedagógicos*, v. 35, n. 81, p. 35-66, 1961.

MANHEIM, K. *O homem e a sociedade*: estudo sobre a estrutura social moderna. Rio de Janeiro: Zahar, 1962.

MICELI, S. *Intelectuais e classe dirigente no Brasil (1920-1940)*. São Paulo, 1979. (Coleção Corpo e Alma do Brasil).

MOREIRA, J. R. Brasil: Inventário de las necessidades de educación para el desarrolho econômico y social. (Documento apresentado à Conferência sobre Educação e Desenvolvimento Econômico e Social na América Latina. 122 p. mimeogr.). *Revista Brasileira de Estudos Pedagógicos*, v. 38, n. 87, p. 91, 1962.

PÉCAUT, D. *Os intelectuais e a política no Brasil*: entre o povo e a nação. São Paulo: Ática, 1990. (Série temas).

SANTOS, B. de S. Os processos de globalização. *In*: SANTOS, Boaventura de S. (Org.). *Globalização*. Fatalidade ou Utopia. Porto: Afrontamento, 2001.

SCHUTZ, T. W. *O capital humano*: investimentos em Educação e Pesquisa. Rio de Janeiro: Zahar, 1973.

SIRINELLI, J. F. Os intelectuais. *In*: RÉMOND, R. *Por uma história política*. Rio de Janeiro: Ed. FGV, 2003.

TEIXEIRA, A. Educação e desenvolvimento. *Revista Brasileira de Estudos Pedagógicos*, v. 35, n. 81, p. 71-92, 1961.

TEIXEIRA, A. Valores reales y profesados en política educativa (Documento apresentado à Conferência sobre Educação e Desenvolvimento Econômico e Social na América Latina. 26 p. mimeogr.). *Revista Brasileira de Estudos Pedagógicos*, v. 38, n. 87, p. 88, 1962.

TEODORO, A. N. D. Organizações internacionais e políticas educativas nacionais: a emergência de novas formas de regulação transnacional, ou uma globalização de baixa intensidade. *In*: STOER, S.; CORTESÃO, L. CORREIA, J. (Org.). *Transnacionalização da educação*: da crise da educação à "educação" da crise. Porto: Afrontamento, 2001.

VIEIRA, C. E. Intelectuais e o discurso da modernidade na I Conferência Nacional de Educação (Curitiba, 1979). *In*: BENCOSTA, M. L. (Org.). *Culturas escolares, saberes e práticas educativas*: itinerários históricos. São Paulo: Cortez, 2007.

XAVIER, L. N. *O Brasil como laboratório*: Educação e Ciências Sociais no Projeto do Centro Brasileiro de pesquisas Educacionais CBPE/INEP/MEC (1950-1960). Bragança Paulista: EDUSP, 1999.

XAVIER, M. C. *A Tradição (re)visitada*: a experiência do Centro Regional de Pesquisas Educacionais de Minas Gerais CRPEMG: 1956/1966. Tese (Doutorado) - Faculdade de Educação, Universidade Federal de Minas Gerais, Belo Horizonte , 2007.

A EDUCAÇÃO NO DEBATE DO DESENVOLVIMENTO: AS DÉCADAS DE 1950 E 1960

MARIA DO CARMO XAVIER

"O gesto que liga as ideias aos lugares é, precisamente, um gesto de historiador". Na trilha de Michel de Certeau (2000) esse texto pretende evidenciar algumas das ideias que nortearam o debate intelectual brasileiro sobre a relação educação e desenvolvimento nas décadas de 1950 e 1960. Trata-se de um período no qual a sociedade civil e o Estado se mobilizaram em torno de um amplo debate político e acadêmico sobre a modernização e o desenvolvimento nacional. As discussões envolveram parte significativa da elite intelectual em uma rica e complexa reflexão sobre as razões do nosso atraso e a urgência da promoção de mudanças sociais e culturais no país.

Por um lado discutia-se a viabilização do programa econômico do governo Juscelino Kubitschek, nomeado *Plano de Metas*, cujo propósito fundamental era acelerar o desenvolvimento do país, *cinqüenta anos [de progresso] em cinco [de governo]*, de outro, a vontade de intervir na complexa realidade brasileira reforçava na análise sociala perspectiva da *aceleração do tempo histórico*. Ou seja, a crença num processo intencional de mudanças econômicas sociais e culturais, que pautado pelo principio da planificação, produziria a passagem, de forma rápida, de uma estrutura social à outra.

Interessada em contribuir na transformação da experiência brasileira, e ao mesmo tempo sistematizar um pensamento científico capaz de elucidar os processos de mudança social no Brasil, a intelectualidade se dispôs e explicar e orientar o processo do desenvolvimento nacional. E nessa direção foi particularmente notável o empenho dos cientistas sociais em evidenciar a relação entre o desenvolvimento e a temática educacional. Pode-se dizer que naqueles anos a educação oferecia aos intelectuais, especialmente àqueles que se dedicavam aos chamados estudos dos *problemas brasileiros,* elementos concretos para o conhecimento dos processos de mudanças sociais e culturais que se operavam no país, ao mesmo tempo em que permitia a construção de propostas de intervenção, cujo propósito era acelerar ou modificar a cultura brasileira (PEREIRA; FORACCHI, 1983; XAVIER, 1999). Na expressão de Maria Isaura Queiroz (1972), na década de 1950, "dos aspectos do real, nenhum parece ter inspirado tanto os pesquisadores quanto aqueles que tratavam da sociologia educacional" (QUEIROZ, 1972, p. 522).

As conexões entre educação, mudanças sociais e desenvolvimento já foram delineadas por alguns analistas que traçaram as linhas mestras do pensamento social e educacional brasileiro entre os anos de 1950 e 1960. Esses estudos permitem uma demarcação do repertório de ideias e práticas partilhadas e postas a circular por uma geração de intelectuais e políticos que se dispuseram a refletir sobre as razões do nosso atraso e a formular alternativas para fundamentar e guiar a ação do Estado na remoção dos obstáculos ao desenvolvimento. Numa palavra, superar o subdesenvolvimento, termo que, na expressão de Carlos Guilherme Motta (1977), ganhou "concreção nessa década" e transformou-se "em alvo difuso a ser atingido pelas forças vivas da nação" (MOTTA, 1977, p. 156).

Indagando sobre a *diferença de sentido* entre as ideias que vincularam a escolarização da população ao progresso da nação e as análises que associaram a escolarização ao desenvolvimento econômico, Marcos Cezar Freitas (2006) pondera que desenvolvimento e progresso não são sinônimos enquanto signos da política, da cultura e da 'ratio econômica'. No seu entendimento, a ideia de escolarização, que, desde o século XIX, foi considerada pelo pensamento social brasileiro como "irradiadora de progresso", não tem o mesmo sentido da "escolarização" que foi "adaptada" para que o desenvolvimento pudesse acontecer. (FREITAS, 2006, p. 5).

Instigada por essa questão busco nesse texto fixar o repertório cultural que marcou o pensamento e a ação política entre 1950 e 1960 e que subordinou o debate educacional às demandas do desenvolvimento. Para tanto, destaco a centralidade adquirida pelas noções de desenvolvimento e subdesenvolvimento, industrialização e escolarização nos projetos que se propuseram a reorientar as políticas de Estado voltadas para a organização do sistema escolar. O objetivo é destacar as ideias que vincularam a reconstrução educacional ao projeto do desenvolvimento econômico e aquelas que associavam a educação ao progresso da nação.

A noção de repertório cultural tem por alicerce as reflexões de Charles Tilly (1993) e Ann Swindler (1986), que a definem como:

> conjunto de criações culturais apreendidas, mas que não tem origem em uma filosofia abstrata ou ganham forma enquanto resultado de propaganda políticas; elas emergem da luta [...] e designam [...] um conjunto limitado de esquemas que são apreendidos, compartilhados e postos em prática através de um processo relativamente deliberado de escolha (TILLY, 1993, p. 264).

Para Swindler (1986), os repertórios funcionam como "caixa de ferramentas", à qual os agentes recorrem, selecionando recursos, conforme suas necessidades de compreender certas situações e de posicionar-se diante delas. Trata-se de um complexo de visões de mundo, de formas de pensar e de formas de agir empregadas pelas pessoas em diferentes configurações para definir e construir linhas de ação (SWINDLER, 1986, p. 273).

Partindo das formulações desses autores, Ângela Alonso (2002) definiu repertório cultural como "um conjunto de recursos intelectuais disponíveis numa dada sociedade em certo tempo. É composto por padrões analíticos; noções; argumentos; conceitos; teorias; esquemas explicativos; formas estilísticas; figuras de linguagem; metáforas e não importa a consistência teórica entre seus elementos. Seu arranjo é histórico e prático" (ALONSO, 2002, p. 39). Essa ideia assume especial importância neste estudo, porque chama a atenção para a forma como os atores elaboraram a sua compreensão das situações e como construíram alternativas para superá-las.

Convém lembrar, com Lucian Febvre (1977), que as ideias não se separam radicalmente das formas de vida social que permitiram sua produção. Nesse sentido, para capturar o arranjo histórico e prático que as noções de desenvolvimento e subdesenvolvimento, industrialização e escolarização adquiriram nas décadas de 1950 e 1960 no Brasil, é preciso não perder de vista que naquele período a sociedade brasileira viveu um tempo de mudanças econômicas, políticas, sociais e culturais sem precedentes na história nacional.

UMA SOCIEDADE EM TRÂNSITO

Alguns dados numéricos sobre o perfil de distribuição da população ajudam a visualizar aspectos da amplitude dessas mudanças. Segundo o Anuário Estatístico Brasileiro, em 1940, cerca de 69% da população brasileira viviam em áreas rurais; nos anos de 1950, migraram para as cidades 8 milhões de pessoas (cerca de 24% daquela população). Na década de 1960, quase 14 milhões de pessoas (cerca de 36% da população rural) se transferiram para as cidades. Na década de 1970, foram 17 milhões (cerca de 40% da população rural). Portanto, "em três décadas, chegou-se à espantosa cifra de 39 milhões de pessoas" que migraram do campo para as cidades (MELLO; NOVAIS, 1998, p. 581).

Uma sociedade em trânsito, uma população em busca das oportunidades oferecidas pelo processo de desenvolvimento econômico: assim podemos descrever o quadro social brasileiro nos anos entre 1950 e 1960. A migração afiançava o otimismo na produção industrial. No conjunto, a economia brasileira entre 1940 e 1960 teve um crescimento por habitante da ordem de 32.9, em 1940, para 101.6, em 1960, enquanto no mesmo período o número de pessoas vinculadas à ocupação fabril cresceu de 49% em 1940 para 56%, em 1960.

Do ponto de vista educacional, essa rápida expansão dos contingentes urbanos configurava-se como um grande problema social. A intensificação das migrações do campo para as cidades colocava em cena novos atores e alterava a natureza e o volume da demanda por escola. Nas grandes cidades, a rápida expansão da massa populacional e a urgência da sua preparação como mão de obra industrial imprimiam à educação escolar não apenas o atributo de direito de todos, mas, sobretudo, o de necessidade de todos. No final da década de 1950, avaliava João Roberto Moreira,

> pelo menos a metade superior da sociedade brasileira passava, naquele momento, a querer beneficiar-se da educação escolar, pois que dispunham de condições sociais que lhe faziam sentir a necessidade da escola. E se considerarmos ainda que, da metade inferior, pelo menos uma parcela de (10 a 20%) estimulada por todos os mencionados fatores econômicos e sociais, também passa a querer educação escolar, temos que, em nossos dias, cerca de 60 a 70% da população brasileira sente a escola como uma necessidade e, portanto, como um direito das novas gerações. E a pressão por mais escolas se faz sentir em todos os cantos do país (MOREIRA, 1960, p. 194-195).

A crescente demanda por escola colocava em pauta a questão da redemocratização e da reconstrução do sistema educacional, temática que desde os anos finais do Estado Novo vinha ocupando espaço cada vez maior nas agendas governamentais e no debate acadêmico. Segundo Libânia Xavier (1999), nos anos finais da década de 1940, de forma consensual, "tanto o governo quanto a ABE defendiam a prioridade do ensino primário e normal, a flexibilidade dos níveis e ramos de ensino e a obrigatoriedade de um mínimo de cultura geral para todos, como meio de consecução da educação democrática" (XAVIER, 1999, p. 73).

Mas, para além das questões relativas à expansão da oferta da escolarização primária, o governo mostrava-se particularmente preocupado com a adequação da escola às demandas do desenvolvimento. A ideia de ajustar a escola às necessidades dos novos tempos é atestada pelo discurso do presidente Juscelino Kubitscheck de Oliveira, dirigido às alunas do Instituto de Educação de Belo Horizonte, na solenidade de formatura da turma de 1956.

> As necessidades de nosso tempo estão a exigir que a escola primária se transforme. Forçoso é que o ensino de primeiro grau abra [...] às classes menos abastadas para que se aufira melhor rendimento do seu trabalho nesta época profundamente transformada pelas conquistas da técnica. [...] já não se considera a escola primária simples estágio para a aprendizagem dos rudimentos da leitura, escrita e do cálculo. Há de também preparar o homem para o trabalho, integrando-o na economia nacional. [...] A escola deixou de ser seletiva. Pensa-se na atualidade, que ela deve educar a cada um, no nível a que cada um pode chegar. As aptidões não são uniformes e a sociedade precisa tanto das mais altas, quanto das mais modestas (OLIVEIRA, 1957, p. 144).

Percebe-se que o fundamento do discurso do governo é o da adequação da escola às novas diretrizes do desenvolvimento científico e tecnológico que se operavam na sociedade brasileira. A formação do indivíduo deveria voltar-se para a grande meta do desenvolvimento econômico. O resto viria por consequência. A propagação dessa ideia fez circular diferentes imagens sobre a escola brasileira e suscitou diferentes proposições sobre a relação entre educação e desenvolvimento.

Mesmo considerando a diversidade das análises e de propostas produzidas pelos intelectuais que se mobilizaram diante desse desafio, não há como negar que, com diferentes gradações, a temática da escolarização da população esteve associada aos projetos de "reforma de base" e expressaram as aproximações e os distanciamentos desses intelectuais em relação ao modelo de desenvolvimento a ser adotado no país.

Beneficiando-se do clima de liberdade política e da urgência atribuída ao planejamento e a racionalização da ação pública o debate educacional adquiriu naqueles anos relevância estratégica. A educação foi incorporada como um dos cinco setores destacados pelo Plano de Metas e debatida com grande ênfase por diferentes setores da sociedade. Conduzido por políticos, intelectuais e, especialmente, pelos chamados *"educadores profissionais"* - que entre os anos de 1920 e 1930 traçaram projetos de Brasil pautados pela defesa da escola pública laica, universal e gratuita - o debate educacional dos anos 1950 e 1960 ampliou a discussão sobre a descentralização administrativa dos sistemas escolares e a formação de quadros técnicos profissionais da educação. Todavia, o contexto agregava novos desafios e interesses. Perspectivas analíticas vinculadas à dimensão econômica atribuiam à educação escolar a tarefa de formar as habilidades requeridas pelo "mundo moderno", difundir os avanços tecnológicos e o progresso material e preparar os sujeitos para a vida democrática.

Na teia dos discursos em prol do ajustamento dos indivíduos às demandas do novo tempo, a escolarização da população foi abordada, ao lado da industrialização, como fator dinâmico do desenvolvimento econômico e do progresso social. Industrialização e escolarização assumiram naquele tempo a condição de elementos intensificadores das mudanças culturais tidas como necessárias para que o desenvolvimento pudesse ocorrer. A educação escolar foi tratada como mecanismo de promoção da mudança social, seja por seu potencial de formação da mão de obra qualificada, o que promoveria o aumento da produtividade e permitiria a elevação do padrão material da vida da população; seja por sua capacidade de difundir nova mentalidade social, que, com seu rol de consequências práticas, aceleraria o processo de construção da democracia e o ingresso do país no patamar das nações desenvolvidas.

Essas ideias não constituíam um padrão analítico homogêneo, mas circularam com grande intensidade nos debates políticos, nas reflexões teóricas e na opinião pública em geral, suscitando uma diversidade de argumentos, conceitos e esquemas explicativos por meio dos quais se buscou, sobretudo, produzir alternativas para a superação do subdesenvolvimento. Os diferentes arranjos teóricos e práticos que, naquele momento, vincularam a escola ao progresso da nação e aqueles que associaram a escola ao projeto do desenvolvimento econômico justificam a importância do estabelecimento de algumas distinções entre as noções de desenvolvimento e de progresso.

PROGRESSO E DESENVOLVIMENTO: ALGUMAS CONSIDERAÇÕES

Um tempo de mudanças. Dentre as imagens construídas sobre a realidade brasileira nas décadas de 1950 e 1960 esta é a mais recorrente. Contudo, convém lembrar que tais mudanças aconteciam em praticamente todo o mundo ocidental, transformando as estruturas de produção, as necessidades de consumo, os valores e o modo de vida das pessoas. A rigor elas já se encontravam em curso desde os anos finais da Segunda Guerra Mundial e eram produto dos avanços verificados nos campos da ciência, das comunicações e das tecnologias, elementos que contribuíam para forjar novas concepções sobre o papel da ciência e da indústria como fatores dinâmicos do desenvolvimento econômico.

No âmbito da sociologia do desenvolvimento, o processo de industrialização foi reconhecido como componente fundamental para o avanço econômico das sociedades periféricas e fator responsável pelas repercussões positivas na construção das modernas sociedades democráticas. Tais ideias provocaram um alargamento da percepção sobre o progresso e o atraso e ajudaram a disseminar a crença de que o desenvolvimento econômico – verificado em países do hemisfério norte e sustentado por sistemas operativos de avançada tecnologia e suporte no planejamento estratégico – poderia ocorrer nos países periféricos, desde que estes assimilassem os avanços daqueles, sem necessariamente repetir as etapas do seu passado (BAIROCH, 1986).

Segundo Otávio Dulci (1999) essa forma de compreender a experiência da expansão industrial dos países mais avançados tinha por base de sustentação estudos que, destacando "casos históricos", apontavam sólidas evidências que colocavam sob suspeita a noção iluminista de progresso - simplificada na ideia do contraste entre tradição e modernidade. Princípio que desde o século XIX vinha orientando o pensamento e a ação das sociedades ocidentais.

Na esteira desses estudos, novas frentes interpretativas sobre os processos de industrialização fizeram avançar as investigações sobre os processos de modernização e ampliaram as indagações sobre as razões do progresso e do atraso. Noções que se pautavam pela abordagem clássica da modernização e compreendia o progresso como um "processo de transição" de uma estrutura tradicional para uma estrutura moderna, ou seja, o modo de vida urbano industrial.

Para os fins aqui pretendidos, a diferença que se quer demarcar entre a noção de progresso e de desenvolvimento econômico diz respeito à forma como esses conceitos configuram duas possibilidades de olhar a realidade. A ideia de progresso, que se vincula a valores sociais e subentende uma filosofia social. Nessa direção o progresso corresponde a metas no curso do tempo e diz respeito à melhoria das sociedades em seus mais diferentes domínios da cultura, da economia, da educação e da saúde – rumo a uma perfeição desejada. O progresso pressupõe a evolução contínua em direção a estruturas sempre mais complexas e a âmbitos sempre maiores de ação humana. Progredir é dar vazão a um movimento histórico de aperfeiçoamento geral das sociedades, necessário e irreversível. Uma questão que representou poderosa ideologia dos tempos modernos e inspirou diferentes movimentos sociais e correntes de pensamento. Sob esse ângulo a noção de progresso envolve um processo de declínio da ordem tradicional e de ascensão da ordem moderna, implicando a generalização da ideia de que a modernidade se afirma em detrimento da tradição. Tratadas antinomicamente, sociedades *tradicionais* e *sociedades modernas* foram comparadas entre si afirmando-se que o processo de transição de um sistema ao outro implicaria a conquista de uma série de atributos correspondentes a um modelo do tipo "antes-depois" (DULCI, 1999).

Já a noção de desenvolvimento, nos termos do pensamento socioeconômico difundido na década de 1950, encontra-se totalmente desvinculada de qualquer conotação moral e se sustenta na premissa de que as precariedades ou lacunas das sociedades podem ser superadas, desde que racionalmente trabalhadas. Elaborado no recorte conceitual da economia política, a ideia do desenvolvimento desloca a lógica interpretativa do processo histórico de aperfeiçoamento geral das sociedades para o princípio das suas potencialidades. A ideia do desenvolvimento reconhece as virtualidades e especificidades de cada sociedade e aposta na capacidade de aproveitamento desse potencial. Na noção de desenvolvimento é preciso superar os entraves, eliminar por meio de investimentos específicos, os fatores aspectos que impedem o progresso. Em outras palavras, a noção de desenvolvimento aponta para a superação intencional do atraso. A remoção dos obstáculos ao desenvolvimento deverá obtida em graus variáveis de intervenção governamental, das classes e dos grupos sociais e, sobretudo, pelas elites políticas, econômicas e intelectuais. Nessa lógica a superação do atraso exige um projeto comum da nação no qual se realça o sentido estratégico do planejamento. e potencial mobilizador desenvolvimento, substituindo a ideia da ausência pelo tema para o desenvolvimento.

Essa premissa suscitou a produção de interpretações sobre os processos históricos de evolução econômica dos países ocidentais e contribuiu para deslocar análises pautadas na teoria econômica clássica - do jogo do livre câmbio para a preocupação com as questões relativas às desigualdades econômicas geradas pelo processo global do desenvolvimento. Do ponto de vista da análise econômica, difundiu-se um novo *corpus* explicativo, cuja maior referência é a chamada "teoria moderna", ou "teoria keynesiana", que demarcou uma fase de "tomada de consciência" do sistema de poder estabelecido no mundo e de suas consequências sobre a organização do mercado (MYRDAL, 1960).

A relação entre o grau de atraso das sociedades e o ritmo do avanço do seu desenvolvimento permitiu ao pensamento econômico da época indicar a possibilidade da superação do atraso como resultado do equacionamento dos obstáculos à expansão industrial. Daí a importância conferida ao planejamento estratégico e à racionalidade da ação do Estado na administração da coisa pública. Esse raciocínio contribuiu para fazer projetar argumentos políticos e científicos que atribuíram à industrialização e ao avanço tecnológico o papel de instrumentos de aceleração do tempo histórico, considerado o seu potencial de transformação das realidades sociais, políticas e culturais.

Nos meios acadêmicos e políticos difundiu-se largamente a imagem de que as economias poderiam dar "saltos" de uma fase histórica a outra. Essa crença redimensionou a percepção do atraso e favoreceu a propagação do ideário desenvolvimentista. Um pensamento que proclamou o princípio de que o crescimento da economia dependia da expansão industrial, do recurso ao capital estrangeiro, do investimento no planejamento setorial e na racionalidade da administração pública. Reforçava-se a compreensão do atraso como possibilidade e necessidade para uma nação queimar etapas e atalhar o caminho para a modernidade (DULCI, 1999).

A ideia de que a realidade econômica e social dos países periféricos poderia ser transformada com a aceleração e a consolidação do processo de industrialização e a adoção do planejamento estratégico animou tanto políticos quanto economistas e cientistas sociais latino-americanos, boa parte deles reunidos em torno de duas instituições recém-criadas pela Organização das Nações Unidas (ONU): a UNESCO, criada em 1946 para favorecer o progresso da educação, da ciência e da cultura e estimular a cooperação internacional às sociedades periféricas e a CEPAL – Comissão Econômica para a

América Latina – criada em 1948 por iniciativa do governo do Chile para teorizar e apoiar técnicas de planejamento econômico dos países latino-americanos.

Ao longo dos anos de 1950 o conceito de subdesenvolvimento tornou-se um importante recurso explicativo da realidade de países que registravam baixos índices de industrialização e urbanização, altas taxas de analfabetismo, desorganização do mercado interno e baixa disponibilidade de bens materiais. No Brasil, como bem ressaltou Marcos Cezar Freitas (1998), as análises da CEPAL, em especial as teorizações de Raul Prebisch e Celso Furtado, proporcionaram ao pensamento social brasileiro uma variada gama de argumentos e de questões que resultaram na produção de ensaios e reflexões sobre a realidade nacional. Espalhadas nos mais "variados grêmios do debate nacional" (FREITAS, 1998 p. 23) a polêmica sobre o desenvolvimento nacional se fizer acompanhar de análises históricas sobre as peculiaridades da formação social brasileira. Muitas delas sustentadas em cadeias explicativas das estruturas de retardamento e de aceleração do desenvolvimento econômico das sociedades ocidentais. Pode-se dizer que em alguma medida esses estudos se alastaram pela América Latina. Temas como periferia e centro, atraso e avanço, desenvolvimento e subdesenvolvimento se cristalizaram como um corpo hermenêutico. Um idioma que se propôs a explicar as causas do atraso em relação ao mundo desenvolvido. (FREITAS, 1998).

Segundo o autor nesse movimento a crítica social brasileira, preocupada em desvendar as razões do nosso atraso e propor alternativas para a sua superação, distanciou-se da perspectiva analítica predominante nas décadas de 1920 e 1930, cuja marca era o lamento do atraso da nação, e foi em busca da compreensão da origem dos nossos problemas. Um deslocamento que elegeu a História como campo de fundamentação dos diagnósticos dos problemas brasileiros.

A mudança no marco teórico de interpretação da realidade nacional, proporcionado pela assimilação das noções e conceitos disponibilizados pelo "idioma cepalino", ajudou a fortalecer no Ministério de Educação a atuação de dois órgãos voltados para a compreensão crítica da "realidade nacional" e a produção de alternativas para seus encaminhamentos: o Instituto Superior de Estudos Brasileiros (ISEB) e o INEP, que, sob a direção de Anísio Teixeira, viveu uma fase de renovação institucional marcada pela criação do Centro Brasileiro de Pesquisas Educacionais e seus Centros Regionais adjuntos, encarregados de produzir conhecimentos científicos sobre a realidade educacional e cultural brasileira, e, com isso, promover uma ampla renovação dos sistemas de ensino no Brasil, modernizando a educação nacional.

O ISEB ocupou lugar de referência na elaboração de estudos sobre os problemas brasileiros e empenhou-se na formulação de uma ideologia do desenvolvimento encarregada de unificar e transformar a consciência sobre o desenvolvimento nacional (TOLEDO, 1982). No ISEB o encontro entre a educação e o idioma cepalino manifestou-se, especialmente, nas teorizações produzidas por Álvaro Vieira Pinto, intelectual que assimilando os argumentos da CEPAL elaborou suas considerações sobre o problema da educação das massas populares no processo do desenvolvimento nacional.

O "idioma cepalino" também ajudou a compor a base de sustentação do Plano de Metas do governo Juscelino Kubitschek e a ideologia do nacional-desenvolvimentismo, marco referencial de um período no qual as noções *"consciência nacional", "formação nacional", "cultura brasileira" e "identidade nacional"* integraram o repertório dos muitos diagnósticos e prognósticos produzidos sobre a cultura e a realidade do país.

Assim, fosse por meio da orientação oficial do *Plano de Metas* ou de análises de intelectuais comprometidos com a transformação do país, a confiança na industrialização como fator do desenvolvimento contribuíu para legitimar a perspectiva da aceleração do tempo histórico. A crença no potencial da indústria para fazer avançar a economia e promover mudanças culturais no sentido da superação do atraso originou associações entre a industrialização – vista como fonte inquestionável da superação da dependência econômica e cultural – e a educação escolar – compreendida como instrumento natural de renovação e ajustamento social.

Diferentes entendimentos sobre o papel da indústria e da escola no processo de aceleração do desenvolvimento brasileiro contribuiram para instrumentalizar ideias sobre o papel da educação escolar na passagem do subdesenvolvimento ao desenvolvimento. Por meio de um processo relativamente deliberado de escolhas as noções de desenvolvimento e escolarização adquiriram um arranjo histórico e prático: a superação do atraso se conectava a ampliação da industrialização e da escolarização.

INDÚSTRIA COMO CULTURA, ESCOLA COMO INSTRUMENTO DE MUDANÇA.

Se a ideia do desenvolvimento obteve grande repercussão entre políticos e intelectuais, a lógica do subdesenvolvimento também exerceu grande influência sobre o pensamento político e social do período. Especialmente trabalhada por Celso

Furtado, economista que coordenava as ações da CEPAL no Brasil, a noção do subdesenvolvimento foi interpretada como uma decorrência da forma dependente de inserção das sociedades no comércio internacional, um quadro que configurou um desequilíbrio estrutural dos mercados e gerava crises periódicas que ocasionavam a não linearidade do desenvolvimento das sociedades. Nas suas palavras:

> A economia subdesenvolvida é uma economia que depende do exterior para se renovar, para diversificar sua demanda. Depende também do progresso técnico, só absorvido por intermédio do comércio exterior. Esse aspecto faz com que tal economia seja diferente daquela já desenvolvida. Na realidade, a dependência tecnológica cria o subdesenvolvimento e, consequentemente, uma dependência cultural, uma vez que a diversificação da demanda, que é progresso técnico vem do exterior. A criação não é endógena (FURTADO, 2002, p. 18-19).

Interpretando o subdesenvolvimento como dependência tecnológica e cultural, Celso Furtado buscou as explicações sobre as causas dessa dependência na história brasileira. Em seus estudos, demonstrou que o nosso atraso econômico tinha origem no modelo de acumulação estabelecido entre nós e cujo impulso básico estava no mercado externo. A extrema dependência do mercado externo, com seu ritmo irregular, ocasionava a não linearidade do nosso crescimento econômico. Nossa expansão econômica se caracterizou como um processo de concentração da renda, seguido de crises periódicas, que, ao longo do tempo, tiveram ressonâncias positivas ou negativas no desenvolvimento. Esse modelo configurou uma realidade econômica e social polarizada: um setor atrasado e um setor moderno. Nosso subdesenvolvimento, concluía ele, era o produto dessa realidade.

Para superar o subdesenvolvimento era necessário rever essa condição histórica de forma a criar uma ação propulsora da diversificação do parque industrial brasileiro. Ou seja, estimular a capacitação científica e tecnológica dos setores produtivos no âmbito público e privado. Na avaliação de Furtado o país precisava favorecer a integração dos indivíduos nos sistemas de produção e consumo para que a economia pudesse movimentar-se em razão de suas próprias demandas. Para dar conta dessas mudanças era necessário trabalhar na perspectiva do planejamento estratégico e da realização das "reformas de base" – medidas que possibilitariam a correção das grandes disparidades existentes entre regiões atrasadas, como o Nordeste, e adiantadas, como a Sul, equilibrando o desenvolvimento da nação como um todo.

Freitas (1998) esclarece que na compreensão de Celso Furtado o subdesenvolvimento "correspondia ao resultado da interrupção, do impedimento ou do retardamento da industrialização na periferia". Portanto, para combater o subdesenvolvimento era preciso iniciar um processo de atualização histórica dos países periféricos em relação à história da Europa. Ou seja, era necessário criar as condições propícias para que a industrialização pudesse se desencadear. No entendimento de Celso Furtado o mundo subdesenvolvido não era o passado do mundo desenvolvido, mas, uma realidade própria, autônoma, "porém contida no jogo de forças econômicas internacionais" (FREITAS, 1998, p. 60).

Essa compreensão do subdesenvolvimento brasileiro como uma realidade autônoma e peculiar se estabeleceu, especialmente a partir da publicação da obra: *Formação Econômica do Brasil*, em 1959, um divisor de águas no sistema interpretativo da realidade brasileira. Ao chamar a atenção para a dinâmica interna da nossa formação econômica e social, a análise de Celso furtado favoreceu um conjunto de teorizações sobre as dualidades e as razões do atraso brasileiro. Marcos Freitas destaca que somadas a outras leituras, advindas dos culturalismos, das fenomenologias e dos existencialismos, a reflexão sobre o desenvolvimento e subdesenvolvimento ajudaram a forjar novas interpretações sobre a cultura brasileira. Abria-se aos intérpretes da "realidade brasileira" novos ângulos de compreensão dos problemas nacionais, ao mesmo tempo em que se retiravam do cenário as análises que associavam o nosso atraso a explicações advindas de cientificismos evolucionistas e estereótipos racistas.

Na mesma linha de raciocínio Alberto da Costa e Silva (2000) afirma que no Brasil dos anos de 1950, "ninguém mais pensava com seriedade que o Brasil devesse seus problemas a defeitos de origem de sua terra ou na conformação de seu povo" (SILVA, 2000, p. 35). Há décadas debruçado sobre si mesmo, e a indagar sobre as razões do nosso atraso, o pensamento social brasileiro já havia acumulado elementos suficientes para recusar aqueles argumentos. A obra de Celso Furtado deixava claro que as razões dos nossos atrasos e disparidades encontravam explicação na história de nossa economia e que, por isso mesmo, os remédios, muitos dos quais já vinham sendo aplicados, tinham de ser de natureza econômica.

Freitas (2001) esclarece que ao substituir a ideia de atraso pela de subdesenvolvimento, as interpretações sobre a realidade nacional, produzidas entre 1950 e 1960, promoveram uma inflexão no patrimônio argumentativo do pensamento autoritário brasileiro. Uma tradição interpretativa cuja gênese pode ser buscada no século XIX, nas concepções antiliberais que produziram um considerável acervo de ideias e imagens sobre o caráter mestiço da nossa cultura. A marca fundamental dessa tradição firmou-se num estilo específico de análise que enquadrou a realidade brasileira na perspectiva das nossas dualidades: o país real e o país legal, o atraso e o progresso, o rural e o urbano, o moderno e o arcaico.

Filiados a essa tradição de análise estiveram, especialmente, cientistas sociais que elegeram como questão de fundo o debate em torno da transplantação de ideias e instituições e os desafios de se lidar com os nossos dualismos. Como principais representantes o autor cita Paulino José Soares dos Santos (o Visconde do Uruguai), Sílvio Romero, Alberto Torres, Oliveira Vianna e Alberto Guerreiro Ramos, intelectuais que defenderam a ideia do Brasil como um projeto a ser construído.

Para Freitas (1998) na sua essencia a ideia do Brasil como um projeto a ser construido sempre esteve presente na cena social brasileira. Contudo, foi nos anos de 1950 que tal debate se manifestou com força. A crença na possibilidade de transformar o país por intermédio de reformas de bases mobilizou economistas e intelectuais de diversas filiações, todos interessados em contribuir com suas reflexões e propostas políticas para reduzir as dualidades da sociedade brasileira e promover sua autonomia social, cultural, política e econômica. A discussão sobre a realidade nacional se encontrava em aberto e tinha por desafio a questão posta pela CEPAL: superar o subdesenvolvimento.

A intenção de conhecer e explicar a realidade nacional levou boa parte dos intelectuais do período a recorrer aos conceitos da ciência econômica. Ancorados nessa base conceitual, que naquele momento conferia às suas interpretações um novo grau de cientificidade, produziram análises originais que marcaram dois novos registros de análise a do desenvolvimento e a da modernização. Uma espécie de "chamamento à economia (porque ciência) ao dever de explicitar os vínculos entre o complexo cultural do país e a história do desenvolvimento nacional" (FREITAS, 1998, p. 23-29). Nas palavras do autor:

> A economia oferecia às mais variadas instâncias de normatividade, como os departamentos de Sociologia que reivindicavam fala (na USP, na Escola Livre de Sociologia e Política, no ISEB), os institutos de pesquisa e fomento em educação, organizados ou em organização (como a CAPES, o INEP, os Centro Brasileiro de Pesquisa Educacional e o Centro Regional de Pesquisa Educacional), além dos núcleos de planejamento

> estatal, um novo grau de autoridade científica, e nele, empiria e teoria mesclavam-se em elaborações sintéticas sobre a formação da economia brasileira (FREITAS, 1998, p. 23).

A crença na aceleração do tempo histórico fez com parte da intelectualidade, especialmente aquela reunida no ISEB, absorvesse o tema da industrialização acrescentando-lhe novo ângulo de interpretação. A indústria foi descrita como o lugar a partir do qual se processariam as transformações sociais desencadeadoras da aceleração do tempo histórico, no sentido da mudança social e cultural da nação. Para alguns dos intelectuais ligados ao campo da educação, a indústria foi compreendida como um componente da cultura, de modo a se pensar a economia não como dedução da fábrica, mas, sim, como o "lugar" onde a sociedade sintetiza sua elaboração técnica mais refinada e sua memória do trabalho conjunto (FREITAS, 2006, p. 12).

Diagnosticando os problemas nacionais para fundamentar a ação estatal intelectuais como Hélio Jaguaribe, Nelson Werneck Sodré, Anísio Teixeira, Álvaro Viera Pinto, fizeram coro em torno do potencial da industrialização para inaugurar na sociedade brasileira uma nova etapa histórica. O avanço industrial disseminaria na sociedade nova racionalidade, novos valores, comportamentos e atitudes sociais, cuja consequência inevitável seria o aprimoramento da ordem política. Marcada por critérios técnico-científicos e parâmetros democráticos, a cultura urbano-industrial se encarregaria de difundir na sociedade novos modelos de relacionamento profissional e novos parâmetros de gestão e administração pública e privada. Norteados pela competência técnica, pela eficiência e pelo mérito a sociedade industrial retiraria da cena social certos hábitos inconvenientes da nossa cultura: a falta de senso de comunidade, a exaltação de propósitos individuais ou de grupos, a indiferença ou o descaso pelos códigos morais e o gosto pela excitação vazia em detrimento de valores mais finos e altos da civilização (TEIXEIRA, 1952). Numa palavra, a moderna sociedade urbano-industrial eliminaria nossos vícios e práticas clientelísticas pré-modernas, típicas de um Estado oligárquico que ainda sobrevivia no Brasil, dando lugar à expansão da moderna sociedade urbana, industrial e democrática.

Esse repertório cultural que mitificava a indústria como elemento capaz de suscitar a mudança social pode ser identificado no debate sobre a necessidade de reformas do ensino secundário e superior. Operando com a base conceitual da economia, a crítica social dos anos de 1950 fez circular noções e conceitos que enfatizam a irracionalidade dos processos educativos. Criticavam os academicismos e defendiam o ensino prático, a capacitação técnica e a formação da mão de obra especializada. A escolarização da população tornou-se o mote da concretização do processo de mudança social e consolidação do Estado moderno.

Segundo Marcos Cezar Freitas na década de 1950 foram produzidas interpretações da realidade brasileira que "circularam como se fossem diagnósticos dos "males da nação", acompanhados de prognósticos para superá-los". No caso da educação a critica social produziu imagens que apresentavam a escola brasileira como uma instituição anacrônica, tanto em relação à sua estrutura administrativa e curricular quanto à formação intelectual e profissional oferecida em todos os níveis de ensino. Portanto, o desafio a ser enfrentado era o de ajustar a escola às demandas da nova fase histórica, questão para qual Anísio Teixeira chama atenção no seu discurso de posse na direção do INEP em 1952:

> Com efeito, não podemos olhar para a escola, hoje, como se fosse ela apenas aquela pacífica e quieta instituição, que crescia, paralelamente à civilização, nas mais das vezes com um retardamento nem sempre prejudicial sobre as mudanças, mas, sempre, cheia de vigor e rigor moral e até, não raro, excessiva em sua preocupação de formar e disciplinar o futuro homem. Hoje, atropelado do crescimento brasileiro e no despreparo com fomos colhidos pelas mudanças, a própria escola constitui um mau exemplo e se faz um dos centros de nossa instabilidade e confusão (TEIXEIRA, 1952, p. 71).

Se os anos 1950 e 1960 podem ser descritos como um tempo do desenvolvimento, no qual a urbanização e a industrialização foi o lado visível da modernização social, a escolarização foi compreendida como o veículo da preparação do indivíduo para a vida numa sociedade industrial e democrática. Mais do que preparar quadros técnico-profissionais exigidos pelo crescimento econômico cobrou-se da escola a função de formar de uma nova consciência nacional capaz de integrar o indivíduo ao modo de vida democrático.

Para que se tenha uma melhor percepção da associação entre a escola e a indústria no pensamento político e educacional dos anos de 1950 vale a pena trazer aqui algumas das reflexões de dois personagens de destaque nessa trama: Álvaro Vieira Pinto e Anísio Teixeira.

INDUSTRIALIZAÇÃO E RENOVAÇÃO CULTURAL NO PENSAMENTO DE ÁLVARO VIEIRA PINTO

Álvaro Vieira Pinto[7] identificou o problema da educação das massas populares como um elemento fundamental no processo do desenvolvimento nacional. Assumindo a função pública do intelectual produziu um roteiro cognitivo capaz de historiar e instrumentalizar as ideias necessárias à aceleração do tempo histórico, no sentido da "passagem ao desenvolvimento". Sobre Vieira Pinto existe inúmeros estudos que vinculam o seu pensamento ao contexto dos anos de 1950 e 1960. Mas, é provavelmente Marcos Cezar Freitas aquele que melhor traduz as reflexões de Álvaro Vieira Pinto sobre o desenvolvimento. Isso porque foca a personagem histórica e sua trama sem atrelar seu pensamento à imagem a ele atribuída de ideólogo do desenvolvimento. A análise de Freitas permite perceber como Vieira Pinto utilizou, na perspectiva da *caixa de ferramentas*, o repertório cultural disponível entre os anos de 1950 e 1960 e elaborou um pensamento original sobre a realidade brasileira. Ao tratar a relação entre o arcaico e o moderno inseriu a partir da na noção de bloco terceiro-mundista a questão da autodeterminação do país.

Na opinião de Álvaro Vieira Pinto industrialização e escolarização eram partes integrantes de um projeto de intervenção social cujo principal propósito era alterar a morfologia da realidade nacional. Desse ponto de vista a indústria foi vista como o resultado do trabalho elaborado e do domínio da técnica, instrumento racional que permitiria a passagem das fases históricas, da mais atrasada para a mais avançada forma de organização social. Associada ao domínio das tecnologias e à consciência crítica a industrialização emanciparia setores que se encontravam alijados da sociedade. Em uma palavra: para superar o atraso era preciso disseminar as conquistas da civilização industrial. Se porque Vieira Pinto não "imaginava uma industrialização que não fosse capitalista realizada por uma revolução que não necessariamente deveria ser socialista" (FREITAS, 1998, p. 207).

Na sua análise, a expansão industrial permitiria a emancipação do homem pelo trabalho. Quanto mais qualificado, maior a capacidade do trabalho de gerar mudanças sociais que alterariam a qualidade da vida social e a estrutura de poder existente. A industrialização, compreendida por ele como a fase mais avançada do

---

[7] Professor de filosofia da Faculdade de Filosofia e responsável pelo Departamento de Filosofia do ISEB

progresso material, desencadearia modificações na consciência, no ambiente e na fisionomia das sociedades.

Dessa perspectiva, para Vieira Pinto as relações entre ciência, trabalho e educação se associavam num projeto político que possibilitasse ao trabalhador ampliar o convívio com tecnologias mais elaboradas. Por meio do trabalho "o indivíduo reuniria condições para perceber em que sistema social estava inserido e a qual classe, no interior desse sistema, deveria identificar-se" (PINTO, 1973 *apud* FREITAS, 1998, p. 177). Ao seu juízo o trabalho permitia ao indivíduo situar-se no mundo, constituía-se em fonte da consciência crítica e o seu avanço técnico viabilizaria e aceleraria a transformação da realidade social.

> O que o animava era a certeza de que os trabalhadores já possuíam uma postura crítica, que apesar de iletrada, por ser originária da lida com as coisas estava aberta ao que ele considerava fundamental – a percepção de si. [...] Ele não considerava o povo desprovido de ciência nem de escolaridade. Considerava-o, por vezes, mergulhado em condições precárias de trabalho. Isso não queria dizer que a ciência e a cultura pudessem ser apresentadas como se fossem inéditas ao trabalhador (FREITAS, 1998, p. 106, 185).

Expandir a indústria significava ampliar a ciência e as formas mais adiantadas de "manuseio técnico do mundo". No seu diagnostico, para fazer a transição do subdesenvolvimento para o desenvolvimento, a sociedade subdesenvolvida deveria aumentar as estruturas e os fundamentos materiais mais apropriados ao trabalho, de modo a favorecer a passagem das condições precárias de trabalho para o mundo do trabalho social, mais elaborado. Sob essas estruturas e fundamentos do trabalho seriam edificadas uma educação mais elaborada que reverteria em maior desenvolvimento desses mesmos fundamentos (FREITAS, 1998).

A técnica era para Viera Pinto a "memória social do fazer novo" e por meio dela se desencadeariam o desenvolvimento material da sociedade e a renovação cultural. Por intermédio da indústria – o espaço da técnica – se processaria um "fazer social novo", base e conteúdo das reivindicações populares. À escola cabia a tarefa de sistematizar esse "fazer novo", organizando a memória social, antecipando como consciência social a passagem para a fase seguinte do processo de transformações, sempre desencadeado pelo incremento técnico. Álvaro Vieira Pinto compreendia a educação como uma possibilidade de abertura de caminhos para a negação da alienação e da construção da consciência crítica. Isso não significa dizer que ele tratou a educação escolar como instrumento do desenvolvimento, mas, como um instrumento auxiliar no despertar da consciência crítica. Nas palavras do autor:

> A consciência crítica, assim como a apresenta Vieira Pinto, é sempre um patrimônio das massas [...] torna-se crítica quando o homem passa a ter clareza de que deve mudar a realidade. A noção de "dever fazer", adquirível num processo educativo, consolida-se num momento em que o jovem consegue reunir dedução com indução, ou seja, quem precisa mudar o mundo descobre o "porque" no mesmo momento em que descobre o "como" transformar a realidade que passa então a ser percebida como mutável (FREITAS, 2006, p. 84).

Para Vieira Pinto, reconhecidas as condições materiais de existência e de trabalho, a educação poderia obter sucesso na expansão da consciência crítica, mas isso não significava que a escolarização pudesse criar a consciência. Segundo Freitas, seu diagnóstico de realidade sempre foi contundente: "o trabalho exercido sobre o mundo que está à mão é aquele que o transforma eficazmente" (FREITAS, 2006, p. 85).

Em sintese Vieira Pinto valorizava a industrialização porque a compreendia como um meio de acesso dos indivíduos as formas mais elaboradas de trabalho. Para além da mera compreensão do processo de trabalho o uso das tecnologias alargaria a sua consciência crítica sobre o trabalho. A sua aposta na industrialização como instrumento de renovação cultural ampliou seu interesse pelos processos de planificação que maracaram os anos 1950 e 1960. O planejamento econômico era um artifício que, na sua acepção, reforçava a lógica da aceleração do tempo histórico. Nessa direção ele se aproximou das teorizações difundidas pela CEPAL, como estratégia para a superação do subdesenvolvimento. No entanto, Marcos Freitas ressalta: que "Álvaro Vieira não foi um 'ibespiano' nem um 'cepalino', ainda que seus escritos sejam uma conseqüência direta ou indireta da sua aceitação dos conceitos de *Terceiro Mundo* segundo o IBESP, e de subdesenvolvimento, segundo a CEPAL e Celso Furtado" (FREITAS, 1998, p. 24).

ESCOLARIZAÇÃO E RACIONALIZAÇÃO DA SOCIEDADE NO PENSAMENTO DE ANÍSIO TEIXEIRA

Protagonista na luta pela renovação da educação desde as décadas de 1920 e 1930, Anísio Teixeira ocupou nos anos de 1952 e 1964 o cargo de diretor do INEP e desse lugar defendeu uma política de reconstrução do sistema educacional que assegurasse a premissa da escola pública e democrática. Para fundamentar suas ideias e argumentos, produziu sínteses históricas expressivas do processo de configuração da educação nacional. Por meio delas estabeleceu a sua interpretação da cultura brasileira e destacou a necessidade do ajustamento social pela renovação das instituições como forma de assegurar o desenvolvimento econômico e a consolidação do Estado democrático no Brasil.

Interessado em delinear o papel da educação no desenvolvimento brasileiro Anísio Teixeira também recorreu à história para elucidar as razões do nosso atraso. Comprometido com a modernização do sistema de ensino ele registrou em diferentes textos e conferências a forma como compreendia as razões do atraso brasileiro. Seu principal argumento tinha por base a inadequação de nossas instituçoes sociais. A seu juízo, o nosso atraso era decorrente do caráter não moderno da nossa cultura. A origem dos nossos males estava na história da nossa formação histórico-social – mais precisamente, no legado cultural nefasto que a experiência colonial portuguesa havia nos deixado.

Para Anísio, as estruturas, as instituições e as tradições transplantadas pelo colonialismo português constituiu entre nós uma cultura artificial marcada pela subordinação e pela dependência. Esses elementos dificultaram a diversificação cultural da nação e mesmo após a ruptura dos laços coloniais, essas características permaneceram definindo o horizonte cultural brasileiro. Funcionando por meio de estruturas herdadas a sociedade manteve ideias, práticas e instituições que impediram o florescimento de uma cultura propriamente brasileira, o que fez com que a nação permanecesse, ao longo de quatro séculos, vivendo na condição de cultura subordinada.

Do ponto de vista econômico, o latifúndio e o trabalho escravo criaram uma realidade material peculiar que, anacronicamente, foi-se contrapondo à vida econômica moderna. Marcada por profundas diferenças sociais, que impediram a incorporação do povo à nação, constituiu-se entre nós uma espécie de dualismo congênito, no qual o falseamento da realidade fez com que a sociedade vivesse com dois planos: "o real, com suas particularidades e originalidades, e o oficial com seus reconhecimentos convencionais de padrões inexistentes" (TEIXEIRA, 1999 [1953], p. 313).

Os traumas provenientes desse legado cultural fizeram com que o nosso desenvolvimento ficasse retido em estruturas institucionais arcaicas que se contrapunham às exigências do mundo moderno e industrial. Era urgente, portanto, dar vazão a um movimento de renovação das instituições capaz de construir sua organicidade e sua efetividade. No diagnóstico de Anísio Teixeira, a fragilidade de nossas instituições e seu distanciamento das reais necessidades da nação comprometia o processo de mudança que se encontrava em curso naqueles anos de 1950. Era superar os vícios ainda hegemônicos na cultura nacional e que limitavam as possibilidades de o país conviver com a racionalidade e com a democracia. O caminho para tanto era o avanço da industrialização, meio pelo qual o país superaria suas estruturas arcaicas e promoveria a modernização e a racionalização da dinâmica social.

Ao sinalizar a perspectiva da industrialização como alternativa para a solução dos problemas brasileiros, a análise de Anísio Teixeira se aproxima, em muitos aspectos, das teorizações produzidas por intelectuais do ISEB e economistas da CEPAL. No entanto, elas não se confundem com elas porque o seu olhar sempre esteve voltado para elementos da cultura. O seu lugar teórico de interpretação das razões do atraso brasileiro não se fundamentava no campo econômico, mas, na rejeição a transplantação de ideias e instituições. Ele não se contrapõe às análises sobre a necessidade de construção de um amplo programa de ampliação da industrialização e substituição de importações, tampouco rejeita a ideia de uma política de proteção do mercado interno e ampliação do papel do Estado no planejamento econômico. (BARREIRA, 2000)

Na percepção de Anísio Teixeira a industrialização forneceria os elementos necessários para eliminar as estruturas sociais arcaicas que sustentavam uma mentalidade retrógrada e um estilo dinástico na condução dos processos sociais. A expansão industrial contribuiria para modernizar o país, ampliando as possibilidades da convivência com a racionalidade científica e com a democracia. Há, na proposta anisiana de superação do subdesenvolvimento, uma demanda clara e objetiva por uma "mudança de mentalidade" e pelo estabelecimento de um "novo estado de espírito", capaz de firmar o desejo de construção da "plena consciência de um desígnio coletivo, capaz de dar à nação coerência e de lhe dirigir a vida" (TEIXEIRA, 1969, p. 320).

Posicionando-se no mesmo *front* de alguns isebianos, Anísio defende o desenvolvimento industrial na perspectiva da construção da nacionalidade. No entanto, sua ideia de nacionalismo tem coloração própria. Luiz Carlos Barreira (2000) assim se expressa sobre a questão:

> Menos preocupado com o nacionalismo de superfície, que se limitava a uma nacionalização simbólica da nação, a compreensão de Anísio Teixeira sobre a natureza, as possibilidades e os limites do nacionalismo remete à

> formação do cidadão [...] em última instância, aquele que efetivamente construiria a moderna nação brasileira. [...] Para Anísio, o desenvolvimento econômico, político, social e cultural da nação, que traria a tão almejada emancipação ao país, não viria apenas através de uma intervenção direta do estado na economia nacional, mas principalmente, através de sua intervenção no sistema nacional de ensino, procedendo às reformas de base necessárias à sua adequação à nova realidade socioeconômica que começara a se esboçar no país com a eclosão do processo de industrialização a partir da Primeira Guerra Mundial [mas que] fora barrada pela elite latifundiária e oligárquica [...] em pleno século XX (BARREIRA, 2000, p. 28-32).

Para vencer o subdesenvolvimento Anísio Teixeira também sugere instaurar um processo de aceleração do tempo histórico, capaz de corregir as disparidades de desenvolvimento regional. Neste aspecto seu pensamento se aproxima do pensamento de Celso Furtado. Em ambos, a racionalidade científica é a base sob a qual deve se fundar a ação do governo e da nação. No entanto, situando em um campo distinto daqueles que estão pensando a superação do subdesenvolvimento pela via econômica, Anísio Teixeira defende a tese da construção da mentalidade do desenvolvimento e da democracia, condição necessária à superação do atraso em que se encontrava o país (BARREIRA, 2000, p. 35).

Ele aposta no espírito científico que preside o mundo moderno e joga todas as suas cartas no papel social e educativo das instituições. No seu entendimento cabia a elas, desde que munidas de condições técnicas e administrativas adequadas, de um corpo técnico-profissional qualificado e de eficazes instrumentos de análise, a tarefa de desvendar a realidade nacional e de indicar os rumos do desenvolvimento do país. O primeiro passo no sentido de uma reforma social e cultural das instituições deveria priorizar a produção de conhecimentos sobre as condições objetivas nas quais se dava a vida real do país. A elaboração de diagnósticos da realidade ofereceria ao governo e às instituições o detalhamento dos problemas nacionais e o planejamento de políticas públicas mais adequadas às necessidades do desenvolvimento.

Para inserir-se no rol das nações modernas o Brasil dependia de uma verdadeira readaptação institucional eliminando-se, por exemplo: o excessivo controle e poder da União sobre as unidades federativas e os hábitos, valores e comportamentos político-administrativos que restringiam a ação de grupos profissionais especializados, deixando as decisões à mercê da opinião pessoal de homens públicos que, nem sempre possuíam o tirocínio necessário de certas questões. Para Anísio, modernizar era preciso investir na aplicação de métodos científicos e experimentais e na formação de grupos profissionais capacitados nos mais diversos aspectos técnico-científicos e esclarecidos do seu papel na promoção no desenvolvimento nacional. A autonomia profissional concorreria para a autonomia das instituições, condição essencial para o abandono de velhas práticas transplantadas e para a adoção de uma postura mais condizente com o momento de mudança em que se encontrava o país (TEIXEIRA, 1952, 1956).

Partindo do princípio de que as ideias se materializam nas instituições, Anísio insiste na tese de que para superar o subdesenvolvimento era necessário "investir o Estado do poder de institucionalizar a ciência, a educação e a gestão da ordem pública" (FREITAS, 1998, p. 218). Mas vale ressaltar que na sua perspectiva, a defesa da "competência técnica" se difere daquela que se afirmou no Brasil com o Estado Novo e simbolizou a distância entre os planos racionalizantes e a "realidade nacional". Anísio não defende processos de unificação cultural. Ao contrário, ele propõe um esforço articulado das instituições públicas no sentido de orientar suas ações para a valorização da variedade e da diversidade da cultura brasileira. Cabia às instituições divulgar, por meio do espírito investigativo da ciência e da consciência do caráter provisório do conhecimento, pois, quanto mais se toma consciência da variedade e diversidade da cultura nacional mais se assegura o seu crescimento e seu florescimento. Nas suas palavras:

> Excesso de unidade cultural é indicação de barbarismo ou primitivismo. Essa homogeneidade e unidade são em muito conseqüência do alto grau de inconsciência que caracterizam as culturas primitivas e segregadas. Logo que as culturas se fazem conscientes, entram a variar e diversificar, e eis aí o que assegura o seu continuo crescimento e maior florescimento. A unidade decorre então do grau de consciência que possui a comunidade para integrar, vitalmente, as mudanças, as variedades e diversificações. É a percepçao e o conhecimento desse processo de crescimento que promove e alimenta a nova, sempre nova unidade dinâmica da cultura (TEIXEIRA, 1956, p. 21).

Seguindo seu raciocínio a superação do subdesenvolvimento decorreria do grau de consciência das instituições – em especial, as educacionais – para fugir das rotinas, da simples opinião pessoal e para proceder com base no conhecimento científico. O papel das instituições era o de atender as diferentes demandas das comunidades sem perder de vista que a variedade e a diversidade cultural compunham vitalmente uma unidade dinâmica (TEIXEIRA, 1956). Por isso, era urgente adaptar as instituições à realidade nacional

> para que elas não sejam fictícias, nem inadequadas, mas instrumentos eficazes da solução de nossos realíssimos problemas. Devemos examiná-las todas, à luz do nosso conhecimento atual das condições brasileiras, a fim de conduzi-las para melhor atenderem aos seus objetivos, na sociedade brasileira, unificada em todo o país (TEIXEIRA, 1999 [1953], p. 313).

Portanto a modernização do país não resultaria da simples intervenção do Estado na economia nacional, mas, do estabelecimento de um novo padrão de gestão estatal. A superação do atraso exigia uma ação mais racional e consciente do poder público no sentido de identificar os elementos geradores do atraso e reparar suas causas, construindo as condições políticas, sociais e culturais para que o desenvolvimento finalmente se efetivasse. A reforma das instituições escolares se inseria nesse raciocínio. Para além da necessidade de preparação de novos quadros técnicos e de novas carreiras profissionais, consideradas indispensáveis ao funcionamento do Estado moderno, caberia à escola, como uma instituição de cultura, fazer fluir as potencialidades do indivíduo e preparar a população para a vida na sociedade democrática. Por isso, a urgência da reconstrução do sistema nacional de ensino, ajustando-o aos seus "novos deveres", vinculando as práticas educacionais às demandas de racionalização da sociedade. No seu entendimento, a escola era a instituição que contribuiria para o autogoverno e para o incremento da democracia (TEIXEIRA, 1952; 1977).

CONSIDERAÇÕES

As reflexões de Anísio Teixeira e Álvaro Vieira Pinto sobre o lugar da escola no desenvolvimento permitem perceber como o repertório analítico da economia política foi utilizado como "caixa de ferramentas". Ou seja, a economia enquanto ciência ofereceu recursos e padrões analíticos, que, combinados a formas específicas de ler e compreender a realidade brasileira permitiu aos intelectuais dos anos de 1950, produzir linhas originais de interpretação sobre o nosso atraso. Um movimento que difundiu e fez circular um léxico intelectual que reafirmava a crença no desenvolvimento como alternativa para todos os males da nação (FREITAS, 2007).

Na mesma trilha da tradição realista os diagnósticos do atraso brasileiro, elaborados na década de 1950, puseram em questão as nossas impossibilidades. Contudo, mesmo reeditando a visão dualista sobre o Brasil e a cultura nacional, eles favoreceram a construção de um novo olhar sobre a realidade, forjado na imbricação entre a produção de um saber científico especializado e projetos de reforma do Estado e da sociedade. Dessa forma ajudaram a desvelar nossos anacronismos e indicar as demandas da nova fase em que se encontrava o país.

Conclui-se que na década de 1950 a economia possibilitou aos intérpretes do Brasil novos aportes de análises para explicar as razões do nosso atraso. Isso fez com que o analfabetismo e os anacronismos de nossas estruturas educacionais fossem apresentados não como impecilhos, mas, como realidade a ser transformada. De uma maneira especial os intelectuais das décadas de 1950 e 1960 voltaram o olhar para o campo educacional, convencidos da possibilidade de se promover, por meio das reformas de base, mudanças na cultura e na própria estrutura do poder político. Envolvido na polissemia do debate do desenvolvimento, a escola foi vista como elemento indispensável à construção do espaço público e como condição para ampliação do debate sobre os problemas brasileiros. Pode-se dizer que a vinculação entre a proposta nacional de reconstrução educacional do país e os projetos do desenvolvimento nacional marcou um capítulo da história do pensamento social brasileiro, cuja marca é um movimento de confluência de ideias que se entrecruzaram e agiram em sintonia com a conjuntura histórico-social, tendo em vista o estabelecimento das condições necessárias para que o desenvolvimento pudesse acontecer.

REFERÊNCIAS

ABREU, Alzira e *et al.* Dicionário histórico-biográfico brasileiro pós 1930. 2. ed. rev. Rio de Janeiro: FGV; CPDOC, 2001.

ABREU, Jayme. Educação, sociedade e desenvolvimento. Rio de Janeiro: MEC/INEP/CBPE, 1968. v. 8. (Coleção Sociedade e Educação; Série 4).

ALONSO, Ângela. *Ideias em movimento*: a geração de 1870 na crise do Brasil Império. São Paulo: Paz e Terra, 2002.

BAIROCH, Paul. Desenvolvimento-Subdesenvolvimento. *In*: ENCICLOPÉDIA EINAUDI. Imprensa Nacional; Casa da Moeda, 1986. p. 357-429. v. 7.

BARREIRA, Luiz Carlos. Escola e formação da mentalidade do desenvolvimento no discurso político-pedagógico de Anísio Teixeira. *In*: SMOLKA, Ana Luiza Bustamante; MENEZES, Maria Cristina (Org.). *Anísio Teixeira (1900-2000)*: provocações em educação. Campinas: Autores Associados; Bragança Paulista: Universidade de São Francisco, 2000.

BRABYN, Howard. Nascimento de um ideal. *O Correio da Unesco*, n. 12, p. 5-12, 1985.

BRANDÃO, Zaia; MENDONÇA, Ana Waleska (Org.). *Por que não lemos Anísio Teixeira?*: uma tradição esquecida. Rio de Janeiro: Ravil, 1997.

CARDOSO, Fernando Henrique; REYNA, José Luiz. Industrialização, estrutura ocupacional e estratificação social na América Latina. *Dados*, Rio de Janeiro, n. 213, 1967.

CARDOSO, Mirian Limoeiro. *Ideologia do desenvolvimento no Brasil*: JK-JQ. Rio de Janeiro: Paz e Terra, 1978.

CERTEAU, Michel de. *A escrita da história*. Rio de Janeiro: Forense Universitária, 2000.

CHAVES, Mirian Waidenfeld. Desenvolvimentismo e pragmatismo: o ideário do MEC nos anos 1950. *Cadernos de Pesquisa*, v. 36, n. 129, p. 705-725, set./dez. 2006.

DULCI, Otávio Soares. *Política e recuperação econômica em Minas Gerais*. Belo Horizonte: Ed. UFMG, 1999.

FEBVRE, Lucien. *Combates pela História I*. Lisboa: Presença, 1977.

FREITAS, Marcos Cezar de. *Álvaro Vieira Pinto*: a personagem histórica e sua trama. São Paulo: Cortez; USF-IFAN, 1998.

FREITAS, Marcos Cezar de. Economia e educação: a contribuição de Álvaro Vieira Pinto para o estudo histórico da tecnologia. *Revista Brasileira de Educação*, v. 11, n. 31, p. 80-95, jan./abr. 2007.

FREITAS, Marcos Cezar de. História da economia política da educação: cultura política e diagnósticos culturais nos argumentos favoráveis ao financiamento público da educação no Brasil (1800-2000). Projeto Integrado de Pesquisa, 2006. Disponível em: <http://www.fae.ufmg.br:8080/pensareducação/pgns/textosconfs.htm>. Acesso em: 20 nov. 2007.

FREITAS, Marcos Cezar de. *História, antropologia e pesquisa educacional*: itinerários intelectuais. São Paulo: Cortez, 2001.

FURTADO, Celso. *Entrevistado por Aspásia Camargo e Maria Andréa Loyola*. Rio de Janeiro: Ed. UFRJ, 2002. 52 p. (Série Pensamento Contemporâneo).

GUIDO, Cristina. Celso Monteiro Furtado. *In*: ABREU, Alzira Alves *et al*. *Dicionário histórico-biográfico brasileiro pós 1930*. Rio de Janeiro: Ed. FGV, 2001.

LAFER, Celso. *JK e o programa de metas (1956-61)*: processo de planejamento e sistema político no Brasil. Tradução de Maria Victória Benevides. Rio de Janeiro: Ed. FGV, 2002.

MAIO, Marcos Chor. O projeto Unesco e a agenda das ciências sociais no Brasil dos anos 40 e 50. *Revista Brasileira de Ciências Sociais*, v. 14, n. 41, out. 1999.

MANTEGA, Guido. *A economia política brasileira*. Petrópolis: Vozes, 1991.

MELLO, João Manuel Cardoso de; NOVAIS, Fernando A. Capitalismo tardio e sociabilidade moderna. *In*: SCHWARCZ, Lílian (Org.). *História da vida privada no Brasil*. São Paulo: Companhia das Letras, 1998. v. 4.

MORAIS, Reginaldo. *Celso Furtado*: o subdesenvolvimento e as ideias da CEPAL. São Paulo: Ática, 1996.

MOREIRA, João Roberto. *Educação e desenvolvimento no Brasil*. Rio de Janeiro: Centro Latino Americano de Pesquisas em Ciências Sociais (CLAPCS), 1960.

MOTTA, Carlos Guilherme. *Ideologia da cultura brasileira (1933-1974)*. 3. ed. São Paulo: Ática, 1977.

MYRDAL, Gunnar. *Teoria econômica e regiões subdesenvolvidas*: textos de economia contemporânea. Rio de Janeiro: MEC/ISEB, 1960.

OLIVEIRA, Juscelino Kubitschek de. *Palestras*: dirigidas ao povo mineiro pelo rádio em 1951-1952. Belo Horizonte: Imprensa Oficial, 1953. 199 p.

PEREIRA, Luiz; FORACCHI, Marialice M. *Educação e sociedade*: leituras de sociologia da educação. 11. ed. São Paulo: Cia Ed. Nacional, 1983. [1. ed. 1963].

QUEIROZ, Maria Isaura Pereira de. Desenvolvimento, no Brasil, das pesquisas empíricas de sociologia: ontem e hoje. *Revista Ciência e Cultura*, v. 24, n. 6, p. 511-525, 1972.

SILVA, Alberto da Costa e. Quem somos nós no século XX: as grandes interpretações do Brasil. *In*: MOTTA, Carlos Guilherme (Org.). *Viagem incompleta*: a experiência brasileira (1500-2000): a grande transação. São Paulo: Ed. Senac, 2000.

SWINDLER, A. Culture in action: symbols and strategies. *American Sociological Review*, n. 51, p. 273-286, 1989.

TEIXEIRA, Anísio. A crise educacional brasileira. *Revista Brasileira de Estudos Pedagógicos*, v. 80, n. 195, p. 310-326, maio/ago. 1999. (Publicado originalmente na *Revista Brasileira de Estudos Pedagógicos*, v. 19, n. 50, abr./jun. 1953).

TEIXEIRA, Anísio. A escola pública, universal e gratuita. *Revista Brasileira de Estudos Pedagógicos*, v. 26, n. 64, p. 3-27, out./dez. 1956.

TEIXEIRA, Anísio. Discurso de posse do professor Anísio Teixeira do Instituto Nacional de Estudos Pedagógicos. *Revista Brasileira de Estudos Pedagógicos*, v. 17, n. 46, p. 69-79, abr./jun. 1952.

TEIXEIRA, Anísio. *Educação no Brasil*. São Paulo: Ed. Nacional, 1969.

TEIXEIRA, Anísio. O espírito científico e o mundo atual. *In*: TEIXEIRA, Anísio. *Educação e o mundo moderno*. 2. ed. São Paulo: Cia Ed. Nacional, 1977.

TILLY, Charles. Contention repertoires in great britain (1758-1834). *Social Science History*, v. 17, n. 2, p. 253-280, 1993.

TOLEDO, Caio Navarro. *ISEB*: fábrica de ideologias. 2. ed. São Paulo: Ática, 1982. 195 p.

XAVIER, Libânia Nacif. Pragmatismo e desenvolvimentismo no pensamento educacional brasileiro dos anos de 1950/1980. *Revista Brasileira de Educação*, v. 11, n. 31, p. 96-113, jan./abr. 2006.

SOBRE AS AUTORAS E OS AUTORES

NATÁLIA GIL (Organizadora) – Graduada em Pedagogia pela Faculdade de Educação da Universidade de São Paulo (FEUSP), mestre e doutora em Educação pela mesma instituição. Docente e pesquisadora da Universidade Federal do Rio Grande do Sul (UFRGS), tem desenvolvido pesquisas sobre a história das estatísticas oficiais da escola brasileira e a construção das representações sobre a escola moderna no Brasil.
E-mail: <natalia.gil@uol.com.br >.

MATHEUS DA CRUZ E ZICA (Organizador) – Graduado em História pela UFMG, mestre e doutor em História da Educação pela mesma instituição, atualmente pós-doutorando do programa de pós-graduação em Educação da FAE/UFMG (bolsista CNPq).
E-mail: <matheusczica@gmail.com>.

LUCIANO MENDES DE FARIA FILHO (Organizador) – Professor da Universidade Federal de Minas Gerais. Doutor em Educação pela USP e pós-doutor em História pela PUC-RJ. Pesquisador do GEPHE (Centro de Pesquisa em História da Educação) e coordenador do projeto de ensino, pesquisa e extensão Pensar a Educação/Pensar o Brasil – 1822-2022.
E-mail: <lucianomff@uol.com.br>.

BRUNA MARINHO VALLE RORIZ – Graduanda do curso de História da UFMG e bolsista de iniciação científica. A pesquisa que vem realizando em História da Educação está vinculada ao projeto "Moderno, Modernidade e Modernização: a educação nos projetos de Brasis – séc. XIX e XX".
E-mail: <bruna_roriz@hotmail.com>.

DEOLINDA ARMANI TURCI – Graduada em Psicologia, especialista em Psicopedagogia e em EAD e mestre em Educação. Docente da graduação e pós-graduação, atualmente é professora substituta da FAE/UFMG.
E-mail: <deoarmani@gmail.com>.

MARCUS VINICIUS CORRÊA CARVALHO – Doutor em História Social da Cultura, pelo CECULT/UNICAMP e pós-doutor em História da Educação, pelo GEPHE/UFMG. Coordenador, com Juliana Cesário Hamdan, da série *Estudos Históricos* da *Coleção Pensar a Educação, Pensar o Brasil.* Atualmente, pesquisa as interfaces entre Educação, História e Estética, visando à crítica historiográfica e à epistemologia da história.
E-mail: <marcuscarvalho.uff@gmail.com>.

MARIA DO CARMO XAVIER – Professora aposentada da PUC-Minas. Mestre e doutora em Educação pela UFMG e graduada em História pela mesma instituição. Já há alguns anos se dedica à pesquisa em História da Educação no âmbito do GEPHE (Centro de Pesquisa em História da Educação).
E-mail: <carminhax@hotmail.com>.

MARIA DAS DORES DAROS – Doutora em Educação pela Universidade de São Paulo, realizou estágio de pós-doutorado na Universidade de Coimbra. Professora titular da Universidade Federal de Santa Catarina. Atua nas áreas de Sociologia e História da Educação no curso de pedagogia e no programa de pós-graduação em Educação da UFSC.
E-mail: <mdores@ced.ufsc.br>.

MARILÂNDES MÓL RIBEIRO DE MELO – Doutoranda do programa de pós-graduação em Educação da Universidade Federal de Santa Catarina na linha de pesquisa Sociologia e História da Educação. Bolsista da Coordenação de Aperfeiçoamento de Pessoal de Nível Superior (Capes).
E-mail: <marilandesmel@gmail.com>.

SOLANGE APARECIDA DE OLIVEIRA HOELLER – Doutoranda do programa de pós-graduação em Educação da UFSC. Mestre em Educação pela UFPR. Licenciada em Pedagogia (FURB) e História (UNIASSELVI). Professora do Instituto Federal Catarinense (IFC – Campus Rio do Sul/SC).
E-mail: <solangehoeller@hotmail.com>.

RAQUEL DE ABREU – Graduada em Ciências Sociais pela Unversidade Federal de Santa Catarina (UFSC), mestre em Educação pela mesma instituição e doutoranda em educação, linha de pesquisa Sociologia e História da Educação (CED – UFSC). Professora de Sociologia, no ensino médio, da Secretaria de Educação de Santa Catarina.
E-mail: <raqueldeabreu@gmail.com>.

RAQUEL MENEZES PACHECO – Mestranda em Educação (UFMG) na linha de História da Educação. Formada em Pedagogia pela Universidade Federal de Minas Gerais, com formação complementar em Ciências da Educação pela mesma Universidade e com passagem pelo curso de Ciências da Educação no Instituto de Educação da Universidade de Lisboa (2010-2011). Integrante do GEPHE, atua nos projetos "Moderno, Modernidade e Modernização: a educação nos projetos de Brasil século XIX e XX" e "Pensar a Educaçao, Pensar o Brasil 1822-2022".
E-mail: <raquelmp@hotmail.com.br>.

A Coleção **Pensar a Educação Pensar o Brasil** é fruto de uma parceria entre a *Mazza Edições* e o *Projeto Pensar a Educação Pensar o Brasil – 1822/2022*. Este Projeto, desenvolvido em parceria por docentes e discentes da Pontifícia Universidade Católica de Minas Gerais, da Universidade Federal de Ouro Preto e da Universidade Federal de Minas Gerais, envolve ações de ensino, pesquisa e extensão que buscam refletir sobre o lugar da educação no âmbito dos projetos de Brasil delineados ao longo de nossa história. Fazem parte do Projeto um *Programa de Rádio*, levado ao ar toda semana na *Rádio UFMG Educativa*, *Seminários Anuais* sobre temas relevantes para a educação Brasileira e a presente *Coleção*.

Integram a Coleção cinco séries: *Série Seminário*, *Série Estudos Históricos*, *Série Clássicos da Educação Brasileira*, *Série Diálogos* e *Série Ensaios*.

A **Série Seminários** publica os textos apresentados nos Seminários Anuais do Projeto, dos quais participam os mais importantes pesquisadores em educação do País. A **Série Estudos Históricos** publica trabalhos de história da educação e de áreas afins que contribuam para alargar o entendimento sobre o lugar da educação no âmbito dos projetos de Brasil delineados ao longo de nossa história. A **Série Clássicos da Educação Brasileira** traz resenhas introdutórias das principais obras sobre educação brasileira publicadas pelos principais pesquisadores em educação do País. A **Série Diálogos** publica textos que buscam fortalecer o intercâmbio entre o professorado da educação básica e os(as) pesquisadores(as) das diversas áreas da educação. A **Série Ensaios** publica interpretações da relação entre a educação e as grandes questões que marcaram e marcam a história da sociedade brasileira nos últimos 200 anos.

O objetivo da Mazza Edições e do *Projeto Pensar a Educação Pensar o Brasil – 1822/2022* é que a Coleção contribua para a discussão da educação brasileira e, por meio desta, da constituição da própria sociedade brasileira.

Este livro foi composto em Minion Pro Cond e impresso
em papel Offset 75 g/m² (miolo) e Cartão 250 g/m² (capa),
no mês de setembro de dois mil e doze.